Drau
Karnische A
Auronzo di Cadore
ELLUNO
Pieve di Cadore
Julische Alpen
2863
Isonzo
Tagliamento
Belluno
Udine
1495
Sacile
Görz
REVISO
Aquileia
Piave
Treviso
Triest
VENEZIA
Golf von Triest
Jesolo
Mestre
Venedig
Golf von Venedig
Istrien
Porto Tolle
ADRIA
Pula

Vincent Klink

Ein Bauch spaziert durch Venedig

Rowohlt

2. Auflage Juni 2022
Originalausgabe
Veröffentlicht im Rowohlt Verlag, Hamburg, Juni 2022
Copyright © 2022 by Rowohlt Verlag GmbH, Hamburg
Karten © Peter Palm, Berlin
Satz DTL Documenta bei Dörlemann Satz, Lemförde
Lithografie Susanne Kreher
Druck und Bindung GGP Media GmbH, Pößneck, Germany
ISBN 978-3-498-00276-3

Die Rowohlt Verlage haben sich zu einer nachhaltigen Buchproduktion verpflichtet. Gemeinsam mit unseren Partnern und Lieferanten setzen wir uns für eine klimaneutrale Buchproduktion ein, die den Erwerb von Klimazertifikaten zur Kompensation des CO_2-Ausstoßes einschließt.
www.klimaneutralerverlag.de

FSC www.fsc.org
MIX
Papier aus verantwortungsvollen Quellen
FSC® C014496

«Wenn ich ein anderes Wort für Musik suche,
so finde ich immer nur das Wort Venedig.»

FRIEDRICH NIETZSCHE

Inhalt

Rezeptverzeichnis

Ein paar Worte vorab

Während ich vor vielen Jahren vor allem in meine Töpfe hineinstierte und auf der «Wolke sieben» meines Restaurants ein arbeitsames, aber zugleich wohliges Leben führte, fehlte mir irgendwann trotzdem etwas, nämlich fremde und neue Impulse. So kam es schließlich auf Drängen meiner Frau zur längst überfälligen Erweiterung meines Horizonts, als ich 1987 ein Flugzeug nach Venedig betrat. Beim Abheben starrte ich bedrückt und an der Technologie zweifelnd auf die sich durchbiegenden Flügel. Meine Frau hatte alles organisiert, und die junge Familie zog ins berühmte Luxushotel «Gritti Palace» ein. Ich konnte anfangs an nichts anderes denken als an die einzig sichere Konstante meines jungen Unternehmerlebens, das Ostinato von Eingangsrechnungen. Nach zwei Tagen war mir das aber vollkommen wurscht, denn der Sog dieser bezaubernden Stadt wurde rasch stärker als alle Existenzsorgen. Außerdem hatte ich irgendwo gelesen, dass nahezu alle Genies dieser Welt auf dem wackeligen Boden der Unvernunft zu Ruhm gelangten.

Venedig blies mir den Kopf frei, und ich sog die venezianische Lebensart, die neuen Gerichte und die Umgangsformen im Gritti auf wie ein Löschpapier, das ein Goethe-Epigramm abgetupft hatte. Mich begleitete dabei ein Reclambüchlein über die Geschichte der Architektur und die venezianische Renaissance. Das kleine gelbe Heft habe ich bei Besuchen in der Lagunenstadt bis heute in der Jackentasche.

Welch ein Wohlleben, die zwanglosen Osterien, die vielen Trattorien und Restaurants! Venedig hat sich bei mir bis heute schwer festgesetzt, und ich bin nahezu jedes Jahr einmal wiedergekommen – im Winter, im Sommer, bei Hitze, bei Nebel und Hochwasser. Immer wieder zog es mich in die Serenissima, und so wird es auch bis zu meinem Lebensende bleiben.

Auf meinen Reisen habe ich stets Tagebuch geführt, und die Hefte füllen mittlerweile eine ganze Bordeauxkiste. Von all diesen Erlebnissen kann ich hier nur einiges berichten, natürlich reicht es in keiner Weise, um dieser Stadt gerecht zu werden. Denn was man dort sehen, fühlen und schmecken kann, lässt sich letztlich nicht in ein Buch packen, sondern verlangt nach immer neuen Besichtigungen vor Ort.

Beim Reisen geht es mir immer um Gewinn, und zwar den beglückendsten, den es gibt, nämlich die Einverleibung des Schönen. Und nirgendwo auf der Welt ist der Tisch damit reichlicher gedeckt als in der Serenissima. Man muss aber dafür empfänglich sein. Casanova sagte sinngemäß, mit dem Hirn sei es wie mit dem Schießpulver, es ist tot und still. Wenn man es aber entzündet, gibt es Explosionen. So weit muss es mit unserem Verstand zwar nicht kommen, und keinesfalls sollen sich meine Leser wie in einem Kunstführer verfranzen. Es geht mir im Folgenden darum, eine Empathie für Vergangenes zu entzünden, weil die Ernte davon bis in die Zukunft tragen kann.

Über Venedig wurden schon Schiffsladungen von Büchern abgekippt. Braucht es noch ein weiteres? Ich meine ja, denn jeder sieht ein anderes Venedig. Mein Flanieren durch die Kultur dieser Stadt, ohne jeden Stein umzudrehen, sondern bequem dosierte Erlebnisberichte, sollen Lebensfreude spendieren und für die Schönheit die Augen öffnen. Ich gehe gerne den Essensdüften nach, die beispielsweise zentral auf dem Markt unter der berühmten Rialtobrücke zu wittern sind. Von dort, auf dem Trampelpfad bis zum Piazzale Roma, der Einfallschleuse für Pauschaltouristen, oder in die andere Richtung bis San Marco, riecht es genauso wie in deutschen Fußgängerzonen. Wenn man keinen Venezianer sehen möchte, dann ist man auf dieser Route in der richtigen Spur, nicht einsam und nicht selten unter seinesgleichen. Nur: Nichts ist ermüdender, als sich als Venedig-Tourist über Venedig-Touristen zu beklagen, und jeder hat ein Recht, sich an der schönsten Stadt der Welt abzurackern. Außerdem findet man auch heute noch viele stille Ecken, wenn man sie haben will.

Ich möchte in diesem Buch ein paar meiner Lieblingsorte vorstellen und zeigen, dass man sich in Venedig am besten einfach treiben lässt und auch auf den Nebenpfaden wandeln sollte, denn an jeder Ecke tut sich etwas Neues auf. Bevor es aber Richtung Lagune geht, möchte ich auch das Festland ein wenig vorstellen, die *Terra ferma*. Im Laufe der Geschichte hat sich die Dogenrepublik, die den geflügelten Löwen im Wappen trägt, zu der Region *Veneto* erweitert, das hinaufreicht bis zu den dolomitischen Zacken. Der majestätische San-Marco-Löwe verbindet die Hauptstadt mit dem Festland, denn auch in Venetiens Flagge ist er zu finden. Im Süden grenzt Venetien an die Region Emilia-Romagna, im Westen an die Lombardei, der Nordzipfel ans österreichische Tirol und Kärnten. Die Grenze führt am Ostufer des Gardasees entlang hinauf bis nach Südtirol. Auch nach Osten lässt

In der Nähe von Ca' d'Oro

sich weit blicken, denn Friaulisch Venetien dürfte die besten Weißweine Italiens keltern, deshalb wäre auch eine Anreise über Salzburg und Kärnten mit einer Rast in Udine zu erwägen.

Es lohnt sich sehr, den Blick auf dieses Umland Venedigs zu lenken, das oft etwas unterbeleuchtet bleibt. Davon handelt der erste Teil dieses Buches, sozusagen die Vorspeise, bis dann im zweiten Teil der Hauptgang serviert wird: die Durchlauchtigste Republik Venedig (*la Serenissima Repubblica di San Marco*). Ich sage es gern und immer wieder: Die schönste Art zu verreisen ist immer noch, den Kopf in Bücher zu stecken.

Terra ferma bellissima:

Eine kleine Reise durch Venetien

Der Weg in den Süden: Über Brixen nach Asolo

Ich begebe mich als leidenschaftlicher Italienreisender gern auf die Spuren des französischen Schriftstellers Michel de Montaigne (1533–1592), dessen *Essais* für mich zu den wichtigsten Büchern überhaupt zählen. Nachdem er jahrelang zurückgezogen auf Schloss Montaigne sein philosophisches Dasein gefristet hatte, ließ er sich in den Jahren 1580/81 über die Alpen nach Venetien kutschieren, bereiste auch Venedig und Rom. Seine Erfahrungen hielt er im *Tagebuch einer Reise durch Italien über die Schweiz und Deutschland* fest, und etwas darin erinnert an die heutige Zeit. Epidemien plagten das Volk, Montaigne musste an den Toren jeder Stadt eine *bolletta di sanità* vorlegen, sozusagen seinen Impfausweis. Tolerant, genau und in entspannter Laune schildert er Koch- und Tischgebräuche, beschreibt das Leben des «einfachen Volkes», die Besuche bei den «höheren Ständen» und natürlich die Landschaft. Motorboote gab es damals noch nicht, auch führte keine Brücke nach Venedig. In Fusina bei Mestre wurde eine Gondel bestiegen. In Venedig angekommen, war Montaigne begeistert von der Lage und angetan vom «Gewühl von Menschen aus aller Herren Länder …».

Ungefähr zweihundert Jahre später, von 1786 bis 1788, trat auch Johann Wolfgang von Goethe (1749–1832) in diese Spur, bereiste Italien und verfasste ein zweibändiges Reisetagebuch, die *Italiänische Reise.* Es war dann aber vor allem ein Gedicht, das zum ersten Mal in *Wilhelm Meisters theatralischer Sendung* veröffentlicht wurde, das bis in heutige Zeiten zum Inbegriff deutscher Italiensehnsucht wurde: *Kennst du das Land, wo die Zitronen blühn / Im dunkeln Laub die Gold-Orangen glühn / Ein sanfter Wind vom blauen Himmel weht / Die Myrte still und hoch der Lorbeer steht? / Kennst du es wohl? Dahin! dahin möcht ich mit dir, o mein Geliebter, ziehn.* Am 28. September 1786 ließ sich Goethe von Padua die Brenta hinab nach Venedig schippern. Auf dem Lido sah er zum ersten Mal in seinem Leben das Meer. Er blieb fast drei Wochen und schrieb täglich seine heute immer noch interessanten Tagebucheinträge.

Und nun wiederum, grob gerechnet weitere 250 Jahre später, macht sich ein schwäbischer Koch auf den Weg nach Italien, zwar nicht gerade im Postkutschentempo, dafür aber mit Bedacht, sodass das Innere dem Äußeren gut folgen kann. Etappenweise möchte ich mich diesmal der Lagune nähern, und meine Tochter Eva begleitet mich. Im Juni 2021 brechen wir auf zu einem kleinen Roadtrip durch Venetien. Eva meint, beim Fliegen käme die Seele nicht hinterher, man solle sich stets auf dem Landweg nähern und auf diese Art behutsam in «Land und Leute» hineinwachsen. Übrigens, meine Tochter dient mir auf dieser Reise sozusagen als Blindenhündin. Sie regelt alles, zu dem ich zu faul bin, organisiert unsere Hotels und unsere Tische und ist die unangefochtene Herrin der Kreditkarte.

Unsere Route wird uns von Stuttgart über Ulm und Füssen nach Reutte in Tirol, über den Fernpass nach Innsbruck führen und dann den Brennerpass hinauf und wieder hinunter nach Brixen, der Bischofsstadt in Südtirol. Die beiden erwähnten Dichterfürsten nahmen übrigens den Weg über München, Garmisch, Seefeld und den Zirler Berg ins Inntal hinab. Der Berg, der die Wasser des Inn entlässt, ist der Piz Lunghin. Wenn man mich heute so anschaut, traut man es mir nicht zu, dass ich diesen Berg, immerhin 2780 Meter hoch, einmal bestiegen habe. Aber das ist lange her, und damals warf ich auch noch nicht den Schatten eines Wochenendhauses.

Sehr bequem fahren wir die Brennerautobahn bergan und kein Stau klemmt uns fest. Es ist wenig Verkehr, nur ein antiker VW-Bulli mit Hippiebemalung orgelt sich über die Europabrücke und ist für kurze Zeit unser Augenglück und Weggefährte. In jüngeren Jahren litt ich unter ungestümem Vorwärtsdrang und sammelte jede Menge Strafzettel, drückte das Gaspedal durch bis zum Anschlag, bekam aber von der Landschaft fast nichts mit. Nun erlebe ich, dass es wahrlich Schöneres gibt als den Rausch der Raserei. Es fällt mir nicht schwer, die österreichische Geschwindigkeitsbegrenzung einzuhalten, über die der Altkanzler Helmut Kohl mal die Warnbotschaft hinausschleuderte: «130 km/h sind für Deutsche unzumutbar.» Goethe schrieb seinerzeit von der Fahrt über den Brennerpass: «Die Postillons fuhren, daß einem Sehen und Hören verging, und so leid es mir tat, diese herrlichen Gegenden mit der entsetzlichsten Schnelle und bei Nacht wie im Fluge zu durchreisen, so freute es mich doch innerlich, daß ein günstiger Wind hinter mir herblies und mich meinen Wünschen zujagte.»

Ziemlich verschnarcht verfehle ich fast die Ausfahrt nach Brixen. Ohne Brixen war mir noch nie eine Fahrt in den Süden möglich. Das liegt nicht daran, dass gehobene Stände mit Bildung mir dort den romanischen Kreuzgang mit den mittelalterlichen Fresken anempfohlen hätten oder mir die Bedeutung des gotischen weißen Turms ins Gemüt treiben wollten. Der Grund für meine Verankerung an diesen Bischofssitz sind nicht das mittelalterliche Ortsbild oder die Schätze des Diözesanmuseums. Nein, die Messlatte der Kultur liegt um einiges höher: Über ein gutes Gasthaus geht nichts hinaus. Andere Meinungen sind selbstverständlich gestattet, aber nicht mir.

Goethe übernachtete als wirklich erste Verfehlung seiner Italienreise 1786 nicht im «Hotel Elephant», das schon seit über 400 Jahren die Türen für Vorbeireisende geöffnet hat. Seine Pferde zogen bergab schneller als ihm lieb war: «Der Postillon schlief ein, und die Pferde liefen den schnellsten Trab bergunter, immer auf dem bekannten Wege fort; kamen sie an ein eben Fleck, so ging es desto langsamer. Der Führer wachte auf und trieb wieder an, und so kam ich sehr geschwind, zwischen hohen Felsen, an dem reißenden Etschfluß hinunter. Der Mond ging auf und beleuchtete ungeheure Gegenstände.» Goethe stand ziemlich unter Kuratel der Kutscher, die sich nicht nach ihm richteten, sondern nach den Pferden: «Brixen, wo man mich gleichsam entführte, so dass ich mit dem Tage in Kollmann ankam.»

Michel de Montaigne berichtete 1581 hingegen empört von der Halsabschneiderei der Wirte. Er nächtigte in Brixen jedoch ebenso wenig wie Goethe im «Elephanten», sondern im «Goldenen Adler». Diesen Gasthof gibt es urkundlich schon seit 1500, und Montaigne erwähnt ihn und die Stadt sehr lobend: «très belle ville» (eine sehr schöne Stadt) in einer «bonne auberge» (einer guten Herberge) übernachtet!

Das «Hotel Elephant» wurde schon zur Zeit Goethes von der gleichen Familie geführt wie heute. Das erste Mal war ich

Erkundung Brixens mit dem Rad

als junger Kerl mit meinen Eltern hier, später dann in den Achtzigerjahren, aber erst dieses Mal entdeckte ich den zauberhaften Garten, dessen zierliche, weißgestrichene Schmiedeeisentüre sich über die schmale Straße hinweg gegenüber dem Hoteleingang befindet. Der Garten, mitten in der Stadt gelegen, ist riesig und wird von einem Gärtner gepflegt, der nicht nur wie ein Philosoph aussieht, sondern das Pflanzen-Elysium auch aufs Herrlichste präsentiert. Im Grunde ist es ein kleiner, nach allen Regeln der Kunst angelegter Zauberort mit einem restaurierten Pavillon aus der Jahrhundertwende. Ein großes Schwimmbecken ist schwer zu finden und stört das romantische Auge nicht, denn es liegt mittendrin, leicht erhöht von Blumen eingefasst.

Das «Elephant» ist ein Hotel wie ein Museum, aber alles andere als museal, sondern perfekt in Schuss, und das Personal ist von beeindruckender Professionalität. Der Koffer

Garten gegenüber dem Hotel «Elephant»

gelangt ohne mein Zutun aufs Zimmer. Der Uhrzeiger schiebt sich auf fünfe, und in Tirol wird früher gegessen als im südlichen Italien. So senke ich meinen heißen Schädel im Bad kurz unters eiskalte Gebirgswasser und restauriere mich binnen einer Minute. Habe ich vergessen zu erwähnen, dass meine Tochter als Expeditionsmanagerin stets alles im Griff hat? Wenn nicht, dann sei es jetzt erneut gesagt. Unten am Auto hat sie schon die Fahrräder von der Halterung befreit.

Brixen, wenn auch keine große Stadt, ist bei mittlerer Sommerhitze zu Fuß kein Vergnügen. Überhaupt, tierartige Fortbewegung überlasse ich gerne anderen, und meine Tochter denkt zum Glück genauso. Sie ist eine ziemlich modern ausgerüstete Lady, und an ihrer Lenkstange ist das Handy mit Ortungssystem befestigt. Wir radeln gemächlich die antiken Pflastersteine zum Dom hinab. Ursprünglich wurde die Kirche in der Zeit der Gotik gebaut und in den späteren Jahren dem barocken Zeitgeschmack angepasst. Das Innere ist dementsprechend üppig, was nicht so mein Ding ist. Vielleicht liebe ich ausladenden Gipsstuck mit obligater Goldhöhung auch deshalb nicht so sehr, weil ich selbst so üppig bin.

Beim Kreuzgang des Doms verweilen wir länger. Mit seinen gotischen Fresken gehört er zu den bedeutendsten Kunstdenkmälern Südtirols. An der dritten Arkade tritt der berühmte Elefant vor unser Auge. Geboren wurde das geradezu adelige Tier 1540 in Indien und auf den Namen Soliman getauft. Er war ein Geschenk der Tochter Karls V. und Isabellas von Portugal an den Neffen des Kaisers und späteren Kaiser Maximilian II. Elefanten galten als die gewaltigsten Staatsgeschenke und wurden immer wieder halb um die Welt befördert. Karl der Große erhielt von Kalif

Harun ar-Raschid schon ums Jahr 800 einen Elefanten mit Namen Abul Abbas. Größere Sensationen konnte die damalige Zeit nicht bieten, deshalb werden diese Elefanten in den Geschichtsbüchern aufgeführt wie Statussymbole, die wir heute in Form von Angeber-Yachten und Protztempeln bei bestimmten Oligarchen vorfinden. Ein Elefant war nun einmal unübersehbar. Das Brixener Ungetüm befand sich also auf der Reise von Spanien nach Wien. Das Volk gierte nach Abbildungen, und da kaum ein Künstler das Vieh wirklich zu Gesicht bekam, richteten sich Zeichner, Kupferstecher und Maler nach Erzählungen und Berichten. Der Elefant an der Hausmauer unseres Hotels mutet deshalb eher wie ein Hausschwein an, dem ein langer Rüssel drangemalt wurde.

Von unser Besichtigungstour zurück, verweilen wir noch kurz im Hotelpark. Es herrscht immer noch eine Bullenhitze, und so nehmen wir das Abendessen auf der Terrasse ein, an einem Tisch, den mancher vielleicht einen Katzentisch nennen würde. Es war jedoch der letzte, der zu haben war, und wir sind mitten im Geschehen. Hinter, neben und vor mir wuselt das Servicepersonal. Hätte ich es ruhiger haben wollen, hätte ich mir eine lauschige Ecke im Garten suchen können. Aber nix da, mich interessiert immer, wie der Service den Ansturm der vielen Gäste bewältigt. Und ja, sie machen es sehr gut, ich brauche mich nicht sorgen, dass ich mich als Kollege zum Helfen anbieten muss.

Der Tisch direkt neben mir ist eine sogenannte Service-Station, dort sind Bestecke, Servietten und sonstige Tischgeräte bevorratet. Der Oberkellner bereitet dort gerade ein Tatar zu, es klappert und scheppert und er entschuldigt sich lachend: «Da sitzen Sie direkt neben der Werkstatt!» Es ist faszinierend, mit welcher Routine er das Tatar mit den vielen Zutaten anmischt. Der Mann ist sich seines Auftritts auch ziemlich bewusst, er ist sozusagen «on stage». Das hat zur Folge, dass der halbe Laden nun Tatar bestellt, Eva und ich ebenso. Für Unterhaltung ist also gesorgt. Der Oberkellner und Tatar-Virtuose entschuldigt sich noch mal wegen der andauernden Unruhe. Ich beruhige ihn und sage: «Es gibt nichts Schöneres, als Könnern beim Arbeiten zuzuschauen!»

Nach einem kalten Bier, nun sichtlich erholt, bestelle ich einen Wein vom Schloss Juval. Das Weingut im Vinschgau ist im Besitz von Simon Messner, dem Sohn des Bergsteigers Reinhold Messner. Der Weißburgunder aus dem Jahr 2019 mit frischem Duft spendet mir geradezu morgendliche Frische. Nach dem Tatar sind Schlutzkrapfen an der Reihe. Letztere sind nichts anderes als Ravioli, meist in brauner Butter mit Salbei serviert. Eva gibt bereits auf, aber ich nehme noch etwas Reh. Dann kommt noch Käse und ein schöner Rotwein dazu, ein Lagreiner, beides sind mir immer das beste Betthupferl. Die Südtiroler Weine liebe ich wirklich sehr, denn gerade die rote Lagreinertraube um Bozen zwickt mich nicht durch übermäßige Säure. In meiner Jugend, als mein Magen noch rieslingtauglich war, konnte ich noch jeden Sauerampfer vertragen.

Im «Elephanten» wurde schon immer auf solidem Niveau gekocht. Damals kaute sich die Tiroler Küche aber noch vorwiegend krachledern, knödelig und von Bauernspeck befeuert. Mittlerweile ist diese Küche zwischen Gebirgsspezialitäten und italienischen Einflüssen auf dem Höchststand. In nahezu jedem Ort ist ein außergewöhnliches Gasthaus zu finden. So die Berichte meiner Freunde. Mehr kann ich dazu nicht sagen, weil mir nie eine andere Idee kam, als den «Elephanten» aufzusuchen.

Wer nach solchen Abendessen nicht traumlos ins Bett fällt, dem ist nicht zu helfen. Als finalen Gutenachtgruß hole ich mir auf dem Zimmer, wahrscheinlich etwas navigationsunsicher wegen des abschließenden Grappas, an einer wertvollen Intarsienkommode einen blauen Fleck.

Nach einer tatsächlich formidablen Nacht schaue ich mir am nächsten Morgen vor dem Frühstück noch das Hotel genauer an. Zwar bin ich hier schon oft abgestiegen, aber ich will ja nun darüber schreiben und gucke deshalb ein bisschen genauer hin. Es tut richtig gut, dass man hier die Gewissheit hat, nicht in einem juvenilen Start-up-Unternehmen verwahrt zu werden. Nur erlesene Antiquitäten sind hier zu finden, und keinerlei Kunstblumen beleidigen meinen Sinn fürs Exquisite. Ganz besonders sticht mir die breite, geradezu festliche Treppe ins Auge. Ein roter Teppich ist über die Stufen gezogen und wird von polierten Messingstangen in Fasson gehalten. Es kommt aber noch toller, und das habe ich wirklich noch nirgends gesehen: um den Teppich zu schonen, und überhaupt wegen des Sauberkeitsanspruchs, führt in der Mitte der Teppichtreppe ein weiß erstrahlender, frisch gewaschener Baumwollstreifen ins Parterre. Es mutet an, als hätte man dem roten Läufer eine gestärkte Serviette aufgelegt. Man merkt, hier ist eine Besitzerfamilie am Start, die mit Herz und Professionalität zu Werke geht. Die Tradition des Hauses ist immer spürbar, aber mein Zimmer ist dennoch modern und absolut elegant. Nirgends überflüssige Schnörkel, die vielleicht mein Vater geliebt hätte, der an diesem Hotel nie vorbeifuhr, ohne hier gut zu essen.

Dem Licht entgegen gehe ich zum Frühstück auf die Terrasse mit Ausblick auf den gegenüberliegenden Park, der mitten in der Stadt liegt. Gute Croissants machen mich ganz verrückt, und ich verliere in ihrer Anwesenheit rasch die Beherrschung. Opulentes Frühstück ist ja eigentlich mehr

Edler Aufstieg

was für Engländer und Amerikaner als für den Schaffer aus Schwaben. Doch hier kann ich nicht widerstehen, esse gleich drei von den Dingern, allerdings nicht mit Marmelade garniert, sondern als Kraftpaket mit gekochtem Tiroler Schinken angehäufelt. Nach so einem reichlichen Mampf könnte man sich eigentlich gleich wieder ins Bett legen, aber meine Tochter möchte unbedingt die Drei Zinnen besichtigen. Sie meint, einmal im Leben müsste man diese schönsten Berge der Welt sehen. Also unterbrechen wir unsere geradlinige Fahrt mit einem Schlenker nach Osten.

Dem geneigten Leser sage ich es gleich: Lassen Sie es bleiben, es sei denn, Sie haben wirklich sehr viel Zeit. Wir befehlen unserem Auto das Bergsteigen auf dem Weg nach Sankt Ulrich im Grödnertal, durchfahren Wolkenstein, um kurz zu verweilen und eine kleine Gedenkminute für den Dichterfürsten des Spätmittelalters, Oswald von Wolkenstein (um 1377–1445), einzulegen. Von ihm sind über 130 Texte überliefert. Sie gehören zu den bedeutendsten Buchschätzen überhaupt. Seine zwei Liedersammlungen sind kalligraphisch prachtvoll gestaltet und mit Notenschrift ausgestattet und waren schon in damaliger Zeit eine Seltenheit.

Doch weiter. Auf dem Papier mutet die Berg-und-Talfahrt zunächst harmlos an. Die Karte liegt unschuldig eben auf dem Tisch, in meinem Fall ist es das iPad, und gaukelt uns vor, völlig flach und easy zu sein. Unser Plan ist es, auf die andere Seite der Dolomiten ins Tal der Piave vorzustoßen, um dann von oben nach Venetien einzufallen.

Venetien beginnt allerdings viel früher als man ahnt, nämlich mitten in den Dolomiten in der Nähe des Falzaregopasses. In Luftlinie dehnt sich die Strecke durch die Bergwelt höchstens auf 60 Kilometer. Durch die schöne, ergreifende Landschaft arbeitet sich unser Auto durch Spitzkehren in

Dramatische Landschaft – die Dolomiten

tiefe Täler und dann wieder hoch zu atemberaubenden Felsenzacken. Andauerndes Kurbeln am Lenkrad, es ist eine anstrengende Fahrt. Aber meine Tochter will nun mal furchterregende Felswände sehen, und ich bereue es am Ende auch trotz aller Strapazen nicht, denn eine solch wilde Landschaft habe ich noch nie erlebt. «Meine Berge» fand ich immer in der Schweiz, aber bis auf die Eiger-Nordwand und einige Zacken im Bergell oder das Matterhorn sind nur wenige so steil und schroff wie hier in den Dolomiten. Da wird man richtiggehend demütig.

Rauf und runter durch enge Kurven, dann, endlich, meine ich, die Drei Zinnen erahnen zu können. Doch welch ein Irrtum. Es geht wieder runter ins Tal, und das noch sehr häufig. Hinauf auf 2000 Meter, dann wieder runter und wieder hinauf und wieder hinunter … Die Straße führt über Pässe nicht nur über das Grödnerjoch. Die von vielen Rennradlern gekaperte Straße zieht sich an der Sellagruppe vorbei, über den Falzaregopass nach Cortina d'Ampezzo. Diese Stadt hat seit den Olympischen Winterspielen im Jahr 1956 einen legendären Ruf. Mir sei ein Bremsmanöver der Begeisterung erlaubt, wenn ich sage, dass die Stadt unter Umständen dann schön sein könnte, wenn sie von hohem Schnee gnädig bedeckt wäre. Also weiter.

Nach der Olympiastadt werden die Spitzkehren weniger, es geht nun ständig bergab. Die Ortschaft Giralba liegt direkt unter den Drei Zinnen, so sieht es jedenfalls auf der Landkarte aus. Auf dieser kann man nicht erkennen, dass dazwischen noch ein Gebirgsmassiv die Sicht nimmt. Ein bisschen wehmütig sind wir schon, denn um sich den Drei Zinnen zu nähern, hätten wir noch mal einen Umweg fahren müssen. Kurz vor Auronzo di Cadore können wir wenigstens eine Zacke der Drei Zinnen erspähen. Diese zeigt sich wegen der großen Entfernung jedoch ziemlich klein, aber Eva und ich sind beide mit außergewöhnlicher Fantasie ausgestattet und meinen, vor dem inneren Auge dort sogar Kletterer erspähen zu können. Egal, jetzt wissen wir wenigstens, warum die Dolomiten seit Generationen die Leute in Begeisterung versetzen. Die Durchfahrung des Gebirgs hat über fünf Stunden in Anspruch genommen, dies nur nochmals als Warnung. Hätten wir Evas Mutter, meine Ehefrau und meinen Lebenskompass Elisabeth dabeigehabt, sie hätte uns für diese Detour schwer zusammengestaucht.

Das Tal der Piave ist erreicht, die Schnellstraße führt an Pieve di Cadore vorbei. Gedanklich spendiere ich mir eine Gedenkminute für den großen Maler Tizian (ca. 1488–1576), der hier geboren wurde und zu Lebzeiten auch «Cadore» gerufen wurde. Er ist der große Meister der Hochrenaissance und wird uns noch öfter begegnen.

Wir genehmigen uns keine Pause und kein Mittagessen, sondern drängen vorwärts. Vor Valdobbiadene mehren sich die Hinweisschilder, dass wir uns nun auf einem Schlachtfeld befinden. Drei furchtbare Gefechte des Ersten Weltkriegs entließen viel Blut in die Wasser der Piave, die sich teilweise aufstaute, da die Leichen den breiten Fluss verstopften. 1918 kämpften an der sogenannten «Prosecco-Linie» die Österreicher und Deutschen gegen die Italiener. Ernest Hemingway (1899–1961) diente zu dieser Zeit an der Piave als Sanitäter. Er versorgte Verwundete und machte sich freiwillig mit einem Fahrrad auf den Weg, um den Kameraden einen Rucksack voll Schokolade und sonstiger Verpflegung zu bringen, als er sich einen Granatsplitter fing. Aus dieser Erfahrung destillierte er seinen späteren Roman *In einem anderen Land* (1929). Auch sein Landsmann, der sozialkritische Schriftsteller John Dos Passos (*Manhattan Transfer*), diente kurze Zeit als Sanitätsfahrer an dieser Front.

Damals wurden alle Brücken gesprengt. Heute ist davon nichts mehr zu sehen, das Grün um uns herum zeigt sich als aufgeräumte Kulturlandschaft, und bequem führt die Straße nach Westen über die Piave auf die Asolaner Berge zu. Links und rechts säumen unzählige Prosecco-Weinstöcke unsere Straße. Das echte Proseccogebiet liegt zwischen Valdobbiadene am östlichen Ufer der Piave und dehnt sich weiter bis ins südöstliche Conegliano aus. Im Südwesten schließt sich das Prosecco-Dreieck bei Asolo. Aus diesen, geradezu ineinander lieblich verschlungenen Hügeln kommen die edelsten Schaumweine mit dem berühmten Signet: *Denominazione di Origine Controllata e Garantita* (DOCG). Mamma

Valdobbiadene – Heimat des Prosecco

mia! Was für ein Promotiontitel. Drum herum liegt ein weiträumigeres Gebiet, dort keltert man eine Stufe darunter und verliert einen Buchstaben: DOC (*Denominazione di Origine Controllata*). Und noch etwas weiter am Rand dieser Rebengegend wächst ein Gebizzel, was millionenweise in die Kehlen dieser Welt geschüttet wird. Als Partygetränk kann man es durchgehen lassen, die Bayern nennen billigen Sekt jeder Art «Kracherl».

Eine gefüllte Prosecco-Flöte erster Güte erwartet uns im legendären «Hotel Cipriani» in Asolo, aber das muss noch warten. Die Uhr zeigt erst vier, und an der Villa di Maser einfach so vorbeizurauschen, käme einem Kulturfrevel gleich. Die Villa di Maser nennt sich eigentlich Villa Barbaro (nach der berühmten venezianischen Patrizierfamilie) und liegt unweit von Asolo an einer schmalen Landstraße. Vom riesigen Tor führt eine Parkanlage hinauf zum breit angelegten Palazzo. Der gelbweiße, elegante Bau ist einstöckig und in der Mitte zentriert sich ein klassizistischer Säulenbau mit einem weiteren Stockwerk. Die Villa wurde um 1554 von Andrea Palladio (1508–1580) erbaut, dem bedeutendsten Architekten der Renaissance, und zu Recht ins UNESCO-Welterbe aufgenommen. Das Besondere an dieser Villa sind die darin befindlichen Fresken des venezianischen Renaissancekünstlers Paolo Veronese (1528–1588). Er war ein Meister raffiniertester Perspektive, gab seinen Gemälden und Fresken dadurch großen Raum, so als könne man ihn ungehindert betreten. Seine Farbenlebendigkeit und die Lichtführung machten ihn ebenfalls zu einem Neuerer.

Wer sich die Villa Maser anschauen möchte, sollte allerdings vorher das Internet nach den Öffnungszeiten abklopfen. Ins Innere habe ich es vor vielen Jahren einmal geschafft,

Ein Juwel: Villa di Maser

dieses Mal sind die Pforten verschlossen. So bleibt mir nichts anderes übrig, als die Fassade zu fotografieren und auch die Landstraße ins Auge zu fassen, die mit einer schönen klassizistischen Kirche geschmückt ist. Sie gehört zum Ensemble dieses Glücksortes.

Weiter geht's. Es bleibt noch Zeit für einen Umweg nach Possagno. In nur fünfzehn Minuten sind wir am Grab Antonio Canovas, dessen Werke man im Museum des Ortes bewundern kann. Sein Mausoleum ist dem Parthenon in Athen nachempfunden, also wieder ein Tempel, der an die alten Griechen erinnert. Der Bildhauer gilt als ein ganz Großer des Klassizismus, er lebte von 1757 bis 1822, wurde hier in Possagno geboren und wirkte viel in Oberitalien, vorwiegend jedoch in Venedig. Das Museum müssen wir uns leider sparen, aber ein Rundgang um das Bauwerk, auf den eine Sichtachse mit weißem Kies hinführt, ruft in mir, mittlerweile hungrig und müde, doch noch erhebende Gefühle hervor.

Nicht nur die Stimmung an diesem Ort, sondern auch der dahinter aufragende Monte Grappa zwingt mich zur Nachdenklichkeit. Am 11. November 1918 war nach vier verheerenden Jahren der Krieg zu Ende, aber im Geburtsstädtchen von Canova lebte schon seit einem Jahr niemand mehr. 1917 war der Ort evakuiert worden, weil deutsche und österreichische Truppen ins Veneto vorgedrungen waren. Ständig wurde Possagno vom Monte Grappa aus beschossen. Canovas Bruder hatte die vielen Gips-Plastiken des großen Künstlers zu einer Sammlung, der «Gipsoteca di Possagno» zusammengeführt, damals weltweit die größte ihrer Art. Sie wurde dann im Dezember 1917 dezimiert, als zwei Granaten der österreichischen Artillerie einschlugen. Auch diese Geschichten gehören zu dieser lieblich anmutenden Gegend, in der man sich wirklich noch viel längere Zeit herumtreiben könnte. Es ist die typische südliche Voralpenlandschaft mit malerischen Hügeln und Weinbergen und Eichenwäldern. Und immer wieder darin eingestreut, wie Signale oder in den Himmel gereckte Zeigefinger, die schwarzgrünen Zypressen.

Eine schmale Straße führt bergan, dann wieder hinab. Vor vierzig Jahren verbrachte ich in dieser idyllischen Endmoräne, welche die Gletscher der Eiszeit hinterlassen haben, mit meiner Frau Elisabeth einige Tage. Das Städtchen Asolo kann man getrost als Traumort bezeichnen, in der Hauptreisezeit kann es hier allerdings sehr voll werden. Den Marktplatz schauen wir uns morgen an, lieber biegen wir in eine enge Gasse ab und dann rechter Hand pfeilgrad in die große Garage des Hotels ein, in das wir heute einkehren werden.

Canova-Tempel bei Possagno

Der «Palazzo Cipriani», zu Palladios Zeiten erbaut, war schon immer ein Luxushotel, das wir uns damals eigentlich nicht leisten konnten. Am Haus hat sich bis heute nicht viel geändert, an unserem Geldbeutel auch nicht. Es gibt ja den wunderbaren Merksatz: Wer sich nicht ruiniert, aus dem wird nichts. Schon damals war mir bewusst, dass man gute Gastronomie und Hotellerie nicht aus dem Ärmel schütteln kann. Man muss zuvor auch etwas hineingeben, muss Erfahrungen sammeln und viele Gasthäuser und Herbergen aufsuchen, sozusagen mit den Augen stehlen. In meiner Jugend, als blindes Küchenkaninchen, kam es bei jedem Ausflug zu einem Gewinn. Mit Mund, Nase und mit den Augen wurde «einverleibt».

Im Restaurant des Hotels ist eine Klientel anzutreffen, die sich vom sogenannten Neureichentourismus erheblich absetzt. Auf der Terrasse am Nebentisch sitzt ein Engländer, der deutlich hörbar kein Cockney spricht. Er gibt seine Bestellung auf und wendet sich dann wieder seinem Buch zu, auf dem ich den Titel *Aretino* ausmachen kann. Auf Pietro Aretino, der über lange Zeit in Venedig wilde Schriften verfasste und mit seinen Texten in einem Maße glänzte, dass sogar Tizian ihn porträtierte, werden wir noch gesondert zu sprechen kommen.

Neben dem Hotel führt eine schmale Gasse bergan aufs Zentrum zu. Die Villa Duse ist leider nicht zu besichtigen, ihre prächtige Vorderseite wäre nur vom gegenüberliegenden Abhang zu sehen. Eleonora Duse (1858–1924) war um die Jahrhundertwende neben der Französin Sarah Bernhardt die berühmteste Schauspielerin der Zeit. In Asolo lebte auch die englische Forschungsreisende Freya Madeline Stark (1893–1993), die stolze hundert Jahre alt geworden ist. Von der hatte ich noch nie gehört, aber der Concierge, der schon viele Jahre seinen Dienst verrichtet, erzählte mir, was es mit dem Foto im Seitentrakt des Hotels auf sich hat. Es zeigt ein Porträt der englischen Queen Mom mit der Signatur «Elizabeth R. 1987». «Ja, Queen Mom hielt sich hier im Hotel für neun Tage auf, um sich mit ihrer Freundin Freya Stark zu treffen», so die Auskunft des kundigen Concierge. Wenn eine englische Adlige eine solch weite Reise unternimmt, muss schon ein bisschen was geboten werden. Und das war neben der märchenhaften Gegend auch Freya Stark mit ihren Romanen wie *Pässe, Schluchten, Ruinen* oder *Durch das Tal der Mörder*. Die Bücher handeln von Emanzipation und Abenteuern in den 1930er-Jahren und sind heute noch spannend zu lesen.

Keine Frage, das «Cipriani» hat eine starke Aura, vielleicht nicht für jeden, aber ich bin für alte Gemäuer empfänglich. Ich glaube nicht an Geister, aber meine reichliche Fantasie zieht mich zu den Verstorbenen, für die ich manchmal mehr Empathie empfinde als für die Lebenden. Nach drei Tagen war dann aber so viel Geld verwohnt, dass wir die Stätte dieser gastronomischen Hochkultur verlassen mussten. Seitdem sind 45 Jahre vergangen, und in Zehnjahresabständen sind wir immer wieder mal vorbeigekommen.

Das Hotel ist sich immer treu geblieben, ist aber dennoch zeitgemäß in Schuss und gut restauriert, durch WLAN auch mit der modernen Welt verbunden. Hinzu kommt wirklich geschultes Personal und hochwertige Ausstattung. Auf meinem Zimmer, es ist nicht groß, finde ich schlanke, feinpolierte Möbel, Sessel und ein kleines Sofa in sandfarbenem Jacquard-Stoff, also gewoben und nicht bedruckt. Im Bad lachen mich handbemalte Kacheln an. Sie sind farbig, aber nicht bunt. Ich schätze mal, sie sind mindestens 80 Jahre alt. Ich öffne das zweiflügelige Fenster, das nicht der deut-

Hotel Cipriani in Asolo

schen DIN-Norm entspricht und gerade deshalb sehr schön ist und trotzdem funktioniert! Und dann öffnet sich der Blick auf die kleinen Hügel, die *Colli Asolani,* mit den vielen Zypressen, die sich dem Himmel geradezu mahnend entgegenstrecken, als wollten sie darauf hinweisen, dass ein besonderer Gast die Gegend beehrt.

Auf der Terrasse blicken meine Tochter und ich anschließend auf einen wundervollen Garten mit Palmen, einem Granatapfelbaum und auf die traumhafte Landschaft, die sich dahinter erstreckt. Der Dichter Giosuè Carducci (1835–1907), in Oberitalien berühmt, nannte Asolo «die Stadt der hundert Horizonte». Es ist eine schöne Wandergegend, aber selbst mit dem Auto tut sich hinter jeder Kurve ein anderer entzückender Blick auf. Irgendwie erinnert mich diese Kulturgegend an die idealisierte Landschaftsmalerei der Romantik.

Zum Asolaner Prosecco werden heute *bigoli di Bassano con ragù d'anitra*, also Entenragout, bestellt. Bigoli sind eine Spezialität Venetiens, es handelt sich dabei um dicke hausgemachte Eierspaghetti. Es gibt Teigpressen, durch die man sie quetschen kann. Man kann sie auch fertig kaufen, aber dann sehen sie aus, als hätten sie im Windkanal trainiert. Mit diesem Rezept jedoch bereiten Sie sie zu wie vor fünfhundert Jahren. Sie werden mit dem Handteller auf einem bemehlten Brett zu langen, dünnen Würstchen «genudelt».

Bigoli (Grundrezept)
Für 4 Personen

250 g	*Hartweizengrieß*
3	*Eidotter (Eigelb)*
1	*Ei*
1 TL	*Olivenöl*
1 TL	*Salz*

Egal, wie die Maßeinheiten sind, am Schluss muss ein sehr fester Teig zusammengeknetet sein. Den Teig immer feucht abdecken und etwa haselnussgroße Stücke entnehmen. Diese zwischen den Handtellern zu einem Torpedo formen. Möglichst kein Mehl auf den Tisch streuen, dann lange Würstchen ausrollen. Die fertigen Bigoli anschließend gut mit Mehl bestreuen, damit sie nicht zusammenkleben. Die «Würmer» dürfen gern zwanzig Zentimeter lang sein. Sie kommen für 7 Minuten in kochendes Wasser.

Eine kleine Warnung vorab: Pro Person benötigt man, wenn der Teig fertig ist, mindestens 15 Minuten für das Zwirbeln. Die Nudeln sehen etwas «homemade»-zerknittert aus.

Im Hotel Cipriani und in ganz Venetien werden die Bigoli bevorzugt mit Entenragout gereicht. Ganz zwanglos kann man aber Bigoli in allen Variationen bereiten, die auch für Spaghetti angewendet werden.

Meine Tochter wählt das berühmte «Carpaccio Cipriani». Es gibt mittlerweile unzählige Carpaccio-Varianten, von Käse, Orangen, Kohlrabi, Rote Bete, Zucchini usw. Alles Blödsinn, es gibt nur ein Carpaccio, und das wurde vom Gründer dieses Hotels erfunden: Ein großer Teller wird mit hauchdünn geschnittenem Rinderfilet belegt, Pfeffer und Salz kommt obenauf und darüber wird mit einer speziellen Mayonnaise, ein Geheimrezept, ein Rautengitter gespritzt. Fertig. Mehr ist es nicht, kein Rucola oder sonst irgendwas. Arrigo Ciprianis «Harry's Bar» in Venedig, die wirkliche Keimzelle des Gerichts, stelle ich später noch ausführlich vor. Als Hauptgericht bestellen wir *costoletta alla Milanese.* Das ist letztlich nichts anderes als ein Wiener Schnitzel vom Kalbsrücken, an dem der Kotelettknochen noch dran ist. Alles wird paniert und sanft gebraten.

Costoletta alla Milanese

Für 2 Personen

2	*Kalbskoteletts, dünn geklopft*
2 EL	*Semmelbrösel (bitte vom Bäcker)*
2 EL	*Mehl*
2	*Eier*
250 g	*Butterschmalz*
1 EL	*frische Butter*
	Pfeffer, Salz

Allgemein hält man die *costoletta,* wie das Wiener Schnitzel, für ein simples Gericht. Trotzdem behaupte ich, dass neunundneunzig Prozent der Bröselfans, im Gegensatz zu mir, nicht an einer Fritteusenphobie leiden. Kurzum, was man oft unter einfacher Küche einordnet, ist meist davon belastet, dass es sich viele Köchinnen und Köche *zu* einfach machen und die Lappen einfach in die Fritteuse schmeißen. Es kommt aber eben genau auf die Panade an. Fertige Industrie-Semmelbrösel taugen nicht einmal zum Sandburgenbauen, man sollte deshalb das Gebrösel beim Bäcker kaufen.

Auf das Fleisch kommt es natürlich auch an. Ein vakuumiertes, im eigenen Saft vor sich hinsäuerndes Quälfleisch wird immer erstickt schmecken. Also gutes Fleisch aus dem

Fachgeschäft. Das wird möglichst dünn geklopft und gepfeffert. Jetzt schon zu salzen, würde das Fleisch nässen und die Brotkrumen aufweichen, deshalb Paniertes immer erst nach dem Garen salzen.

Die Fleischscheiben in Mehl wenden, dann das Mehl etwas abklopfen, durchs geschlagene Ei ziehen und anschließend auf den Bröseln wenden. Nicht andrücken. Schwimmt das Kotelett beim Garen im Fett, ist es weniger der Schwerkraft ausgesetzt und kann sich auch nach unten gut ausdehnen und Blasen bilden. Auf den Geschmack hat das keinen Einfluss. Für diese Prozedur benötigt man sehr viel Fett, und ich denke, dass nicht nur ein Schwabe darüber nachgrübelt, ob das sinnvoll ist. Aber eigentlich müsste alles in wirklich viel Butterschmalz sanft gebraten werden. Zu bedenken ist auch, dass Venetien traditionell kein Olivenöl-Land, sondern wie die Emilia und die Lombardei der Butter verfallen ist. Der Titel *Città grassa* («fette Stadt») für Bologna rührt von der Butter. Also, trotz aller Italomania: kein Olivenöl.

Über das Hotel, über Asolo mit seinem völlig erhaltenen mittelalterlichen Stadtbild und die Umgebung gäbe es noch viel zu erzählen. Vor allem über die unzähligen Berühmtheiten, die sich am pittoresken Lokalkolorit erfreuten, das «Namedropping» würde gar kein Ende nehmen. Rechts hinter mir in der Ecke sitzt ein älterer Herr, der mich überaus freundlich grüßt. Woher kennt er mich? Als ich mich nach Essen, Wein und Grappa zu meinem Zimmer vorarbeite, komme ich am Concierge vorbei, und er klärt mich auf: «Diesem Herrn gehört das Gemäuer, es ist Massimo Zanetti, der Besitzer des Segafredo-Konzerns, und er freut sich über jeden Gast.» In Deutschland ist diese Marke etwa für Espresso bekannt.

Nach einer Nacht bei offenem Fenster und nahezu gespenstischer Ruhe sitzen wir beim Frühstück, und in der Zwischenzeit transportiert eine helfende Hand das Gepäck ins Auto. Den Marktplatz von Asolo beäugen wir noch ein bisschen genauer und auch mit ein bisschen Wehmut. An diesem poetischen Ort könnte ich es noch wochenlang aushalten. Aber ich kann ja wiederkommen, und so fahren wir nun gemächlich in engen Kurven in die große Ebene, die aus Urstromzeiten der Po in der Landschaft hinterlassen hat.

Palladio und Radicchio – Treviso und Vicenza

Unser Auto schnurrt auf Castelfranco zu. Wir leisten uns aber einen kleinen Umweg nach Bassano del Grappa. Eva und ich holen die Räder aus den Autoständern und radeln die sehenswerte mittelalterliche Stadt nahezu zentimeterweise ab. Am meisten fasziniert mich die Holzbrücke *Ponte degli Alpini*, über die man über die Brenta in die Altstadt gelangt und die 1569 nach Plänen von Andrea Palladio erbaut wurde. Sie wurde zwar mehrfach zerstört, aber von den unverdrossenen Stadtvätern immer wieder originalgetreu wiederaufgebaut. Palladio hat sich offensichtlich nicht nur auf Villen kapriziert.

Am Anfang der Brücke finde ich nun aber den wirklichen Grund, warum ich diese Stadt besuchen musste: den Verkostungsladen «Nardini». Augenblicklich sind Eva und ich darin verschwunden. Hier am Ort befinden sich einige Grappa-Brennereien, was aber mit dem Ortsnamen nicht viel zu tun hat, der Monte Grappa war schon früher da. Ungefähr vor dreißig Jahren ging der Wahnsinn mit dem italienischen Geschnapsel los. Ohne Grappa wären die Italien-Fantasien der Deutschen in den Siebzigerjahren vermutlich nicht lebensfähig gewesen. Als Stammgast einer Pizzeria wurde man gleich beim Empfang mit einem Aqua Vitae sediert, ein glasklarer Narkotisierungsversuch, der sich bis heute «beim Griechen» gehalten hat. Der Umgang mit dem Weintrester und auch die Brennmethoden haben sich seither zum Glück verfeinert, und Grappa ist heute längst kein Bauernschnaps mehr. Aber gerade den einfachen, unparfümierten Brutalstoff mag ich persönlich sehr. Okay, er muss vielleicht nicht so stinken wie damals, aber ein klarer «Nardini», in der weißen Flasche mit schwarzen Versalien auf weißem Etikett und seinen 50 Prozent, ist immer im Haus. Ich bin ihm, seit ich an diesem Buch schreibe, regelrecht verfallen.

Dreißig Meter über die Brücke hinweg kann man das Grappamuseum der Brennerei Nonino besichtigen, die sich mit besonders edlen Spezialitäten einen Namen gemacht hat. Die Bouteillen haben ihren berechtigten Preis, aber ich

Ponte degli Alpini in Bassano del Grappa

bin nun mal, vielleicht auch durch Alterssturheit, bei Nardini in Schutzhaft. Wer noch etwas Zeit hat und nicht zu viel Schnaps probieren mag, dem empfehle ich einen Besuch in der Palladio-Villa Angarano. Der heutige Bau ist auf Pläne aus der zweiten Hälfte des 17. Jahrhunderts von Baldassare Longhena (1598–1682) zurückzuführen, der auch viel in Venedig wirkte. Allein die Flügelbauten sind auf Grundlage der Pläne Palladios gebaut worden. In der Mitte des Bauwerks ragen drei Säulenreihen übereinander, und das Ganze erinnert stark an einen Tempel. Links und rechts befinden sich ausladende Pavillons, die richtiggehende Flügel ausbreiten und wie geöffnete Arme auf den Park weisen. Dieses Weltkulturerbe ist nur vier Minuten nördlich des Ortes zu erreichen.

Die ganze Gegend um Bassano hätte einen längeren Besuch verdient, aber uns drängt es nun weiter ins nahe gelegene Treviso, Hauptstadt und Verwaltungssitz der Region Venetien. Auf dem Weg dorthin liegt die kleine Stadt Castelfranco Veneto, geschützt von einer riesigen Backstein-Stadtmauer, mit Zinnen und Türmen. Mit etwa 33 000 Einwohnern ist sie kein übliches Touristenziel. Im Grunde ist der Ort um die Festung herum gebaut, und das wollen wir uns mal anschauen.

Es ist schon wieder ziemlich heiß. Eva und ich parken das Auto an einem begrünten Rondell und beschließen, den flachen Hügel hinaufzugehen. Es sind vielleicht hundert Meter, dann haben wir schon den Torbogen durchschritten und der schöne, mittelalterliche Stadtkern liegt vor uns. Wir drehen aber bald wieder um, denn unten am Parkplatz in der Nähe des Giorgione-Denkmals erscheint es uns interessanter. Giorgione, auf diesen Renaissancemaler, der seine Kunst in Venedig gelernt hat, werde ich noch zu sprechen kommen.

Das ihm gewidmete Museum hat heute geschlossen, was uns ganz recht ist. Die Sonne steht im Zenit, und auch wenn wir keinen Hunger haben, die Essenszeiten sind in unserer DNA unverrückbar eingegraben. Die Osteria, die wir aufsuchen, ist keine Erwähnung wert. Ich kann mir nur die schönen Sachen merken, was mir bisher immer frohe Zeiten beschert hat. So soll es auch bleiben.

Der Name Castelfranco hat aber in der italienischen Küche durchaus große Bedeutung, denn um die Stadt blüht eine besondere Salatsorte, die hellgelb mit violetten Einsprengseln das Auge erfreut. Der Geschmack erinnert an Chicorée, mit dem dieser Salat auch verwandt ist. Auf der Weiterfahrt nach Treviso führt die Straße an zahlreichen Feldern vorbei. Es gibt viele unterschiedliche Züchtungen, die häufig als Gemüse zubereitet werden, aber alle gehen auf eine, ich nenne sie jetzt Mutterpflanze zurück, nämlich auf die Wegwarte. Wer sie nicht kennt, den möchte ich an eine blaue Wegesrandblume erinnern, die halbwegs als Unkraut gilt und oft mit der Kornblume verwechselt wird. Was die Pflanze aber so berühmt gemacht hat, versteckt sich im Boden: Die Wurzel der Wegwarte, auch Zichorie genannt, hat es in sich. Sie schmeckt bitter, weswegen auch der Chicorée bei Kindern nicht gerade beliebt ist. Bei mir ist es anders. Sind es die Lebensumstände und diversen Niederlagen, die mich mit fortschreitendem Alter immer mehr zu bitteren Gerichten hinziehen? Vielleicht sind aber auch meine Geschmacksknospen durch jahrzehntelange Drangsal etwas mürbe geworden und abgestumpft? Die getrockneten Wurzeln haben jedenfalls heilende Wirkung und können geröstet als Kaffeeersatz dienen. *Mocca faux* nennen die Franzosen diese Art Kaffee, und so war es nicht weit zum Wörtchen «Muckefuck». Der Schweizer Mediziner Paracelsus empfahl die Pflanze, weil sie eine schweißtreibende Wirkung hat, Kneipp riet dazu bei Magen-Darm- und Lebererkrankungen.

Das Zeug ist wirklich ein Wundermittel. Der einst in der Nähe von Corleone auf Sizilien geschnappte Mafiaboss Bernardo Provenzano hatte sich in einem kargen Feldhäuschen über vierzig Jahre versteckt. Sein Imperium lenkte er über viele kleine Zettelchen. Nach jahrzehntelanger Eremitage mit einer Olivetti-Schreibmaschine legte er den Spitznamen seiner aktiven Revolverära – «der Traktor» – ab und wollte fortan als «Poet» angesprochen werden. Seine getippten Papierschnipsel ergeben ein *Opus magnum* von über tausend «Seiten», Untergebene brachten die Befehle bei Nacht und Nebel an die jeweiligen Adressaten. Sein Werk wird heute noch von der Kripo Palermo heftigen Deutungsversuchen unterzogen. In seinem Versteck fand die Polizei nur Käse und Zichorie.

Die oft frohsinnigen Italiener haben, ebenso wie die Südfranzosen, einen starken Hang zum Bitteren, man denke nur an den Espresso und die unzähligen Amari, also die Magenbitter, wie Ramazzotti oder Fernet. Elixiere, die fast immer Wegwartenwurzel enthalten. Vielleicht liegt es auch daran, dass die italienische Nationalkrankheit eher in Form von Magenleiden auftritt. Die hektischen Deutschen haben sich den Blutdruck und die Herz-Kreislauf-Gefäße auserkoren und der Amerikaner kann ohne Psychoanalytiker seinen Alltag kaum überstehen.

Die Familie der Zichorie hat nicht nur den Chicorée unter ihren Verwandten, sondern auch den Trevisano, einen lila Salat, der gebraten als Gemüse verwendet wird. Es gibt aber noch edlere Sorten: den schlanken *Radicchio di Treviso* mit den fleischigen, weißen Rippen in den lila Blättern, der keine geschlossenen Köpfe, sondern an weißen Stielen violette Lanzetten bildet. Die großen, lockeren Rosen des *Radicchio di Castelfranco*, dessen rot-violett gesprenkelte Blätter elfenbeinfarben schimmern, sind ziemlich teuer, wenig bitter und herrlich anzuschauen. Ferner wird bei Verona ein Radicchio angebaut, den wir aus unseren Supermärkten kennen. All diese Sorten wachsen im Freiland. Beim *Trevisaner Tardivo* werden jedoch die Wurzeln ausgegraben und anschließend getrieben. Wir kennen diesen Vorgang von Kartoffeln, die bei Wärme im Keller Knospen treiben.

Belgische Bauern kamen um 1870 auf die Idee, die Wegwartenwurzeln in Eimer zu stellen, im Dunkeln feucht zu halten und so die dicken weißen Chicoréetriebe zu erzeugen. Es gibt spezialisierte Gärtner, welche im Dunkeln – deshalb ist der Chicorée so bleich – die Wurzeln treiben lassen. Chicoréetreibereien nennen sich diese Firmen. Ab Mitte Septem-

Eine bittere Schönheit: Radicchio

ber beginnt die Wurzelernte. Die Wurzeln werden sortiert, auf einheitliche Länge geschnitten und anschließend in große Holzkisten gepackt. In Kühlräumen um die null Grad werden die Pflanzen sozusagen eingewintert. Je nachdem wie groß der Bedarf ist, kommen die Wurzeln nun in die Wärme, in die Treiberei. In Wannen mit warmem Wasser umspült, treiben die Sprossen aus den Wurzeln. Sind sie dick und fett, kommen sie als bleicher Chicorée oder, wie in Venetien, als lila Sorten in den Handel. Die Pflanze eignet sich gut für eine Schlankheitskur, denn sie ist sehr kalorienarm und beinhaltet jede Menge Minerale. Insgesamt sind Trevisano, Radicchio und Tardivo wegen ihrer Bitterstoffe so gesund, dass sie eigentlich auf Krankenschein erhältlich sein sollten.

Radicchio, Trevisano und Co.

4 Stauden	*Roter Chicorée, Trevisano, Radicchio*
1	*rote Zwiebel*
1 EL	*Butter*
1 Prise	*Zucker*
	Pfeffer, Salz

Egal, ob man sich Bigoli, Spaghetti oder einen Risotto zubereitet: sind Nudeln oder Reis weich, kommt Butter in die Pfanne. Dann die fein geschnittene rote Zwiebel andünsten und bei maximaler Hitze die in Streifen geschnittenen Triebe in der Pfanne schwenken. Im Grunde sollte alles so schnell gehen, dass sie nur kurz erwärmen. Trevisano, der schmale lanzettartige Chicorée, hält am besten seine Farbe. Der normale Radicchio wird ziemlich braun, schmeckt aber trotzdem. Die Italiener lieben Bitteres, aber dieses Rezept wird sicherlich nicht jedermanns Sache sein. Kinder spüren

Bitternoten viel stärker als Erwachsene und Frauen mehr als Männer. Ich liebe dieses Gemüse, denn es wirkt auf meine Verdauung geradezu Wunder und bekämpft erfolgreich jedes Völlegefühl. Meine Frau brät am freien Tag häufig gelben Chicorée, da dieser immer schön weiß-gelb bleibt. Nach Belieben würzen, Nudeln oder Reis untermischen.

Der Fluss Sile entspringt westlich von Treviso bei Castelfranco, und nach nur 20 Kilometern führt er bereits unglaublich viel Wasser. Das Flüsschen Bottenica hilft auch noch ein bisschen nach. Der Sile bewässert aber nicht nur das fruchtbare Radicchioland, sondern durchzieht auch die Stadt, sodass man schon fast ein bisschen auf Venedig eingestimmt wird. In Dante Alighieris *Göttlicher Komödie* (entstanden zwischen 1308 und 1320) findet der Sile bereits Erwähnung. Er fließt von West nach Ost und wendet sich hinter Treviso gen Süden der Adria zu. Mit 95 Kilometern ist er der längste Fluss Venetiens.

Eva und ich holen wieder die Räder vom Autoständer und gondeln ohne Plan durch die Stadt, um einen ersten Eindruck zu gewinnen. Am 18. April 1916 fielen Bomben auf diese pittoreske Dachlandschaft. Das führte dazu, dass die Trevisaner Tausende von Kunstschätzen im Vatikan in Sicherheit brachten. Manches rissen sich aber auch gierige Bürger unter den Nagel. Der letzte Luftangriff traf die Stadt am 23. Oktober 1916, die von insgesamt 1526 Bomben heftig beschädigt wurde.

Besonders sehenswert ist der schöne Rathausplatz (*Piazza dei Signori*) mit dem *Palazzo dei Trecento*, einem mittelalterlichen Prachtbau, der um 1268 fertiggestellt wurde. Die Gebäude drum herum, der ganze Platz, bietet eine herrschaftliche Kulisse und mein kritisches Auge stellt fest, dass nir-

Rathausplatz in Treviso

gends Andenkenbuden oder Neonwerbung den Gesamteindruck stören. Unter den Arkaden trinken wir einen Espresso, anschließend radeln wir an Gewölbegängen vorbei geradewegs ins 13. Jahrhundert.

Mein Hauptinteresse gilt dem Dom mit seiner romanischen Krypta. Eva drängt es zu den Gemälden Tizians, doch es bleibt beim Suchen, die Kapelle ist zu. Treviso ist bis heute Bischofsstadt mit Priesterseminar und vielen kirchlichen Institutionen. Und nun stellt sich die Frage, warum Eva und ich nicht längst zu totalen Heiden geworden sind. Viele Kirchentüren bleiben uns auf unserer Reise verschlossen, was auch als Corona-Kollateralschaden verbucht werden kann. Mit etwas mehr Planung hätten wir vielleicht mehr Erfolg gehabt. Wir beide bewegen uns aber in einem Berufsfeld, in dem andauernd geplant wird und täglich dann doch alles anders kommt. Gastronomie ist ein Karussell der Improvisation. Man guckt, welche Lebensmittel frisch zu bekommen sind, und legt dann in der Küche los. Für Eva ist es im Service auch nicht anders, tausend Kleinigkeiten sind zu koordinieren: Tischreservierungen müssen gebucht werden, und kurz vor Mittag oder Abend bestellen die Leute um, einer wird krank, bei den anderen wollen zwei Freunde mitkommen. Hinzu kommen dann Familientische mit schwierigen Pubertierenden und deren oft seltsamsten Essensgewohnheiten bis hin zur Photosynthese-Intoleranz. Ganz wie bei Heraklit, alles ist im Fluss, und das Lokal ist jeden Tag ein wenig anders und nie das gleiche.

Nehmen wir uns also den Dom vor. An der Straße gelegen, mit einem kleinen Platz davor, geht es eine Treppe hinauf, welche die gesamte Vorderfront einnimmt. Sechs ionische Säulen verweisen auf die Bauweise des italienischen Klassizismus. Obenauf, wie große Kapotthütchen, zieren sieben

Kuppeln das lang gestreckte Gebäude. Hätten wir uns im Internet nach den Öffnungszeiten erkundigt, wäre das Leben einfacher gewesen und wir hätten unsere Campari-Pause mit den Tramezzini erst nach der Kultur gefeiert. Es ist eigentlich sowieso immer zu empfehlen, erst das Hirn anzufetten und danach zu vespern, denn ein voller Bauch studiert nicht gern. Nach dem Essen ist mit mir nichts mehr anzufangen, und in diesem Zustand befinde ich mich gerade. Anstatt der Umgebung, egal wie interessant, sehe ich nur noch schwebende Sofas. Nun ja, am Portal steht es geschrieben: Zwischen 12:00 Uhr und 15:30 ist die Stätte unserer Begierde dicht.

Bei einer anderen Reise hatte ich aber das Innere des Doms erkunden können. Ganz alleine saß ich auf der Büßerbank und widmete mich kurz den Fresken in der *Cappella Malchiostro*, die von dem Maler «Il Pordenone» (1484–1539) ausgeführt wurden, benannt nach dem Ort Pordenone nördlich von Venedig. In Venedig schuf er viele Fresken, die aber fast alle durch das feuchte Klima vernichtet wurden. Seine Kunst lehnte sich stark an die Michelangelos an, weshalb er auch der «Michelangelo des Nordens» genannt wurde. Seine Motive drehen sich ähnlich wie in der Sixtinischen Kapelle oft um die Dreifaltigkeit oder die Gottesmutter Maria. Die Kunst dieser Zeit richtete sich stark nach dem Klerus aus, denn das waren damals die Leute, welche Künstler auch gut bezahlen konnten. Nicht umsonst kam es zu den Ablassbriefen, gegen die Martin Luther zu Recht donnerte. Der Bau des Petersdoms in Rom kostete Unsummen, und auch Michelangelo war nicht zum Schnäppchenpreis zu haben. Mein Hauptinteresse aber gilt dem Altarbild von Tizian in der Mitte der Kirche.

Meine allgemeine Empfehlung zum Umgang mit Kunst ist

Tizian, Mariä Verkündigung (um 1520)

folgende: Betrete ich eine Galerie oder irgendeinen Raum, der mich in die Kunstwelt eintauchen lässt, überfliege ich zuerst das Angebot. In der Regel weiß ich aber bereits vorher um vorhandene Höhepunkte und entscheide mich gezielt für ein Werk. Ich schnappe mir einen Galeriestuhl oder habe einen Gehstock mit Sitzgelegenheit dabei. Ich hocke mich hin und schaue ins Blaue. Ziemlich lange. Was will der Künstler für eine Geschichte erzählen? Ich versuche, über Details eine Übersicht zu gewinnen. Diesen widme ich mich ganz besonders, denn dort finden sich gelegentlich Botschaften, die über das Dekorative hinausgehen. In der Kunst machten sich viele Künstler, oft Untertanen eines rigid-konservativen Auftraggebers, ihre eigenen Gedanken und teilten ihre Ansichten in verschlüsselten Details auf den Gemälden mit.

Ich erinnere mich an den früheren Besuch im Dom und lasse das Marienbild Tizians vor meinem inneren Auge vorbeiziehen. *Mariä Verkündigung* erzählt eine biblische Geschichte: Im Vordergrund des Kirchenraums quadratische Kacheln, die sich vorne an die links im Bild lehnende Maria bis zum Ende des Raums verjüngen. Im Mittelgrund, am rechten Rand, eilt mit wehender Engelstoga der Erzengel Gabriel auf Maria zu. Man bedenke, dass vor Tizian noch nicht die Lebendigkeit der Bewegung so deutlich auf die Leinwand gebracht wurde. Maria am vorderen linken Bildrand, die Hand auf dem Herzen, lehnt an einer klassizistischen Säulenwand, die sich nach hinten ins Freie erstreckt. Das Bild verliert sich in einer allegorischen Landschaft. Links hinten schaut ein Männlein um die Ecke. Es dürfte der Aspirant Josef sein, der noch nicht richtig dazugehört, da Maria, Wunschtraum mancher Feministin, keinen Mann braucht, um Nachkommen zu zeugen. Mit diesem Verlierer kann ich mich gut identifizieren und mag deshalb das Bild besonders gern.

Damit wollen wir es genug sein lassen. Die Kühle der Kirche tat gut, und nach dieser besinnlichen Unterbrechung trete ich durch die hohe Türe nach draußen und werfe mich wieder voll in die Glut. Wem die Füße noch nicht weh tun, dem empfehle ich in Treviso noch das romanische Baptisterium aus dem 12. Jahrhundert mit schönen Fresken aus dem 13. Jahrhundert. Fresken findet man in Italien viele. Schaut man sich hingegen die Interieurs des alten Frankreichs, Deutschlands oder all der nördlichen Länder an, so sieht man dort vermehrt Wandbespannungen, Täfelungen, Tapeten und Polsterungen, die Wärme ausstrahlen oder auch gegen die Kälte isolieren. Man verzeihe mir, dass ich nicht mit wissenschaftlicher Präzision aufwarten kann. Mein Empfinden geht aber doch von einer gewissen Logik aus. Im warmen Süden galt es, die Sommerhitze durch helle Farbgebung und nackte Wände zu kompensieren. So boten sich Gemälde an, welche man direkt auf den Gipsputz malte. In der Renaissance, noch mehr im Barock, kam noch ein gewisser Hang zur Angeberei dazu, der in der *Trompe-l'Œil*-Malerei Ausdruck fand, indem durch eine optische Täuschung der Raum vergrößert wurde oder die Decke durch perspektivische Illusionsmalerei optisch so erhöht wurde, dass es den Betrachter buchstäblich in den Himmel hinaufzog. Für die Fresken sprach auch, dass man um Rundungen herummalen konnte, was auf gespannten Leinwänden niemals zu realisieren gewesen wäre.

Treviso wird noch etwas genauer mit dem Fahrrad erkundet, aber dann kommen die Vehikel wieder auf den Autoständer und wir fahren in Richtung Südwest. Vicenza kommt bald in Sicht und unser Weg führt uns bergan auf den Monte Berico. Obenauf thront, wie eine Krone, die

Basilica Santa Maria di Monte Berico, ein Marienheiligtum. Schöner Barock, aber auch nicht mehr. Vor dem Portal lädt eine große Terrasse zu einem Festtagsblick über die Stadt ein. Man kann alles in klaren Konturen erkennen, von hier ließe sich problemlos der Stadtrundgang zurechtlegen. Man blickt von den letzten Ausläufern der Alpen auf die schier unendliche Ebene, die der Po geschaffen hat, Schwemmland, das auch von den großen Flüssen Etsch (italienisch *Adige*) oder dem *Ticino*, der dem Lago Maggiore entspringt, seit Urzeiten geformt wurde. Heute sind die reichen Länder diejenigen, welche auf Kosten der Natur ihre Industrie in die erste Reihe stellen. Früher war es umgekehrt, gutes Agrarland bot Reichtum, und der beflügelte die Kunst.

Eine halbe Stunde weiter parken wir beim Bahnhof, schwingen uns auf die Räder, durchfahren den Park, den Campo Marzo, und sind wenige Minuten später auf der Piazza dei Signori. Neben der Chiesa di San Vincenzo, bei

Hier kam schon Goethe ins Schwärmen: Vicenza

den beiden Säulen, trinke ich zur Abkühlung einen Campari, und Eva bestellt sich einen doppelten Espresso. Die eine Säule mit dem Löwen des heiligen Markus auf der Spitze und die andere mit dem Erlöser sind Signale der Macht. Wie ein riesiger Bleistift reckt sich der Bissaraturm ins helle Licht. Er lehnt sich uns gegenüber an die *Basilica Palladiana.* Das ist keineswegs eine Kirche, sondern ein prachtvoller Renaissancebau, der den riesigen Rathaussaal birgt. Im 16. Jahrhundert prägte der in Vicenza gestorbene und im nahen Padua geborene Andrea Palladio, von dem wir schon viel gehört haben, geradezu ein ganzes architektonisches Zeitalter. Er war gewissermaßen der erste Berufsarchitekt. Seine Art zu bauen, der «Palladianismus», bezog sich auf Formen und Stilelemente der Antike und war insofern auch ein wichtiger Bestandteil der italienischen Renaissance.

Palladio war der Grund, warum Goethe auf seiner Italienreise Vicenza ansteuerte, sein Aufenthalt fand vom 16. bis zum 25. September 1786 statt. Goethe geriet hier geradezu in Verzückung. Nachdem er einen ersten Rundgang durch die Stadt gemacht und die Gebäude Palladios gesehen hatte, hielt er fest: «Wenn man nun diese Werke gegenwärtig sieht, so erkennt man erst den großen Wert derselben, denn sie sollen ja durch ihre wirkliche Größe und Körperlichkeit das Auge füllen, und durch die schöne Harmonie ihrer Dimensionen nicht nur in abstrakten Aufrissen, sondern mit dem ganzen perspektivischen Vordringen und Zurückweichen den Geist befriedigen; und so sag' ich von Palladio: er ist ein recht innerlich und von innen heraus großer Mensch gewesen. [...] Es ist wirklich etwas Göttliches in seinen Anlagen.»

Goethes Begeisterung ist nicht überraschend, denn er hatte es ja schwer mit der Logik und schätzte rundweg das ästhetische Regelwerk der Antike mit ihren klassischen

Prägte die Architektur Venetiens: Andrea Palladio (anonym, 16. Jahrhundert)

Proportionen und ihrer Symmetrie – und Vicenza hat jede Menge davon zu bieten. Die Stadt wird von 23 Palazzi geziert und trägt zu Recht den Titel eines Weltkulturerbes.

Bis in die heutige Zeit hat sich Vicenza aber auch als wichtige Metropole der Goldschmiede gehalten, es ist keine Touristenstadt, lebt mehr aus sich selbst heraus und hat dementsprechenden Bürgerstolz. Sicher gibt es auch arme

Mitbewohner, aber insgesamt blickt man auf Reichtum, der weit zurückreicht. Goethe stellte den Einwohnern Vicenzas, vor allem den Damen, ein hervorragendes Leumundszeugnis aus: «Besonders muss ich die Vicentiner loben, daß man bei ihnen die Vorrechte einer großen Stadt genießt. Sie sehen einen nicht an, man mag machen was man will; wendet man sich jedoch an sie, dann sind sie gesprächig und anmutig, besonders wollen mir die Frauen sehr gefallen. Die Veroneserinnen will ich nicht schelten, sie haben eine gute Bildung und entschiedene Profile; aber meistens bleich, und der Zendal tut ihnen Schaden, weil man unter der schönen Tracht auch etwas Reizendes sucht. Hier aber finde ich gar hübsche Wesen, besonders eine schwarzlockige Sorte, die mir ein eigenes Interesse einflößt.»

Etwa zehn Minuten vom Zentrum gen Süden, Richtung Padua, folgen wir unserem Cicerone Goethe zur schönsten Palladio-Villa überhaupt, der Villa Rotonda. Dieses Prachthaus thront etwa eine Viertelstunde von der Innenstadt entfernt auf einer angenehmen Höhe. Es ist ein viereckiges Gebäude mit einer Kuppel, die einen von oben erleuchteten Saal in sich schließt. Von allen vier Seiten steigt man auf breiten Treppen hinan und gelangt immer in eine Vorhalle, die von sechs korinthischen Säulen gebildet wird. Palladio entwarf hier einen ganz neuen Gebäudetyp.

Die reichen Venezianer flohen im Sommer, wenn die Kanäle üblen Geruch verbreiteten, hinaus aufs Land. Heute noch stehen hier ungefähr 4500 Anwesen, die in der Zeit vom 15. bis 19. Jahrhundert erbaut wurden. Die Republik Venedig begann im Zuge dessen auch mit der Trockenlegung von Sümpfen. Die Landwirtschaft nahm fortan eine zunehmend wichtige Rolle ein, nicht mehr alles musste und sollte auf dem Seeweg beschafft werden. Die Villen dienten als

Herrenhäuser, drum herum wurden die Wirtschaftsgebäude für Landarbeiter und die Vorratsspeicher gebaut. Besichtigen kann man sie bequem bei einer Fahrt auf dem Brentakanal.

Es ist das dritte Mal, dass ich dieses schöne Bauwerk aufsuche. Genau erinnere ich mich nicht mehr, aber ich meine, der Eintritt kostet elf Euro, und das ist es wert. Absolut sehenswert ist zudem das Olympische Theater, laut Goethe «unaussprechlich schön», und ebenfalls vom Meister Palladio erbaut. Selbst wenn es geschlossen hat, lohnt sich ein Gang dorthin, um den Innenhof mit antiken Skulpturen zu erleben.

Ach, Vicenza, als ich einige Wochen später wieder in meiner heimischen Bibliothek sitze, bleibt natürlich die Nachbereitung dieser Exkursion nicht aus. Ich vertiefe mich in die venezianische Musik und stoße auf einen mir unbekannten Dirigenten: Iván Fischer. Verdammt, denke ich, ein echter Weltmeister, und ich kenne ihn nicht. Fischer, 1951 in Budapest geboren, gilt als Visionär und ist zwei Jahre jünger als ich. In seinem Kopf dürfte er aber sogar gut zwanzig Jahre jünger sein, mit seinem Dirigentenstab hat er schon viele weltberühmte Orchester auf Trab gebracht, angefangen bei den Münchner Philharmonikern, dem Cleveland Orchestra, dem Orchestre de Paris oder den New Yorker Philharmonikern. Fischer hebt mit Kraft die Stimme gegen den ungarischen Autokraten Viktor Orbán und setzt sich mit hörbarem Organ für Flüchtlinge ein. So, und jetzt kommt's, er verliebte sich in das *Teatro Olimpico* in Vicenza. Mich veranlasst das, noch mal näher hinzuschauen.

1580 bekam Palladio von der «Accademia Olimpica» den Auftrag, ein Theater zu bauen. Palladio zählte zu diesem Zeitpunkt bereits 72 Jahre. Der Wunsch der Vicentiner Kulturbürger war ein römisches Theater, also ein Halbrund mit Kolonnaden, mit einem umfassenden Fries von Statuen,

Teatro Olimpico in Vicenza

gerade so, wie man es von römischen Amphitheatern kennt, nur dass in Vicenza ein Dach darüber gezogen werden sollte. Das architektonische Juwel ist im Original erhalten.

2018 gründete das Budapest Festival Orchestra mit Iván Fischer als künstlerischem Leiter das jährlich im Herbst stattfindende Vicenza Opera Festival. Vor Jahren schon war sich der Ungar mit Claudio Abbado völlig einig, dass das Theater mit seiner über 500 Jahre immer gleichen Kulisse heutzutage zu einer geradezu modernen Strategie der Aufführung zwingt. Sie deutet sozusagen auf ein Ende des Regietheaters hin, in dessen Rahmen jeder Regisseur meint, er müsse dem Affen noch mehr Zucker geben. Hier aber stehen Schauspiel und Musik im Zentrum, und dazu sollte gerade die moderne Aufführungspraxis wieder zurückkommen: aufs Wesentliche.

Ganz klar, vor Jahren war ich dort, und das muss man wirklich wenigstens einmal gesehen haben, ganz besonders als Theater- oder Opern-Aficionado. Das *Teatro* kommt ohne Goldapplikationen oder barocken Overkill aus, für mich ist es das schönste Theater überhaupt.

Auf der Suche nach Lapislazuli: Padua

Wir machen uns wieder auf den Weg. Auf gnadenlose Junihitze, die in der Nähe des Flusses Po den Reisanbau ermöglicht, muss man gefasst sein. Ich werde es noch einige Male sagen: Wer nicht die Schulferien berücksichtigen muss, sollte Städtereisen im Süden zwischen Juni und September bleiben lassen. Bei Hitzegraden bis zu vierzig Grad nimmt auf alle Fälle bei mir der Elan für Besichtigungen stark ab. Wie berichtete schon der Literaturnobelpreisträger Rudyard Kipling: «Only mad dogs and Englishmen go out in the midday sun.» Egal, als «hardboiled Germans» arbeiten Eva und ich uns unverdrossen auf Padua zu.

Dem Navigationsgerät hatten wir die Adresse des Hotels eingegeben, und es funktionierte auch reibungslos. Zwei Zimmer in der «Casa del Pellegrino» am Platz der Antonius-Kathedrale hatte Eva telefonisch für uns reserviert. Die ganze Front des Platzes ist mit Arkadengängen gesäumt und beim Hotel gibt es eine Durchfahrt in den Hinterhof, von dem aus man bequem ins Innere gelangt. Das Hotel ist für meine Begriffe völlig okay. Des Nachts werde ich allerdings meinen inneren Notschalthebel umlegen müssen, der mich unversehens in die Ausgeglichenheit eines buddhistischen Mönchs versetzt. Der Domplatz vor dem Fenster, wunderschön anzuschauen, ist mit antikem Kopfsteinpflaster belegt, auf dem sich schon mancher Pilger die Beine gebrochen hat. Die ganze Gegend ist zwar verkehrsberuhigt, aber immer wieder pratzelt der Reifenlärm der Autos zu mir durchs offene Fenster. Das muss wegen Erstickungsphobie auch nachts offen sein, lieber schmore ich im eigenen Saft, als dass mir eine surrende Air-Condition-Anlage die Nase austrocknet. Bei diesem Schalldruck wäre ich mit dem Ausblick in die baumbestandenen Hinterhöfe besser bedient gewesen. Eines spüre ich als katholisch geprägter Heide hier aber sofort: Dieses Hotel gehört der Kirche. Das erkennt man etwa an der unzerstörbaren Vollholzausstattung, alles bombensolide und von asketischer Nachhaltigkeit. Nun ist mir so etwas allemal lieber als das Blendwerk des «Dubai-Barock».

Am nächsten Morgen regiert im Zimmer gnadenlose Hochofenhitze, also nichts wie hinaus. Wir radeln am prächtigen Portal des Botanischen Gartens vorbei und ich wähle mir einen dicken Kerl, genauso «kingsize» wie ich, als möglichen Informanten für ein gutes Lokal aus. Instinktiv bremse ich, dass der Kies spritzt, steige ab und frage den Herrn mit roter Nase, Hängebacken, Stöckchen und Panamahut nach einem Restauranttipp. Es versteht sich von selbst, dass ich keinen ausgemergelten Jogger konsultiere. Meine Ahnung bestätigt sich, der Mann ist kein Müslifan. Man sieht ihm an, wie ihm schon während seiner Empfehlung das Wasser im Mund zusammenläuft. Er sagt kurz und knapp «Osteria dal Capo», zeigt zweimal links und beschreibt dann mit seinem Arm einen rechten Winkel. «Due Minuti.»

Die beschriebene Gasse öffnet sich zum Domplatz hin, auf dem die Basilica Santa Maria Assunta steht, eine riesige Kirche, nicht zu verwechseln mit der Heimstatt des heiligen Antonius, welche auch ein gewaltiges Monstrum ist. Doch erst mal bleibt es beim Versuch. Als deutscher Frühaufsteher ist man ständig zu früh dran, in Italien sowieso. Das Land meiner Freuden ist ein Gehege von Spätessern. Noch schlimmer sind die Spanier, die erst Hunger kriegen, wenn mitternächtliche Geister es erlauben. Solch ein Stundenplan mag auch mit der Hitze zusammenhängen, aber trotzdem, es gibt Gründe, warum ich meinen Lebtag noch nie in Spanien war. Das hat aber ehrlicherweise auch die Ursache, dass Frau und Tochter nicht in Länder reisen wollen, in denen man Stieren Schwerter ins Kreuz haut. Solche Gedanken kommen mir, während ich auf dem Fahrrad meine Runden drehe, weil die Kneipe erst in einer Stunde, gegen neunzehn Uhr, öffnet.

Deshalb bleibt nun Zeit, sich den vielen Kathedralen in Padua zu widmen. Mit denen ist es nämlich nicht ganz einfach. Wir befinden uns gerade an der Basilica di Santa Giustina von 1530. Sie steht auf einem weiten Platz, der von Statuen gesäumt ist. Die Kirche gehört mit einer Länge von ungefähr 120 Metern zu den größten Kirchen der Welt und wird von vier großen und vier kleinen Kuppeln bekrönt. Die Fassade wurde nie vollendet und wirkt schmucklos, nach heutigem Geschmack nahezu modern. Sie ragt hoch auf, sodass die Kuppeln von vorne kaum zu sehen sind. Selbst der rechts hinten stehende Campanile mit seinen sieben Glocken verschwindet hinter der Fassade. Um das alles zu überblicken, sollte man das Bauwerk vielleicht von der Seite anschauen. Das sparen wir uns, denn die Zeit drängt. Die Kirche ist nur noch kurz geöffnet, und wir stellen die Fahr-

Basilica di Santa Giustina, Padua

räder ab. Eva raunt etwas von AFC-Tour («Always a fucking church»), setzt sich auf einen schattigen Poller und bleibt draußen. Ich selbst, zäh und unzerstörbar trotz der Hitze, wackle etwas hüftsteif auf das Portal zu und stehe unvermittelt im schrägen Abendlicht der Renaissance. Ganz besonders lockt mich das romanische Baptisterium an, die Taufkapelle. Fasziniert muss ich eine ganze Weile dort verharrt haben, denn irgendwann bekomme ich einen Stupser in den Rücken, und Eva flüstert mir ins Ohr: «Ich habe Hunger!»

Unser Tisch lehnt an einer Mauer in der engen Gasse, die sich großspurig Via Obizzi nennt. Die Obizzi waren eine einflussreiche paduanische Adelsfamilie und hätten sicher eine breitere Straße verdient. Andererseits, die Osteria kocht so gut, dass es denen von Obizzi zur Ehre gereicht. Auf der Homepage der Osteria wird der Garten mit Blick auf den

Dom angepriesen. Obwohl hier außer den Blumenkästen nichts Grünes mich erfreut, merke ich, dass es momentan der schönste Platz der Welt sein könnte. Und so ist es auch. Eine freundliche Frau weist uns den Tisch zu und sogleich stürzt ein Kellner herbei, der offensichtlich meine Not schon von Weitem ahnt. Zwei große Wasserflaschen hat er bereits in der Hand, *con gas* oder ohne Kohlensäure? Wir nehmen beides.

Erst mal trinken, dann muss schnell ein Wein her. Brot und Öl kommen prompt, und bis der Kellner die Gerichte offeriert, ist die Weißweinflasche fast leer. Im Wasserglas mische ich mir mein Schorlegebräu mit Eiswürfeln, das die Österreicher so charmant den G'spritzten nennen. Während Eva Coca-Cola trinkt, pumpe ich innerhalb von zehn Minuten sage und schreibe einen Liter Flüssigkeit in mich hinein und entkomme auf diese Weise gerade noch mal dem Tod durch Dehydrierung.

Dann kommt die Speisekarte, und Mamma mia, darauf steht geschrieben, was meine Tochter und ich so lieben, nämlich große, kulinarische Tradition in einer Mischung aus bekannten und unbekannten Gerichten. Natürlich fehlt darauf nicht *sarde in saòr*, in diesem Landstrich sozusagen ein Dauerbrenner. Ein gutes Gasthaus ohne die marinierten Sardinen gibt es in Venetien letztlich nicht. An zweiter Stelle offeriert die Karte der Vorspeisen einen *baccalà mantecato*, also weißes Mus vom Stockfisch. Darauf folgt alles andere als Mainstream, nämlich *speck di cavallo* (Pferdeschinken) *con pesto alla rucola e formaggio*, mit Pesto von Rucola und Parmesan, es folgen *melanzane all'Asiago dolce*. Letzteres sind Auberginen mit Asiago, dem festen Leib-und-Magen-Käse Venetiens. Bei den Antipasti kann ich nun noch zwischen *coniglio in dolce garbo* (Kaninchen süßsauer) und *fiori di zucca farciti su delicata di alici* wählen. Das sind mit kleinen gerösteten Minisardinen gefüllte Kürbisblüten.

Den venezianischen Gerichten sind keine Grenzen gesetzt, angefangen bei wirklicher Armenküche, der wunderbaren *Cucina povera*. Auf die Gerichte Venetiens und Venedigs komme ich später noch zu sprechen.

Als *secondo piatto*, den Zwischengang, gibt es die bereits erwähnten *bigoli* oder *gnocchi di patate al ragù di Faraona imbriaga*. Letzteres bedeutet, frei übersetzt, betrunkenes Perlhuhn mit Kartoffelgnocchi. Das Perlhuhn, es darf auch ein Hähnchen sein, wird in kleine Stückchen geschnitten, mit gehackten Zwiebeln angeröstet und mit Rotwein begossen, der bis zur Sämigkeit eingekocht wird. Knoblauch darf natürlich nicht fehlen.

Die Erkennungsmelodie der *Cucina povera* dürfte jedoch *pasta e fagioli* sein, also eine Art dicke Suppe von weißen Bohnen und fein gerädelten *maccheroni*. An dieser Stelle möchte ich meinen Freund Angelo erwähnen, aus Gargano stammend, der leider vor Kurzem verstorben ist und fünfzig Jahre in Schwäbisch Gmünd verwurzelt war. Sein Interesse galt der italienischen Küche und dem Wein, und darüber hinaus interessierte ihn eigentlich nur wenig. Seine Kenntnisse waren beträchtlich, und ich habe sehr viel von ihm gelernt. Er weigerte sich, richtig Deutsch zu lernen, und sprach herrlichstes Spezial-Hochdeutsch. Über die *pasta fagioli* urteilte er wiederholte Male: «In Venezia iste Pasta Fagioli nixe solche Bampe wie in Napoli. Und ganze wichtig: nixe Parmesan, niente, nixe!»

Pasta Fagioli

Für 4 Personen

200 g	*Borlottibohnenkerne, getrocknet*
1	*Zweig Rosmarin*
6 Blätter	*Salbei*
3	*Tomaten*
100 g	*Nudeln (Ditalini, kurz geschnittene Makkaroni) oder Rigatoni in Scheibchen*
4 EL	*gehackte Petersilie*
1	*Zwiebel*
3	*Knoblauchzehen*
1/2 EL	*Gemüsebrühenpulver*
2 EL	*Olivenöl*

Zubereitung:
Die Bohnen am Vortag einweichen. Sie saugen relativ viel Wasser auf, deshalb wäre es verheerend, wenn morgens nur noch unten in der Schüssel das Wasser wäre. Die oberen Bohnen wären dann härter als die unteren, die noch im Wasser einweichen. Am besten, man gibt alles in einen Eimer und füllt diesen doppelt so hoch wie die Bohnen.

Am nächsten Tag die Zwiebel und den in feine Scheiben geschnittenen Knoblauch in Olivenöl andünsten. Bohnen dazu und mit Wasser bedecken. Noch kommt kein Salz ins Gemenge, da Hülsenfrüchte dadurch hart werden und die Garzeit sich fast verdoppeln könnte. Immer gut bedeckt halten. Notfalls heißes Wasser nachschütten. Schwach vor sich hin köcheln lassen, das Ganze dauert je nach Alter der Bohnen ein bis zwei Stunden. Die Bohnen dürfen nicht zerfallen, aber es gilt: lieber zu weich als zu hart. *Al-dente*-Bohnen sind die Erfindung deutscher Zeitgeistköche und werden im Rest der Welt als grauenhaft empfunden.

In der Zwischenzeit die Kräuter waschen. Die Rosmarinnadeln von den Stängeln abstreifen und mit den Salbeiblättern fein hacken. Die Tomaten waschen, abziehen, grob hacken und zu den Kräutern geben. Wir nehmen ungefähr zwei Drittel der Bohnen aus dem Topf, und was zurückbleibt, wird gemixt.

In einer anderen Pfanne die noch etwas fest gekochten Nudeln in etwas Olivenöl anrösten, bis sie goldbraun sind. Mit den ganzen, beiseite gestellten Bohnen kommt der Rest der Zutaten, wie Tomaten und Kräuter, in die Brühe.

Es wird Zeit, dass wir würzen. Etwas Salz, Gemüsebrühepulver und grober schwarzer Pfeffer runden alles ab. Die Suppe darf nicht zu dick sein. Ist sie es doch, mit etwas Wasser verdünnen. Das könnte man übrigens auch mit Weißwein bewerkstelligen. Und wer's mag, der gibt trotzdem Parmesan darüber. Mit reichlich Olivenöl beträufeln, das halte ich allerdings für unverzichtbar.

Ich bestelle mir *sarde in saòr* und schwanke für den Gang danach zwischen *brasato di guancia di maialino* mit Kürbispolenta, Schweinebäckchen vom Spanferkel, oder *trippa alla vecchia maniera,* sozusagen Kutteln traditionell, mit Tomaten und Parmesan. Eva bestellt als Hauptgang einen Teller Leber auf Venezianisch. Das sind dünne gebratene Leberscheiben mit Röstzwiebeln und gegrillter Polenta. Diesmal ist es weiße Polenta, eine seltene Maissorte, die im Veneto angebaut wird. Sie klebt gut zusammen, wird erkaltet in fingerdicke Scheiben geschnitten und auf den Grill gelegt. In Venetien ist diese Beilage sehr beliebt, obwohl ich sie nur als äußerst fade kennengelernt habe. *Tagliatelle con fegatini di pollo e piselli di Baone* gibt es auch noch, das ist Hähnchenleber mit ganz speziellen Erbschen, einer Sorte aus den Euganeischen Hügeln, unweit von Padua. Der Ort des grünen Wunders heißt Baone und wurde von der Genießer-Vereinigung Slow Food als eine Art Weltkulturerbe geadelt. Jedes Jahr im Mai oder Juni findet dort der Erbsenwahnsinn in Form eines Festivals statt, der *Festa dei Bisi di Baone.* Wer sich in Abano Terme als Kurgast die Knochen einweichen lässt, der weilt ganz in der Nähe und ist in fünf Minuten vor Ort.

Sarde in saòr (Vorspeise)

Zuerst bereiten wir die Marinade:

10	*weiße Mandeln gehackt und geröstet*
2 EL	*Weißweinessig*
1/4 ℓ	*Weißwein*
2 EL	*Chili-Sherry (ersatzweise Sherry oder Portwein)*
2 EL	*milder Honig*
2 EL	*helle Sultaninen, kernlos*
2	*kleine Rote Zwiebeln in Ringen*
4 EL	*Olivenöl*
1/2	*Zitrone (nur Schalenabrieb)*
1/2	*rote Peperoni, fein gerädelt*
1 TL	*Senfkörner, leicht im Mörser gestoßen*
1 EL	*Petersilie gehackt*
1 *Prise*	*Salz und grober schwarzer Pfeffer*

Alle Zutaten für die Marinade kommen in eine Schüssel und werden mit einem Löffel vermengt. 500 g Sardinen schuppen, ausnehmen, Flossen und Kopf abschneiden. Mit Zeigefinger und Daumen am Kopfende hinter das Rückgrat greifen und dieses zum Schwanz hin aus dem Fisch ziehen. Wer davor etwas zurückschreckt, kann sich die Fischchen auch direkt vom Fischhändler entsprechend vorbereiten lassen.

Die entgräteten Fische pfeffern und salzen, in ein wenig Mehl wenden und in Olivenöl von beiden Seiten braten. Jeweils 2 Minuten genügen. Die Fische abkühlen lassen und in der Marinade versenken. Mindestens einen halben Tag lang im Kühlschrank einziehen lassen. Das Wunderwerk ist auf alle Fälle drei Tage lang haltbar.

Bis auf die speziellen italienischen Zutaten ist dieses Rezept ähnlich wie das meiner aus Stettin stammenden Großmutter. Sie bereitete das Gericht aus Heringen zu und verwendete mehr Säure. Die Essigsäure sorgte dafür, dass die Gräten sich auflösten. Das wäre also dann eine ganz praktische Methode für die rationelle Hausfrau.

Sardinen – ein Klassiker der Region

Der Abend klingt aus, Eva wechselt von Eiswürfeln mit Cola zum Wein über und ich bestelle mir einen Espresso mit einem Gläschen Sambuca. Dieser Likör ist unberechtigterweise ganz aus der Mode gekommen, und ich bin verpflichtet, mich gegen das momentane Infantil-Getränk Aperol Spritz zu stemmen. Der Espresso und das kleine Glas mit dem Sambuca stehen vor mir. Drei Kaffeebohnen schwimmen darin, ganz so, wie die Tradition es will. In Deutschland ist dieses Getränk nicht mehr sehr bekannt, aber man glaubt es kaum, jeden Tag werden mindestens 60 000 Flaschen produziert.

So ein Mehr-Gänge-Essen macht träge, aber der Espresso tut sein Übriges. Wir bezahlen, die Rechnung ist erfreulich niedrig. Eva radelt voraus und ich schiebe nach all dem Wein vorsichtshalber mein Fahrrad. Es ist nicht weit bis zum Pilgerhotel, und mit dem Aufzug lasse ich mich in den ersten Stock hochschieben. Alles, bloß nicht auch noch Treppensteigen. Die Klamotten kleben an mir, als hätte mich ein unbekannter Geist in Pfannkuchenteig eingeweicht. Kurz unter die kalte Dusche, das hilft. Das beste Schlafmittel ist allerdings ein voller Bauch.

Ich wache auf, als der Morgen ins Zimmer dämmert, schlafe aber gleich noch mal ein und bin nach eineinhalb Stunden völlig erholt und in hervorragender Kondition, die Stadt nun richtig zu erkunden. Eva sitzt schon beim Frühstück unter den Arkaden des Hotels.

Heute steht die Antonius-Basilika auf dem Programm, sie wurde ums Jahr 1240 im romanisch-byzantinischen Stil begonnen, was an den zwei Minaretten leicht zu erkennen ist. Hinzu kommen noch sage und schreibe acht Kuppeln. Im Laufe der achtzigjährigen Bauzeit geriet das Bauwerk unter den Einfluss der Gotik. Die Westfassade überdeckt auch die Seitenschiffe. Sie ist der älteste Teil der Kirche und mit den

Künstlerfrühstück mit Blick auf die Antonius-Basilika

Rundbögen schön proportioniert. Für die Gläubigen und Pilger empfängt der heilige Antonius bereits um 6:15 Uhr, und als ich das Innere der Kirche bewundere, ist es kurz nach neun, und nur wenige Touristen, aber umso mehr Gläubige sind gerade beim Morgengebet. In der Kirche im linken Seitenschiff finde ich den Sarkophag des heiligen Antonius, und obwohl ich nicht gläubig bin, es aber für ein schönes Ritual halte, lege ich wie all die anderen meine Hand auf den schwarzen Stein.

Der Hochaltar macht auch einiges her, er ist von Figuren des florentinischen Bildhauers Donatello (1386–1466) umstellt. Donatello lebte ungefähr hundert Jahre vor Michelangelo, und seine Skulptur des Davids war die Vorlage für den berühmten Michelangelo-David in Florenz. Hinter dem Altar ist zudem ein etwas makaberer Schatz zu besichtigen. Im Jahr 1263 wurde das Grab des heiligen Antonius geöffnet, es war noch unversehrt. Einige Teile und Knöchelchen des wackeren Mannes wurden innerhalb der katholischen Kirche weitergereicht, und es gibt nichts Besseres zum Ankurbeln des Tourismus, als der Pilgerseele Reliquien zu verabreichen. In einem silbernen Reliquiar, einer Florentiner Goldschmiedearbeit, ist die Zunge meines Lieblingsheiligen bewahrt. Ein weiteres Reliquiar bewahrt den Unterkiefer, und da Trinität die vatikanische Lieblingsanordnung ist, gibt es nochmals ein Schatzkästlein, in dem der Stimmbandknorpel gehütet wird. Heute besuchen Padua wegen der Knöchlein des heiligen Antonius jährlich über drei Millionen Pilger.

Der Kreuzgang nebenan wird ebenfalls besichtigt. Rechts der Längsschiffe kann man in einen großen Garten gelangen, der vom Kreuzgang umfasst ist. Dort sind lange Bänke, und an der entlegensten Stelle ruhen friedlich zwei Wermutbrüder. Sie laden mich herzlich ein, es ihnen gleichzutun.

Das lasse ich mir nicht zweimal sagen und mache kurz Pause. Die Spende an den Antonius lasse ich aus und gebe meinen Komplizen zehn Euro, die Unterhaltung mit den beiden ist etwas mühselig, da sie nur über wenige Zähne im Mund verfügen und ich sowieso nur wenig Italienisch kann. Aber wie wir wissen, redet der Italiener bevorzugt mit den Händen und mit der Mimik, und insgesamt sind wir uns einig, dass wir einen schönen sonnigen Tag erwischt haben. Ich verabschiede mich, und der eine kräht, als hätte ich ihn wieder zum Leben erweckt: «torna presto», ich deute das als «komm bald wieder».

Eva sitzt schon die ganze Zeit vor dem Dom auf der Mauer. Es ist tröstlich, dass es jungen Leuten nie langweilig wird, solange sie ihre Handys dabeihaben und daddeln können. Wir gehen zum Hotel hinüber, um die Fahrräder zu besteigen und damit den botanischen Garten der Universität aufzusuchen. Die immer noch berühmte Hochschule wurde schon in der Stauferzeit 1222 gegründet. Der Universitätsgarten im Dienste der Wissenschaft wurde in der Renaissance, 1545, gepflanzt. Gleich daneben umrunden wir den *Prato della Valle*, ein von Asphalt eingefasster, riesiger Platz, besser gesagt eine Wiese, ein Hektar im Oval, von einem Wasserkanal umgeben.

Mein großes Interesse gilt aber der Scrovegni-Kapelle. Ohne Fahrrad wäre ich vollkommen aufgeschmissen, denn unser Ziel liegt genau entgegengesetzt auf der anderen Seite der Stadt. Dieses Gotteshaus ist ein wirklicher Kraftort, und das sage ich als Agnostiker. Sie wird auch gerne «Arena-Kapelle» genannt, denn ihre Fundamente stehen auf einer ehemaligen römischen Arena. Die kleine Kirche ist ein Weltereignis, denn sie birgt Fresken des berühmten Malers Giotto di Bondone (ca. 1267–1337). Er bemalte die rechteckige Kapelle mit dem fassartigen Tonnengewölbe mit 103 Bildmotiven, die sich auf eine Gesamtfläche von 900 Quadratmetern verteilen. Sie ist also gar nicht so klein, sondern wirkt nur so, weil sie sehr kompakt von einer Wiese umsäumt ist. Gerade mal 15 Minuten haben Eva und ich Zeit, dieses Wunder von 1306 anzuschauen, denn jeder Mensch gibt Feuchtigkeit ab, was beispielsweise in der Sixtinischen Kapelle zu enormen Schädigungen geführt hat. So ist auch die Besucherzahl in dieser Kapelle zum Schutze der empfindlichen Malerei begrenzt.

Auffallend bei Giotto, der als Wegbereiter für die Renaissancemalerei gilt, ist das leuchtende Ultramarinblau. Es wird aus dem Edelstein Lapislazuli gewonnen, der im Mörser pulverisiert wird. Das Pigment ist sehr teuer und der Name Ultramarin verrät bereits, dass es von jenseits des Meeres, aus Asien, importiert werden musste. Das wertvollste Lapislazuli-Pigment nennt man «Fra Angelico-Blau», nach dem Florentiner Dominikanermönch und Maler Fra Angelico (gestorben 1455), der ein besonders tiefblaues Pigment anmischte. Marco Polo besuchte auf seinen Reisen diese Lapislazuli-Gruben im nördlichen Afghanistan, die heute noch betrieben werden.

Für alte Malerei habe ich mich schon immer interessiert. Ich hätte mir aber nie träumen lassen, dass es mich einmal dermaßen packen würde. Sollten Sie noch nicht so weit sein oder keinen Nerv dafür haben, dann blättern Sie einfach weiter. Bei den Fresken und Gemälden, die ab dem 14. Jahrhundert richtig lebendige Geschichten erzählen, ging es im Grunde darum, einer Bevölkerung, die zum großen Teil nicht lesen und schreiben konnte, die Bibel und andere Geschichten zu erklären und zu erzählen. Man kann diese Kunstwerke also behandeln wie ein zu lesendes Buch. Man

Himmlischer Anblick: die Scrovegni-Kapelle in Padua

muss allerdings genau hinschauen, auf Symbolik achten und versuchen, sich mittels Deutung der dargestellten menschlichen Emotionen einen Reim darauf zu machen.

Im Jahre 1306, im Alter von ungefähr dreißig Jahren und auf der Höhe seines Könnens, begann Giotto mit den Arbeiten an der Scrovegni-Kapelle. Um den Künstler rankt sich die Legende, er habe schon als Bub beim Schafehüten in den Hügeln um Florenz schöne Figuren in Steine geritzt. Der berühmteste Florentiner Künstler seiner Zeit, Cimabue (auf Deutsch: «Ochsenkopf») erfuhr davon und nahm das begabte Kind in die Lehre.

Giotto befreite die byzantinisch beeinflusste gotische Malerei von den flachen Ebenen und der Starrheit der Figuren. Er war maßgeblicher Wegbereiter des perspektivischen Malens und verlieh seinen Szenen Tiefenräumlichkeit. Wirkten vorher die Figuren auf Fresken, in der Buchmalerei und auf Tafelbildern oft wie erstarrte Holzmichel, schenkte Giotto seinem Leinwandpersonal nun Bewegung und starke Lebendigkeit. Um es kurz zu machen, den Namen Giotto di Bondone muss man sich merken. Mit ihm fing die große Malerei an. Damit wir aber nicht völlig überfordert die edle Stätte verlassen, konzentrieren wir uns kurz auf eine Detaildarstellung. Auf der rechten Seite der Kapelle, im hellen, gelben Mantel, küsst Judas den Jesus. Man erkennt in der bewegten Mimik der beiden Hauptdarsteller, wie Giotto beide Gesichter von innen heraus mit den entsprechenden Gefühlen ausstattet: Jesus blickt enttäuscht, weil er schon um den Verrat weiß. Im Gesicht des Judas ist die Niedertracht eingegraben.

Damit lassen wir es jetzt gut sein. In dieser Stadt könnte man sich mindestens vierzehn Tage verschärften Kulturmasochismus antun: Da wäre noch die Universität zu besichtigen, oder die mittelalterliche Sternwarte. Das Professoren-

Giotto, Jesus und Judas (1303–1305)

katheter des Galileo Galilei gibt es immer noch. Es geht auf Mittag zu und so langsam heißt es Abschied nehmen. Eva düst voraus zum Hotel und ich hinterher. Die Zimmer hatten wir bereits am Abend zuvor in Vorauskasse bezahlen müssen. Offensichtlich waren zu viele Pilger vor der Hotelrechnung geflüchtet und hatten sich mit einem dankbaren «Vergelts Gott» verdünnisiert.

So aber werfen wir das Gepäck ins Auto und zurren die Räder auf den Fahrradständer. Wir fahren südwestlich an den Euganeischen Hügeln vorbei, und hier trennen sich unsere Wege nun von Michel de Montaigne. Er möchte noch einige Tage an den heißen Quellen von Abano Terme, San Pietro und Battaglia verweilen, lässt sich mit Fangopackungen eingipsen und trinkt das schwefelige Wasser, um seine Nierensteine ruhigzustellen. Goethe verlässt uns ebenfalls, er will noch Ferrara besuchen. Diese Städte liegen bereits auf dem Gebiet der Emilia-Romagna. Wir machen uns auf die Heimreise. Dieses Mal ging es mir um Venetien, das nächste Mal dringe ich ins Herzstück vor. Aber gemach, gemach, zuerst weiß ich noch um ein äußerst gutes Restaurant.

Schon lange war ich nicht mehr in Mantua, das von Padua gerade mal eine starke Autostunde entfernt liegt, und dort reserviert Eva uns nun einen Mittagstisch. Die Junisonne prügelt aufs Autodach, wir geraten in einen Stau und unser schwarzes Auto ist trotz Klimaanlage aufgeheizt wie das Innere eines Dampfkochtopfs. Das kann uns aber nicht den Appetit verderben, und es ist auch keine Fahrt ins Ungewisse. Das Ristorante «Il Cigno dei Martini» hatte ich mit meiner Frau schon einmal besucht, es ist in der ganzen Gegend unerreicht. An der Piazza Carlo d'Arco 1 kocht die Chefin, eine elegante Lady, der Signore mit Fliege und Maßanzug leitet den Service, Tischtücher und Leinenservietten sind blütenweiß. Es duftet nach frischen Kräutern. Die Bewertungen in den Onlineportalen sind gemischt, denn wie in «Harry's Bar» in Venedig dominiert hier eine klassisch-italienische Hochküche ohne die bauernfängerischen Verzierungen und all das Unerprobte, das dem Effekt huldigt und mit dem man niemals eine Stammkundschaft gewinnen wird. Es gibt Leute, die brauchen unbedingt eine Sensation auf dem Teller.

Würden sie ein zweites Mal kommen, wäre das Vorherige schon keine Sensation mehr, sondern womöglich als Bühnenzauber entlarvt.

Wir bestellen Wasser, es folgen *bigoli con pancetta e fagioli stufati stufati* (Bigoli mit geschmortem Schweinebauch und Bohnenkernen) für Eva, und ich nehme mal wieder *sarde in saòr*. Die Nationalvorspeise ist diesmal mit Akribie gewürzt und angerichtet. Eva bestellt sich anschließend eine ganze Taube am Knochen, ich nehme als Zwischengang noch *lumache Mantovana, aglio, prezzemolo, scalogno sul fondo d'erbe*, also Schnecken in einer grünen, dicken Kräutersauce mit Speck und Knoblauch und Schalotten auf Blattspinat serviert. Ich schiebe noch geschnetzelte Kalbsnierchen mit Polenta und Pilzen nach, danach ist nur noch für einen Espresso Platz.

Ganz klar, wer so gut gegessen hat, wird sich anschließend nicht durch die Altstadt mühen, die ich aber schon kenne. Es gibt kaum schönere Städte als das von Wasser umgebene Mantua. Ganz besonders möchte ich den runden Tempel, die Rotonda di San Lorenzo auf der Piazza delle Erbe empfehlen. In den tausend Jahren seit der Erbauung ist das Rund um eineinhalb Meter abgesunken, beziehungsweise hat sich der Kulturschutt der Jahrhunderte drum herum aufgetürmt. Diese Stadt lebt wie Vicenza aus sich heraus, Geschäfte und Handwerker aller Art bieten alles, was der Einheimische zum Leben braucht. Einen Andenkenladen oder sonstigen Touristenkrempel zur Anhebung des chinesischen Bruttosozialprodukts finde ich nicht. Hier würde ich gerne noch länger bleiben, aber wir wollen nun nach Hause. Wir fahren über die lange Brücke, schauen noch mal kurz zurück, und langsam schwindet die Stadt, die wirkt wie eine riesige Wasserburg, umgeben von Seen, aus unserem Blickfeld.

Rückweg über die Schweiz: Ein magischer Ort im Engadin

Von Mantua kommend biegen wir nach rechts in die Brennerautobahn ein und lassen es laufen bis kurz vor Bozen. Die Landschaft, die Poebene, ist ehrlich gesagt ein bisschen fad. Erst wenn es auf Verona und den Gardasee zugeht, erheben sich Hügel. Zwanzig Minuten unterhalb des Gardasees habe ich mal den Ort Solferino aufgesucht. Es gibt dort eine Gedenkstätte einer der grausigsten Schlachten der Menschheit. 1859 gingen hier die Habsburger und Franzosen, die Verbündeten des Königreichs Piemont-Sardinien, aufeinander los. In der Folge musste Österreich Oberitalien an Napoleon III. abtreten, und dieser übergab es dann an das Königreich Sardinien – der Grundstein für die Errichtung des Königreichs Italien unter dem Haus Savoyen war gelegt. Henri Dunant war damals ein Zeitzeuge und gründete daraufhin das Internationale Komitee vom Roten Kreuz.

Ganz in der Nähe auf dem Weg nach Verona führt die Straße durch die Reisfelder, auf denen die hervorragende

Risotto-Sorte «Violano Nano» angebaut wird. Den berühmten Produzenten Ferron kann man jederzeit besuchen. Bei einer früheren Reise habe ich wiederholte Male am Gardasee im Hotel «Locanda San Vigilio» pausiert. Es liegt zehn Minuten vom Ort Garda entfernt und ist bezaubernd. Wir fahren daran vorbei, und das hat seinen Grund. Den Gardasee besuche ich nur, wenn ich mich im Internet vergewissern kann, dass die Wassertemperatur nicht mehr als 19 Grad beträgt. Zu Badezeiten ist mir die ganze Gegend ein Gräuel. Punta San Vigilio ist ganz wunderbar, der ganze Gardasee ist mir eine Seelenlust, nicht aber wenn an den Wochenenden die Münchener hier einfallen und mit donnernden Powerbooten den Ort und den See entweihen.

Risotto (Grundrezept)

80 g	*Reis (Sorte Carnaroli oder Violano Nano, Arborio wäre die billigste Sorte)*
1	*kleine Zwiebel*
100 g	*Butter*
1	*ganze Knoblauchzehe*
50 g	*geriebener Parmesan*
ca. 1 ℓ	*Fleisch-, Hühner- oder Gemüsebrühe (Instantgemüsebrühe geht auch)*

Wir kaufen uns im Feinkostladen ein Päckchen Risottoreis und einen Brühwürfel, und schon geht's los. Den Reis mit etwas Butter und der feingeschnittenen Zwiebel in einen Topf geben und alles scharf anrösten. Sobald Zwiebeln und Reis hellbraun werden, die gehackte Knoblauchzehe hineingeben und mit Brühe auffüllen. Es sollte immer die doppelte Menge Brühe wie Reis sein. Langsam köcheln lassen und ab und zu mal umrühren. Wir haben ungefähr fünfzehn

Minuten Zeit zum Trödeln oder, für Unentwegte, die Bude aufzuräumen oder auf dem Sofa zu verschnaufen.

Nach fünfzehn Minuten geht es dann in die scharfe Phase. Es können dabei keine festen Regeln aufgestellt werden, sondern man muss sich auf sein Gefühl verlassen. Es sollte immer so viel Brühe beigegeben werden, dass sich ein flüssiger Brei im Topf befindet. Ständig umrühren, damit nichts anbrennt. Nach fünf weiteren Minuten wird probiert. Ist der Reis weich, hat aber innen noch einen etwas festen Kern, dann ist es so weit.

Jetzt Vollgas und ständig umrühren. Es geht nun darum, die restliche Flüssigkeit zu verdampfen, die muss fast vollständig aus dem Topf vertrieben werden. Ist der Risotto im Kern einigermaßen weich, wird die restliche Butter in großen Flocken mit dem Kochlöffel darunter gerührt, gleichzeitig dabei vom Feuer gehen, wenn Wein im Haus, ca. 2 Esslöffel Wein dran, dann den Parmesan einarbeiten und anrichten.

Der Butteranteil ist für den Geschmack von großer Bedeutung. Wirkt der Risotto fettig oder sind ölige Schlieren sichtbar, dann kommt der echte Aficionado in Panik, nicht aber wir. Es muss etwas Brühe – ideal auch ein Schuss Weißwein – hinein und noch mal gerührt werden. Zwischen den einzelnen Reiskörnern glänzt nun eine milchige Creme. Bravo, es ist geschafft!

Sollte man seine Kaloriensorgen auf den nächsten Tag verschieben, so wäre mehr Butter auch mehr Spaß. Also, auch wenn es sich verwegen anhört, ein halbes Päckchen Butter darf's schon sein.

Dieses Rezept ist ziemlich pur. So ist es aber auch schon im Original gewesen. Dass man beispielsweise Trevisano untermischt oder Pilze hineingibt, war bisher ein Sakrileg. Es gibt bis heute eigentlich nur zwei Varianten, den Risotto nero mit

Tintenfischfarbe oder den Risotto al mare mit Meeresfrüchten, der letztlich fast immer nur Tintenfisch enthält.

Wir nehmen Kurs auf Meran, denn mir kommt die Idee, dass ich ohne großen Umweg meinen Lieblingsort im engadinischen Val Müstair aufsuchen könnte. Dafür muss man den Vinschgau hoch. Das Laastal zieht vorbei und langsam geht es nun bergauf. Diese Gegend hatte ich mir vor Jahren mal angeschaut, denn von dort kommt eines der edelsten Geschenke der Natur. Laaser Marmor ist im Grunde «weißes Gold». Es gibt unterschiedliche Sorten, beispielsweise mit zarten turmalinblauen Streifen durchsetzt. Eine ganz edle Sorte strahlt absolut weiß, ist sehr hart und ohne Einschlüsse. Es ist der reinste Marmor Europas und bei Bildhauern sehr begehrt.

Es wird ein wenig kühler, nach links wendet sich die Straße zum Stilfserjoch, mit 2757 Metern der zweithöchste Pass der Alpen. Wir bleiben auf dem Römerweg, der sich heute Strada Statale 40 nennt, und biegen erst einmal nicht nach links in die Schweiz ab, sondern wollen als kleinen Abstecher die Ortschaft Mals unterhalb des Reschenpasses erreichen. Ein paar Minuten weiter, am linken Abhang, leuchtet weiß gekalkt, festungsartig und riesig, das Kloster Marienberg, vor knapp tausend Jahren erbaut und ein Monument abendländischer Kultur. Für die Besichtigung sollte man einen ganzen Tag einplanen. Im Internet werden Führungen zu romanischen Fresken, zur Bibliothek und zu einem sehr detailreichen Museum angeboten. Man kann dort auch in Zimmern von hoher Qualität preisgünstig übernachten.

Wir fahren nun weiter in die nahe Schweiz und kommen durch das Schlachtfeld Calven. Hier massakrierten sich 1499 gegenseitig die Schweizer Bünde, die Eidgenossen und der

Schwäbische Bund. Dieser Bund, ein Zusammenschluss des Adels, der freien Reichsstädte und der Zünfte, hatte gegenüber dem Kaiser gewisse Rechte und unternahm die Niederschlagung der Bauern im Bauernkrieg. In den sogenannten «Schwabenkriegen» versuchten die Habsburger zusammen mit dem Schwäbischen Bund, Teile Graubündens zu rauben und dem sogenannten Vorderösterreich einzugliedern. Ja, freundlicher kann man es nicht sagen. Zum habsburgischen Herrschaftsgebiet gehörten westlich von Tirol und Bayern, die Provinzen Vorarlberg, Böhmen, Baden, Württemberg, die Niederlande, Belgien, Spanien, das Elsass bis in die Franche-Comté und manches mehr. Zehn Jahre zuvor glomm bereits das Wetterleuchten des kommenden Bauernkriegs.

Wir sind für heute am Ziel, beim Kloster Sankt Johann in Müstair, auf Hochdeutsch auch Münstertal genannt. Schräg gegenüber dem zinnenstacheligen Wehrturm ist unsere Bettstatt für die Nacht. Wir parken vor dem Hotel «Chasa Chalavaina», dessen Namensgeberin die Schlacht an der Calven war. Bevor die Eidgenossen in den Kampf zogen, versammelten sie sich vor und in diesem Gasthaus um ihren Heerführer Benedikt Fontana (ca. 1450–1499). Er kämpfte an vorderster Front und motivierte seine zahlenmäßig völlig unterlegene Truppe gegen die Übermacht. Er fiel in der Schlacht, welche die Eidgenossen mit großen Verlusten dann doch gewannen. Die Schweiz wurde also nicht kassiert, und bis heute ist Benedikt Fontana der Held Graubündens.

Fragt man einen Einheimischen heute, was am Münstertal besonders ist, dann kann es sein, dass er «Nichts» antwortet. Nach einer Schrecksekunde wird er erwähnen, dass dieses Tal als der dunkelste Ort der Schweiz gilt. In einem Umkreis von zweihundert Kilometern gibt es keine Lichtverschmutzung durch große Städte, die bekanntlich bis in den Weltraum hineinzünden. Hier im Val Müstair treffen sich Sterngucker und Nachtwanderer unter einem phänomenalen Nachthimmel. Früher suchte ich meine Sehnsuchtsorte am Meer. Zu meiner Jugendzeit war mitnichten alles besser, aber die Côte d'Azur, insbesondere Monaco, war da noch nicht so kaputtbetoniert, und an den Stränden musste man die Sonnenanbeter nicht stapeln. Mittlerweile zitiere ich gerne einen guten Schulfreund, der als Berufsbergsteiger sein Leben lebt. Warum es ihn in die Berge zieht, erklärte er mir folgendermaßen: «Ab 1000 Metern Höhe werden die Idioten weniger!» Er sagte übrigens nicht Idioten, sondern Arschlöcher, aber diesen Ausdruck wollte ich vermeiden, was mir hiermit nicht ganz gelingt. Müstair liegt auf 1273 Metern über Normalnull.

Jetzt gilt es aber, das Gasthaus zu entern. Die Grundmauern des wuchtigen Baus sind noch aus der Römerzeit, das Oberirdische etwa bis zu 1200 Jahre alt und die Mauern dementsprechend dick. Es ist eine Loggia zur Straße vorgebaut, in welcher der Hausherr gerne Beobachtungsposten bezieht. Er eilt die Treppen hinunter, um uns vor dem Haus mit einem «Allegra» zu begrüßen, dem rätoromanischen Gruß, der «freue dich» bedeutet. Jon Fasser, über achtzig Jahre alt und flink wie ein Hirsch. Die große schlanke Gestalt mit dem markanten Gesicht und dem stechenden Blick will mein Köfferchen übernehmen, aber es heißt ja, ehret das Alter. Ich werde ihn nie einholen können, und so bin ich in der Position des Youngsters. Arg leutselig ist der Chef normalerweise nicht, das aber ist nichts anderes als professionelle Zurückhaltung, die sich in gediegener Freundlichkeit zeigt. Bei den Berglern ist das so, da wird man nicht gleich angesprungen, um als Umsatzopfer in die Hilflosigkeit getrieben zu werden. Ihm ist eine gewisse starrsinnige Energie in die Augen geschrieben, die ich häufig bei sehr alten Menschen beobachten kann. Besonders Omas, welche die Neunzigerhürde genommen haben, sind nahezu alle von unbeugsamem Willen. Der alte Wirt jedenfalls, er ist aufmerksam wie ein Wachhund. Woher wir kommen, warum, wieso, weswegen und so weiter, fragt der aufmerksame Gastronom. Er zeigt uns die Zimmer, und meines ist in originalem, gründlich renoviertem Zustand, wie es die Reisenden vor zweihundert Jahren schon vorgefunden haben.

Den Boden kann man nicht als Parkett bezeichnen, es sind halbmeterbreite, dicke Eichenbretter. Ein hohes Lied an die Nachhaltigkeit, denn nach ungefähr fünfhundert Jahren sind sie immer noch in bestem Zustand, glatt geschrubbt und unzerstörbar. Die Fensterleibung, in die ich mich weit hinauslehnen muss, um ums Eck zu schauen, ist mindestens fünfmal so dick wie bei unseren modernen Häusern. Die Fenster, auch aus Eiche, sind mindestens sechzig Jahre alt. Und die Beschläge aus der Zeit der Rittersleut.

Ein umsichtiger Architekt hat im Nebenkabinett ein Bad eingerichtet, ein Sitzbad mit Dusche. Es ist bestimmt schon sechzig Jahre alt, aber wer einmal Qualität einbaut, der muss sich später nicht ärgern. Gute Qualität, auch wenn nicht mehr in Mode, verliert selten seine Würde. Das Zimmer mit der kurzen Bettlade, die sicher auch schon 200 Jahre alt ist, erfreut mich, auch wenn ich womöglich nur in Fötushaltung darin Platz finden werde. Die Matratze ist dann aber moderner Federkern und das Deckbett teure Daune. Der Hausherr meint, ich könne das Zimmer nicht abschließen. Mir macht das nichts aus, wertvolle Dinge führe ich schon lange nicht mehr mit mir. Ich schätze, die raffinierte Konstruktion der Türschnalle ist mindestens 400 Jahre alt. So etwas habe ich

Wahrer Gasthauscharme in altem Gemäuer:
«Chasa Chalavaina»

bisher nur in Museen anschauen können. An der Türe, eine Tischlerarbeit mit Verzierungen, wäre das Anbringen eines neueren Schlosses der reine Kunstfrevel.

Seit 1254 brennt in dieser Herberge das Herdfeuer, die Scheune nebenan wurde 1696 erbaut. Jon Fasser hat mit diesem Gebäude alles richtig gemacht, im Dorf gilt er als etwas unbequem. Ich war schon mehrmals hier, und der Wirt hat zu jedem Winkel des Hauses eine gute Geschichte zu berichten. Mein Zimmer ist klein und das von Eva riesig, mit einer ebenso ausladenden Holzloggia. Sie kann das Rauchen nicht lassen, deshalb übereigne ich ihr gerne das große Zimmer mit der Loggia. Nachdem wir das Gepäck verstaut haben, hangle ich mich die Treppe hinunter und folge meiner Nase.

Es riecht, wie ein gutes Gasthaus zu riechen hat, nach frisch Gekochtem und Gebratenem. Die Gaststube ist eine Augenweide, ein großer Kachelofen hockt auf vier gemauerten Stempeln wie ein Wächter neben der reich geschnitzten Türe, die zur Küche führt. Dort durfte ich einmal die sogenannte «Schwarze Küche» besichtigen, die der heutigen modernen Küche vorgelagert ist. Zu bestaunen gibt es dort den ältesten Brotbackofen Europas und keine vorlaute Fritteuse. Er funktioniert immer noch und wird im Winter ab und an angezündet. Jon Fasser erzählt, wie er den Ofen in kürzester Zeit auf Hitze bringt. Buchenscheite kommen ins Loch, hinter dem es annähernd zwei Meter ins Dunkel geht. Er nimmt Wachsreste von Rechaudkerzen, wickelt sie stramm in Zeitungspapier und wirft sie in den Orkus. Das Herdfeuer neben dem Ofen hat keinen Abzug, der befindet sich, wie im Mittelalter üblich, oben im Gewölbe der Küche. Die Seitenwände der Küche bilden so einen Teil des Kamins, deshalb ist die Küche rundum schwarz, wie mit Teer bestrichen.

In der Regel gibt es als Hauptgang Hirschragout mit Knöpfle und Wacholdersauce. Das Wild besorgt die Verwandtschaft, und die Suppe gibt es als Vorspeise. Im Winter habe ich schon zweimal die Lauchsuppe probieren können. Nun ist aber Juni, und ich sitze mit Eva in freudiger Erwartung. Suppe von frischen Erbsen wird von einer aufmerksamen jungen Frau aufgetischt. Der Chef kommt an den Tisch und macht eine Ansage, es gäbe heute keinen Hirsch, sondern Sauerbraten mit Kartoffelpüree. Uns ist das auch recht. Eva schlägt ein bisschen nach mir, sie mag alles essen, solange es keine Quälprodukte und Köchin oder Koch keine Attentäter sind. Bei der Gelegenheit möchte ich mal loswerden, dass auch Salate und Gemüse jammern können. Man muss halt genau hinhören, dann wird man sehen und schmecken, wenn das Pflanzliche vor lauter Pestiziden und Stickstoffdünger auf der Zunge ächzt und stöhnt. Die Weinbestellung ist Chefsache, und offensichtlich wird nicht oft eine ganze Flasche bestellt. Ich sage dem strengen Herrn direkt dazu, dass ich nicht zu denen gehöre, die sich mit Dezilitern durch den Abend stottern.

Der Chef sitzt in Habachtstellung am Tisch neben dem Eingang und greift ins Geschehen ein, wenn er das Gefühl hat, dass irgendwas nicht stimmt. Das Essen schmeckt uns beiden wunderbar. Es ist im Grunde kein Wirtshausessen, das wir noch mit vierzehn anderen Gästen teilen, sondern Erbsensuppe und Sauerbraten, von einer aufmerksamen Hausfrau gekocht. Ich würde mir wünschen, dass mehr Berufsköche so etwas zustande brächten.

Dann wird ein Obstkuchen angekündigt, und der ist insofern ungewöhnlich, weil er ohne Backhilfsmittel oder die Tricks der Bäcker und Konditoren, nur mit besten Aprikosen und dem Hause gemäß gebacken wurde wie vor hundert

Jahren. Aprikosen nennt man in Graubünden auch Amerillen, was ich dem Wörterbuch «Schweizerisches Idiotikon» von 1881 entnehme. Danach wird Kaffee bestellt, Espresso ist, glaube ich, hier unbekannt.

Das alles geschieht ohne große Worte. Die Menschen sind sehr herzlich, man wird aber davon nicht in den ersten zwei Minuten angesprungen. Der Bergler wartet ab, prüft sein Gegenüber, wendet sich ab oder aber man hat anschließend einen aufrichtigen Umgang zueinander.

Es sind von den vierzehn Gästen nur noch zwei Tische anwesend und mir steht der Sinn nach Zubettgehen. Ich denke an die Bettlad, die mich oben erwartet und die sich aus den Zeiten unterernährter, kleinwüchsiger Bergler in die modernen Zeiten gerettet hat. Vielleicht wäre ein Schnaps noch eine gute Starthilfe für den Tiefschlaf. Also wird ein Kirschwasser bestellt, und dann geht es unverzüglich die Treppe hoch. Die Kräfte reichen noch zur Katzenwäsche, aber nicht mehr zum Zähneputzen. Eine meiner Spitzenbegabungen ist das schnelle Einschlafen.

Am Abend hatte sich der Hausherr noch um meinen Schnaps gekümmert, nun, am frühen Morgen um halb acht, sitzt Jon Fasser schon wieder an seinem Beobachtungsposten und hat seine Auftragskladde vor sich, will wissen, wer ihn heute beehrt. Der Mann, ich wiederhole mich, nimmt seinen Beruf sehr erst. Meine Tochter Eva, von Jahr zu Jahr pünktlicher, sitzt bereits bei Holzofenbrot und Marmelade. Der Kaffee dampft und ich werde gefragt, ob ich ein wenig Müstair-Käse haben möchte. In aller Herrgottsfrühe kann ich eigentlich noch nicht so reinhauen, sage aber trotzdem ja. Den festen Käse werde ich in meiner Jackentasche verschwinden lassen. Ein handwerklicher Beruf bestimmt gewisse Essensrituale, frühstücken ist nicht so wichtig wie das Vesper, zu dem die Schweizer «Z'nüni» sagen. Mit einem Stück Käse in der Tasche ist man jedoch allemal gegen Mangelerscheinungen gefeit.

Wir verlangen die Rechnung, und ich kenne bereits das Ritual. Jon Fasser setzt sich zu Gästen selbst an den Tisch, aber grundsätzlich nimmt er Platz, wenn die Rechnung geschrieben wird. Er notiert zwei Abendessen und examiniert uns, was sonst noch so war, also der Schnaps, der Kaffee und so weiter. Das alles wird säuberlich notiert und dann schiebt er uns den Hausprospekt zu, auf dem alles dokumentiert ist.

Das Gepäck steht schon im Vorraum und der Chef begleitet uns zum Auto. Wir verabschieden uns, bekommen wieder ein «Allegra», aber bevor es nach Hause geht, nehmen wir zum Abschluss unserer Reise noch kurz Kurs auf das Kloster Müstair, dessen Gründung auf Karl den Großen zurückgeht. Jedenfalls konnten im Bauholz des Klosters einige Balken aufgrund der Jahresringe datiert werden: Es war das Jahr 775. Die Geschichte wird im Inneren der Kirche auf Wandfresken erzählt, denn Karl der Große hatte die besten Künstler des Frankenreiches geschickt. Die Malerei im romanischen Stil schmückt nicht nur die Kirche, sondern auch die Heiligkreuzkapelle, die zehn Meter vom großen Kloster entfernt frei steht. Kommt man von Italien, vom Vinschgau oder vom nördlichen Reschenpass, also von Osten, ist diese Kapelle mit ihrem dreigeteilten Chor, einem Trikonchos, den man auch Kleeblattchor nennt, als Erstes zu sehen. Es war die erste Konstruktion dieser Art in Europa.

Das Kirchlein ist sechs Meter breit und zwölf Meter lang. Zweigeschossig ruht der obere Teil auf der ältesten Balkendecke Europas. Bei Restaurierungen 2011 wurden Fresken aus dem 8. Jahrhundert freigelegt. Ich gehe mit Eva über den Friedhof, der zwischen der Kapelle und der Hauptkirche

Fresken in der Nordapsis der Klosterkirche St. Johann

steht. Die Kirche ist ziemlich hoch und der östliche Altarraum wird von drei hohen Apsiden (Bögen) begrenzt. Die Seitenwände sind mit Fresken geziert und in den drei Chorausweitungen werden Geschichten aus der Bibel erzählt, etwa das Martyrium des Johannes. Salome tanzt vor König Herodes, der an einer langen Tafel sitzt. Im rechten Eck steht eine Statue von Karl dem Großen. Sie ist original aus der Zeit des Kaisers, aus Stuck gefertigt und hat, kaum zu glauben, 1200 Jahre heil überstanden.

Schon dreimal war ich hier und versuche nun, mit dieser Schilderung meiner Leserschaft ein wenig Appetit zu machen, dass solche Kraftorte die Geschicke Deutschlands beeinflusst haben. Nur wer weiß, wo hinten ist, weiß auch, wo vorne ist. Wenn man in die Zukunft sehen möchte, braucht es einen inneren Kompass, den man sich über historische Begebenheiten verschaffen kann. Man wird dann auch erkennen, dass sich Geschichte oft wiederholt, weil die Menschen letztlich immer die gleichen Fehler machen.

Nun aber höre ich auf Eva. Sie meint, wir sollten bis zum Mittag in deutschen Landen sein. Der Ort verschwindet im Rückspiegel, gemächlich kurven wir über den Ofenpass, der im Schweizer Nationalpark liegt. Weiter führt die Straße ständig bergab ins Tal des Inns. Der nächste Ort ist Susch, und wir nehmen nicht den Weg nach Sankt Moritz, sondern gleich hier zweigt die Straße über den Flüelapass ab. Susch diente in früheren Zeiten als Pferdewechselstation für Wallfahrer, die sich nach Santiago de Compostela durchkämpfen wollten. Heute ist das Dorf selbst ein Wallfahrtsort, nämlich für die Begeisterten der Gegenwartskunst. Die polnische Kunstsammlerin Grażyna Kulczyk, nicht arm notabene, hat sich ins Unterengadin verliebt und die Liegenschaft eines mittelalterlichen Klosters erworben. Es ist tief in den Berg erweitert, 9000 Tonnen Fels wurden aus dem Berg geholt, den felsigen Abraum hat man zu Beton vermahlen und auch die Böden damit verschliffen. Das «Muzeum Susch» wird durch einen unterirdischen Tunnel betreten. Ein interessantes Labyrinth tut sich auf. Die frische Luft oben teilen sich vier große Gebäude und beherbergen überdurchschnittlich viele Werke von Künstlerinnen, von denen viele aus der polnischen Avantgardeszene stammen.

Oben am Museum angrenzend steht der Marmorturm des berühmtesten Kunstzeitgenossen des Engadins. Er hört auf den Namen Not Vital, ich kenne ihn gut und lange. Ein echter Bergler und trotzdem der weltläufigste Mann, den ich kenne.

Sein Vor- und Nachname sind beides keine Künstlernamen, sondern den männlichen Vornamen «Not» gibt es im Engadin öfters und Vital sowieso. Im Engadiner Sent geboren, unterhält oder unterhielt er Ateliers in Peking, New York und Agadez in Niger. In Sent gibt es übrigens ein kleines wunderbares Hotel, die «Pensiun Aldier». Ganz in der Nähe, auf einem Berg, das Tal beherrschend, liegt das sehenswerte Schloss Tarasp. Der Künstler konnte es kaufen und verpflichtete sich, es der Öffentlichkeit zugänglich zu machen.

Aber zurück zu dem Marmorturm, der acht Meter in den Himmel ragt und 29 Tonnen schwer ist. Das wäre ja erst mal nichts Besonderes, aber der Riesenbrocken ist aus reinstem Material, ohne jede Einschlüsse, und jetzt kommt's: Der Marmorturm ist aus einem Stück, von Carrara bis in dieses Tal transportiert worden. Nimmt man die erste Serpentine zum Flüelapass, reckt sich der marmorne Steinfinger noch sichtbar mahnend. Eigentlich überflüssig, schnell durch die Serpentinen schleudern, das habe ich mir längst abgewöhnt.

Der Pass ist angenehm zu fahren, und wenn er im Winter gesperrt ist, empfiehlt sich der Albula-Tunnel, zwanzig Kilo-

Marmor am Stück von Not Vital

meter talaufwärts. In sanften Schwüngen führt die Passpiste nach Davos hinunter. Ich drehe eine Runde durch den Ort, um Eva zu zeigen, wie man ein Bergdorf verschandeln kann, dass sogar die Blindenhunde bellen. Hier trifft sich das Weltwirtschaftsforum jeden Januar, um zu besprechen, wie man Auswüchse des Großkapitals noch besser wachsen lassen könnte.

Der Januar ist bewusst gewählt, denn wenn der Schnee all die Bausünden gnädig zudeckt, kann man es hier vielleicht besser aushalten. Also, nichts wie weg. Etwas Positives soll nun aber doch verbreitet werden. Am Südhang, eigens mit einer Bergbahn zu erreichen, könnte man die Schatzalp besuchen. Es ist ein Hotel, das im Jahr 1900 als Lungensanatorium errichtet wurde. Wie der damalige Kurbetrieb am Laufen gehalten wurde, könnte man in Thomas Manns *Zauberberg* nachlesen. Dieses Hotel, das immer noch im Originalzustand erhalten ist, diente ihm als Vorlage. Nicht nur für Jugendstilfreunde ist das Hotel ein Erlebnis, bei schlechtem Wetter hat man im weitläufigen Palazzo jede Menge Auslauf. Fernseher gibt es nicht, dafür ein vorsintflutliches Radio. Das Hotel, oder soll ich sagen, das Museumsstück, ist schwierig zu betreiben und der Besitzer hat meinen ausdrücklichen Segen für seine unternehmerische Tapferkeit. Ganz klar, dass manches nicht so gut funktioniert wie in einem modernen Kettenhotel, aber gerade das macht ja den Reiz aus.

Die Fahrt geht weiter, ewig lang zieht sich der Pfändertunnel, und dann sind wir wieder in Deutschland und können auf der Autobahn nach Ulm richtig Gas geben, was wir aber als ausgewiesene Genussmenschen nicht tun. Ganz vom Gas gehen wir an der Ausfahrt Wangen-Nord. Noch nie bin ich an diesem Auslass der Kilometerfresserei vorbeigefahren. Auch diesmal nicht, denn gleich bei der Kirche von Deuchelried wartet gutes Essen auf uns.

Der «Landgasthof Adler» ist auf alle Fälle eine Rast wert. Uwe Zöller, der Koch und Wirt, ist eine Rarität. Er beherrscht die traditionelle klassische Küche, die er modern interpretiert. Seine Frau serviert und die Tochter hilft auch mit. Es ist sicherlich zwanzig Jahre her, dass ich mir hier erstmals eine gestärkte Leinenserviette umband. Es waren ausnahmslos Glücksmomente, die ich in diesem gediegenen Restaurant erleben durfte. Es geht auf Ulm zu und anschließend auf die Autobahn nach Stuttgart, und dann hat uns das wirkliche Leben wieder. Ein Stau regt zum Sinnieren an – und wir lassen unsere Reise in angeregtem Zwiegespräch Revue passieren. Gerne denke ich an Freunde, denen Kultur und Essen im Veneto so gut gefallen haben, dass sie gar nicht erst bis nach Venedig vorgedrungen sind.

Züricher Geschnetzeltes mit Rösti

Für 2 Personen

400 g	*Kartoffeln, halbfest kochend*
250 g	*Kalbsschnitzelfleisch*
100 g	*frische Champignons, sehr dünn geschnitten*
3	*Schalotten, feinst geschnitten*
1 EL	*Butter*
50 ml	*trockener Weißwein*
1/8 l	*Sahne*
1 TL	*Mehl*
300 ml	*Kalbsfond*
4 EL	*Sahne, geschlagen*
1/4 Bund	*Blattpetersilie, fein gehackt*
	Salz, Pfeffer, etwas Butterschmalz

Das Fleisch mit Salz bestreuen und in einer gut aufgeheizten Pfanne mit Butterschmalz scharf anbraten. Es sollte nicht durchgebraten werden und darf noch gerne rohe Stellen haben. Anschließend in ein Sieb geben, eine Schüssel darunter stellen und den Fleischsaft auffangen.

Schalotten in der Butter bei maximalem Feuer bräunen. Bevor es anbrennt, einen Esslöffel Kalbsfond dazu. Rühren, wenn alles wieder anbrennen will, wiederum zwei Löffel

Brühe dran. Das wiederholen wir noch ein paar Mal. Ist alles gut gebräunt und die Zwiebeln am Zerfallen, geben wir den Rest der Brühe und den aufgefangenen Fleischsaft dazu. Wiederum fast gänzlich einkochen. Nun die Champignons dazu. Und ohne groß zu zögern das Mehl in der Sahne mit einer Gabel gut vermengen und damit die kochende Reduktion abbinden.

Die Pfanne vom Feuer nehmen. Wir können nun getrost Pause machen und das Rösti an den Start bringen.

Rösti:

400 g mehlige Kartoffeln

Die Kartoffeln halb gar kochen, anschließend pellen.

Die Kartoffeln grob reiben, mit einem Teelöffel Kartoffelmehl vermengen und mit Salz und Pfeffer würzen. In eine beschichtete Pfanne kommt ein Esslöffel Butter. Ist sie zerlaufen, verteilen wir die Kartoffelspäne in einer mittelgroßen, beschichteten Pfanne. Das Rösti sollte ungefähr 2 Zentimeter hoch sein. Vom Rand her die Späne zusammenschieben und auf beiden Seiten goldbraun ausbacken.

Den Kuchen von oben keinesfalls zusammendrücken, sondern nur sanft einebnen. Manche Schweizer Spezialisten bevorzugen festkochende Kartoffeln, dazu braucht es kein Kartoffelmehl, denn diese sind sowieso klebrig und bleiben im gebratenen Zustand meist schmierig und glasig. Unser Rösti darf auch nicht zu knusprig werden, sondern außen ordentlich braun und innen locker und weich. Gute Rösti sind in der Schweiz kaum mehr anzutreffen, auch wenn jeder Eidgenosse behauptet, er sei der Weltmeister. Eigentlich gehört diese mir wunderbarste Kartoffelspeise unter Denkmalschutz gestellt. Und noch etwas: Üben lohnt sich.

Venedig –
die schönste Bühne der Welt

Eigentlich bin ich ziemlich faul und habe nicht nur in meinem Beruf immer den Weg des geringsten Widerstands gesucht. Meine Erwartungen hängen trotzdem hoch, und dann darf man sich den steinigen Weg nicht noch durch Unbequemlichkeiten erschweren. Anders ausgedrückt: Es geht mir immer um höchste Ziele bei optimaler Schonung meiner und fremder Ressourcen. Drückt ein Stein im Fuß, danke ich nicht Gott für diese Prüfung, sondern entferne ihn.

Kultur und neue Technologien sind seit jeher die Triebfedern jeden Fortschritts. Wären die Vorfahren mit dem Ochsenkarren zufrieden gewesen, wäre die Postkutsche nie erfunden worden und hätten Gehfaule nie das Auto konstruiert. Deshalb entspringt meine Reiselust auch einem gewissen Egoismus. Es gibt Leute, die sich in der Anhäufung von Besitz erschöpfen, in diesem Buch geht es um dasselbe, allerdings ohne die Erschöpfung, nämlich darum, auf möglichst bequeme Art das Hirn in gehobenen Besitzstand zu bringen.

Seit Jahren treibt mich nun schon meine Neugierde nach Venedig, und jedes Mal entdecke ich etwas anderes – eine weitere Kirche (es sind über 160), einen unbekannten Kanal (es sind etwa 175) oder eine malerische Brücke (über 400).

Jede Reise eröffnet neue Blicke und Spaziergänge durch die Viertel der Stadt. Eigentlich müsste ich nicht Viertel sagen, sondern Sechstel, denn Venedig ist in sechs Stadtteile (*Sestiere*) unterteilt. Im Norden liegt Cannaregio, auf der anderen Seite des Canals befinden sich Santa Croce und weiter südlich Dorsoduro, von dort, in der Biegung des Canals, finden wir San Polo, nach Osten setzt sich San Marco in Szene, dahinter in Richtung des Lidos und des offenen Meeres: Castello.

Betrachtet man die Lagunenstadt, so fragt man sich: Wo kamen sie eigentlich her, die Venezianer, warum siedelten sie in einem Sumpfgebiet ohne Ackerland, ohne Baumbestand, im Salzgras mit wenig jagdbarem Getier? Reichlich Fische gab es ringsum und es empfahl sich, sich um den Bootsbau zu bemühen, um nicht ganz zur Amphibie zu mutieren. Das Holz für Schiffe und Fundamentpfähle wurde aus Tirol die Piave und die Brenta hinabgeflößt. Mittlerweile weiß man, dass die Besiedelung von der Insel Torcello ausging. Dort wurden vor wenigen Jahren Überreste römischer Grundmauern entdeckt, und im Sommer 2021 fand man in einigen Metern Wassertiefe Teile einer römischen Straße, was bisherige Vorstellungen über die antike Besiedelung in neues Licht rückt. Das weist auch darauf hin, dass die Inseln damals noch etwas höher aus der Lagune ragten.

In Zeiten der Völkerwanderung standen die Veneter am Festland und schauten in Richtung Osten zu den Inseln rüber. Was macht man, wenn einem marodierende Steppenvölker auf die Pelle rücken? Man schwimmt hinüber und hofft, dass die Verfolger wasserscheu sind. Irgendwie so muss es gewesen sein. Die Ursprünge von Venedig gehen auf Einfälle der Barbaren zurück, die zwischen dem 5. und 6. Jahrhundert Norditalien verwüsteten. Nach ständigen

Angriffen zu Beginn des 9. Jahrhunderts beschlossen die Bewohner der Inseln, die Hauptstadt auf die Insel Rialto (*rivo alto* = hohes Ufer) zu verlegen, die in zentraler Lage die beste Sicherheit bot. Die Gemeinde nannte sich *Civitas Rivoalti*, später *Civitas Venetiarum*. Als es mit dem alten Rom bergab ging, wurde ab dem 8. Jahrhundert Byzanz zunehmend zum Mittelpunkt des Reichs. Venedig eignete sich hervorragend zum Handelsumschlagplatz, denn es lag in genau der richtigen Ecke der Adria, ein Schnittpunkt von Orient und Okzident. Ein buntes Gewirr von Völkern und Sprachen beherrschte Plätze und Gassen, türkische Muslime mit Turban und Juden mit Schläfenlocken, arabische Kaufleute sowie afrikanische Seeleute waren dort unterwegs. Viele Händler aus dem Osten, Reisende, aber auch Söldner aus aller Welt betraten hier erstmals europäischen Boden. Der Handel mit dem Morgenland kam in Schwung, und die Stadt entwickelte sich rasch, nicht nur weil man die Waren herbeischaffte, sondern auch, weil sich der Weitertransport über die Alpen gut organisieren ließ.

Händler aus den Regionen, die später Deutschland werden sollten, zog es ebenfalls nach Venezia. Steht man auf der Rialtobrücke und schaut in Richtung Norden, ragt rechts, direkt an die Brücke sich lehnend, ein mächtiges Gebäude aus dem Canal Grande. Es ist das «Fondaco dei Tedeschi», das im Renaissance-Stil gebaute Handelshaus der Deutschen. Bis in die jüngsten Tage war hier die Post untergebracht. Auch wenn es jetzt innen komplett umgebaut und seiner Würde beraubt wurde, sollte man nicht versäumen, es zu betreten. Im großen, überdachten Innenhof wurde früher, vermutlich ab dem späten 13. Jahrhundert, Handel getrieben, in den ringsum sich säumenden Arkaden befanden sich die Niederlassungen verschiedener Händler. Mittlerweile hat die Pulloverfirma Benetton das Juwel gekauft und wenig Rücksicht auf den Denkmalschutz genommen. Viele Venezianer sprechen von Schande, der kommerziell stark infizierte Bürgermeister kann seinen Jubel jedoch kaum verbergen. Alles muss raus, heißt es im Schlussverkauf, und so haben Konzerne, chinesische Investoren und Heuschrecken in Venedig das Ruder über viele Palazzi übernommen.

Nicht weit davon, am Campo Santi Apostoli, steht die deutsche protestantische Kirche mit ihrer blassroten Fassade, die einen schönen Tizian und ein Luther-Porträt von Lucas Cranach dem Älteren beherbergt. Die deutsche evangelische Gemeinde, die 1650 in Venedig entstand, hat bis heute in der Stadt eine Art Inselstatus. Also eine Insel auf der Insel. Heute sind diese Deutschen keine Fremden mehr, aber damals waren sie letztlich nur geduldet. Der Buchdruck hatte jedoch die Ausbreitung der Reformation auch in Italien befördert. Gleichzeitig genossen die Lutheraner große Achtung, weil sie den Weitertransport über die Alpen betrieben und so die Wirtschaft der Handelsstadt mitankurbelten.

Für Venedig begannen die Probleme auf dem Höhepunkt als Wirtschaftsmacht. Es ist eine alte Weisheit: Steht man auf dem Gipfel, geht es auf allen Seiten bergab. Das fette Leben magerte langsam ab, als sich der Blick der Alten Welt gen Westen wendete. Amerika war entdeckt und Genua wurde so zum besseren Standort. Über dem späten 19. Jahrhundert dräute dann die Finsternis. Nachdem Napoleon widerrechtlich das neutrale Venedig besetzt hatte, übergab der letzte Doge, Ludovico Manin (1726–1802), seinen Hut einem französischen Offizier. Mit dem Vertrag von Campo Formio (1797) wurde Venedig von Napoleon an die Habsburger weitergereicht. Ganz grob gesagt überließ der Verlierer Österreich die Lombardei und die Niederlande dem französischen Kaiser und bekam dafür Venedig samt Umland und der dalmatinischen Küste. Also viel Schönheit, aber wirtschaftlich ein schlechter Tausch.

Venedig war immer eine freie Stadt, zwar mit einem Dogen (dem Staatsoberhaupt der Republik Venedig) an der Spitze, aber die Regierungsgewalt lag, wenn auch nicht beim breiten Volk, so doch in den Händen der gehobenen Bürger. Seit der Besatzung Napoleons war Venedig fremdbestimmt und die französischen Besatzer verhasst. Napoleon ließ, kaum im Palazzo Reale angekommen, erst einmal die Quadriga, die Pferde des Markusdoms, in den Louvre schaffen. Die auf ihn folgenden Österreicher verhielten sich zwar etwas besser, waren aber dennoch nicht beliebt. Sie plünderten aber nicht so unverschämt die Kunstschätze, sondern frischten die Infrastruktur auf, indem sie beispielsweise die Stadt durch die Eisenbahn mit dem Festland verbanden.

Im «dolce Venezia», im süßen Venedig, ließ es sich trotzdem gut leben. Allerdings herrschte immer auch viel Armut in den Gassen, wie der Schriftsteller Johann Gottfried Seume (1763–1810) notierte. In seinem Buch *Spaziergang nach Syrakus* (1802), einer Art Roadmovie, schilderte er: «Das traurigste in Venedig ist die Armut und Bettelei. Man kann keine zwei Schritte gehen, ohne in den schneidendsten Ausdrücken um Mitleid angefleht zu werden.»

Wir erinnern uns auch an Michel de Montaigne. Sein Sekretär, der angeblich seinem Herrn ein Drittel des Buches per Diktat niederschrieb, berichtete: «Herr Montaigne konnte nichts von der berühmten Schönheit entdecken, die man Venedigs Kurtisanen nachsagt, obwohl er die vornehmsten unter ihnen besucht hat. Hingegen fand er es höchst erstaunlich, sie in solcher Menge, etwa hundertfünfzig, vorzufinden und sie zudem an Einrichtung und

Kleidung einen fürstlichen Aufwand treiben zu sehn, wo sie doch ausschließlich von diesem Gewerbe leben müssen.» Mit dem Angebot der Küche hingegen war Montaigne zufrieden, wenngleich er den deutschen Wein als wesentlich besser empfand. Anderntags dann der Schlag ins Kontor, mal wieder eine Nierenkolik. Der Sekretär berichtet: «Am Dienstag bekam er nach dem Mittagessen eine Kolik, die ihn zwei bis drei Stunden quälte; dem Augenschein nach war es aber keine der schlimmsten, und vor dem Abendessen schied er nacheinander zwei dicke Steine aus.» Armer Montaigne, der Mann muss eine Harnröhre gehabt haben wie ein Kanonenrohr. Womöglich durch Malaisen und menschliche Hinfälligkeit interessierte er sich im Gegensatz zu Goethe, der über die Kondition eines Olympioniken verfügte, mehr für Sitten und Gebräuche als für die Architektur.

Was die Liebe zur Architektur betrifft, das wurde ja schon deutlich, fühle ich mich mit Goethe ziemlich verbunden. Vor Jahren wohnte ich mit meiner Frau Elisabeth in einem Hotel neben dem berühmten Fenice-Theater in San Marco. Über Nacht verdauten wir den reichlichen Wein und das sehr gute Essen des Restaurants «Antico Martini», das gleich neben dem Theater auch heute noch eine sehr gute Adresse ist. Nach komaartigem Schlaf erwachten wir morgens erholt, räkelten uns bei offenen Fenstern in unseren Betten und fühlten uns wie in einem frohsinnigen Bienenkorb. Nebenan übten Sängerinnen und ein Stockwerk tiefer knödelte ein Tenor, die musikalische Parforce jagte durch alle Kadenzen und Tonleitern. Dieser Moment ist meiner Frau und mir bis heute in freudiger Erinnerung. Wenig später, 1996, erfuhren wir dann von dem katastrophalen Brand. Das ganze Theater fiel den Flammen zum Opfer. Das Innere verglomm als chemisch reiner Kohlenstoff, nur die Ziegelmauern und die fest-

Teatro La Fenice

gefügten Quadersteine des Souterrains widersetzten sich dem Inferno. Vier Jahre später konnten die Brandstifter verhaftet werden. Zwei Elektriker hatten bei ihren Reparaturen den Fertigstellungstermin versäumt. Eigentlich wollten die Idioten, um Zeit zu gewinnen und einer Konventionalstrafe zu entgehen, nur ein kleines Feuerchen in ihrem Gewerk veranstalten. Der damalige sozialdemokratische Bürgermeister Massimo Cacciari, Philosoph und Schöngeist, versprach bereits am nächsten Tag den originalgetreuen Wiederaufbau. Nach acht Jahren feierten die Opernfreunde mit Verdis *La Traviata* die Wiederauferstehung.

Doch wo Licht ist, da ist auch Schatten. In diesem Fall war es ein üppiger Aschehaufen. Als dieser weggeräumt war, gerieten einige Archäologen jedoch in Verzückung, denn endlich konnte in Venedig ein Fundament einmal genau studiert werden. Eine Ziegelmauer, in achtzig Zentimeter Tiefe eingegraben, genügt offensichtlich als Fundament, das in den Schlick eingelassen wird. Manchmal werden noch Eichenstämme darunter gespannt. Die Winkel der üblichen Vier- oder Rechteckmauern werden von Stockwerk zu Stockwerk mit Holzbalken verklammert. Man könnte fast sagen, das Haus schwimmt auf dem Schlick. Damit es nicht ins Wasser abrutschen kann, korsettieren drei Meter lange Holzpfähle im Abstand von einem halben Meter das Mauerwerk ringsum. Oben werden dauerhafte Lärchenbretter genagelt. Holz unter Wasser verrottet nicht, sondern wird mit den Jahrhunderten hart wie Stein. Es gibt auch nach Ewigkeiten keinen Grund, die Pfähle auszutauschen, die Paläste stehen sicherer, als man gemeinhin annimmt. Auf diese Konstruktion wird oberhalb der Ebene des Wassers undurchlässiger Kalkstein aus Istrien verlegt. Er dient als Wassersperre für den nach oben weitergeführten Ziegelsteinbau.

Fast alle Gebäude Venedigs sind aus Ziegelsteinen erbaut, da diese im Gegensatz zu Kalk, Granit oder Marmor wesentlich leichter sind. Manchmal gibt es im Parterre einige Meter festes Gestein, aber alles, was darüber liegt, die ganzen Marmor- oder Kalksteinfassaden, sind Verblendungen, darunter herrscht der Ziegelstein. Die zunehmenden Hochwasser gelangen leider immer öfter über diese Kalksteinsperre, was in näherer Zukunft, durch den Klimawandel beschleunigt, die Erdgeschosse unbewohnbar machen dürfte. Der Ziegelstein in Salzwasser ist alles andere als ideal, er saugt sich dauerhaft mit Feuchtigkeit voll.

Venedig wird seit Jahrhunderten totgesagt, es würde versinken, zerbröseln, verfallen. Seit vielen Jahren komme ich aber immer wieder hierher und stelle fest, dass es gerade umgekehrt ist. Das mag allerdings auch daran liegen, dass immer mehr reiche Auswärtige die Palazzi übernehmen und offensichtlich das Geld haben, alles wieder in Schuss zu bringen. Man könnte aber auch sagen, oben hui und unten pfui, denn die Strudel der Schiffsschrauben größerer Schiffe unterspülen die Fundamente. Dagegen formiert sich gewaltiger Bürgerprotest. Das geht hin bis zu Überlegungen, die überalterten Vaporetti durch Elektroschiffe zu ersetzen. Die Luftverschmutzung durch Wassertaxis und all die Transportschiffe ist zunehmend auch eine ernstzunehmende Umweltbelastung. Venedig ist leider kaum mehr eine Stadt, die, auf sich gestellt, lebensfähig wäre, diese Hauptstadt der Schönheit ist ein umfassendes Museum, in der noch die letzten eingeborenen Mohikaner um ihren Rest an Tradition und nachbarliche Wärme kämpfen.

Venedig zu erfühlen, ohne sich für Kunst zu interessieren, da muss ich mich wirklich am Kopf kratzen, wie das funktionieren soll. Beim ersten Besuch ist der brave Tourist sicherlich so überwältigt, dass er sich am besten einfach treiben lässt, die Augen aufreißt und erst gar nicht versucht, das Hirn zu alimentieren. Es gilt zuerst die Stadt zu erschnuppern, nicht nur das Odeur sommerlich-jauchiger Brühe, sondern die aufmunternden Düfte aus unzähligen Restaurants, Trattorien und Osterien, als sinnliche Durchlüftung sozusagen. Mich hier als Gourmet-Cicerone zu installieren, ist mir jedoch nur zögernde Regung, denn was mir schmeckt, muss

Hier kommt man ins Träumen:
Blick auf Santa Maria della Salute

anderen nicht schmecken. Jeder hat andere Gelüste. Wenn ich also Hinweise gebe, so sind sie aber in jedem Fall vollkommen, nämlich vollkommen subjektiv.

In Venedig sollte man sich als Ersttourist anregen lassen und sich dem Staunen hingeben. Besucht man die Stadt wiederholte Male, so wie ich, kommt man irgendwann dahinter, dass man sich eine Strategie zurechtlegen muss. Je nach Interessenlage nehme ich mir immer ein Gebiet vor. Am Markusplatz fange ich an, dann arbeite ich mich von innen nach außen, und irgendwann sind die Inseln dran. Ich bin mir sicher, vielen wird es so ergehen wie mir, wer einmal hierherkommt, kommt nie mehr los.

Schippern auf der Aorta: Vaporetto Linea 1

Ich stehe endlich am Wasser, hinter mir der Bahnhof und ganz in der Nähe das Parkhaus Piazzale Roma, wo ich das Auto untergebracht habe. Mein Köfferchen fest in der Hand, nehme ich die Vaporetto-Linie 1 ins Visier, kaufe mir eine Zweitageskarte und schwinge mich an Bord, um zur Haltestelle «Giglio» zu gelangen. Wer mit dem Zug kommt, nimmt ebenfalls die Eins. Diese Linie ist sozusagen ein Bummelzug, der den Canal Grande durchschippert und alle fünf Minuten eine Station abklappert. Beim Ablegen rumpelt es unter mir, als würden Kobolde mit dem Vorschlaghammer das Getriebe zertrümmern. Keine Sorge, die Vaporetti, fast alle aus den 1970er Jahren, sind nahezu unzerstörbar, werden ständig überholt und übrigens von einer deutschen Firma täglich gereinigt und gewartet. Der erste Wasserbus, die «Regina Margherita», trat 1881 in den Dienst. 135 Jahre später sind mehr als 120 Schiffe in Betrieb. Die ACTV, die *Azienda Consorzio Trasporti Veneziani*, organisiert mit großer Zuverlässigkeit den Verkehr, auch mit Hunderten von Bussen auf dem Festland. Immerhin sind es oft 300 000 Touristen am Tag, welche die Vaporetti tief ins Wasser drücken. Damit sich das Riesenrad der Verkehrsbetriebe ohne Knirschen dreht, braucht es rund 2800 Mitarbeiter. Vaporetto bedeutet «Dämpfchen», eine liebevolle Bezeichnung aus der Zeit, in der diese Boote noch mit Dampf angetrieben wurden.

Venedig ist nicht nur eine Stadt im Wasser, ihre Verwaltung dehnt sich auch auf das Festland aus. 118 Inseln zählen zudem noch dazu. Die rauchenden Schlote von Mestre sind ebenfalls unter venezianischer Verwaltung. Besser gesagt, es ist genau umgekehrt. Die qualmende Industrie mit ihren ureigensten Interessen, denen der Bürgermeister von Venedig vorsteht, bestimmt, was man im historischen Venedig zu unterlassen und was zu geschehen hat. Mestre und der Hafenstadtteil Marghera sind von ungefähr 200 000 Einwohnern bevölkert, dem stehen 55 000 Venezianer gegenüber. Ganz klar, welcher Teil hier die Wahlen gewinnt. Seit Jahren kämpfen insbesondere tapfere junge Einheimische gegen die Lawinen, die aus den Kreuzfahrtschiffen quellen. Venedig war schon immer ein Gral der Geldvermehrung – und Geld gewinnt immer.

Was aber die wirklichen Venezianer ebenso wie die meisten Italiener auszeichnet, ist ein ungebrochener Optimismus und die Fähigkeit, die Schatten zu verdrängen. Egal, wie das Leben einem mitspielt, sitzt man im Schatten, geht man auf das Licht zu. So ist das Wesen der Stadt und seiner Bewohner, und auch der empfindsame Reisende wird von dieser hellen Lebensart getragen. Das alles entspricht ganz meiner Lebensart. Deshalb komme ich gerne hierher und bin stets von Freude durchdrungen, wenn ich ein Vaporetto besteige.

Die Linie bietet mir zur Einstimmung Gelegenheit, im Schleichgang die bezaubernden Palazzi anzuschauen. Vom Piazzale Roma im Bezirk Santa Croce im Westen kommend, stoppt das Schiff wenige Meter weiter auf der anderen Seite beim Bahnhof. Die Kobolde im Bauch des Schiffs wüten wie gewohnt. Nach dem Ablegen werden wie an einer Perlenschnur Paläste abgefahren, von denen es in Venedig insgesamt etwa 700 Stück gibt. Am Canal sind diese Prachtbauten im gotischen, byzantinischen oder im Stil der Renaissance besonders zahlreich. Da wäre rechter Seite, gleich zu Beginn der Fahrt, der spätgotische Palazzo Ca' Foscari aus dem 15. Jahrhundert mit seinen verzierten Spitzgiebeln, unweit der Brücke Ponte degli Scalzi, eine der vier Brücken, die den Canal Grande überspannen.

Gegenüber, gleich neben dem Bahnhof, bietet die Kirche Santa Maria di Nazareth ein stimmungsvolles Bild. Die Venezianer nennen sie, passend zur Brücke, «Scalzi», das bedeutet «barfuß». 1636 erhielt der «Orden der Unbeschuhten» die Genehmigung, an dieser Stelle ein Kloster zu bauen. Es musste leider für den Bau des Bahnhofs 1861 weichen. Die von Palladio errichtete Kirche aber blieb erhalten und wird seitdem von einem Deckengemälde des großartigen venezianischen Barock- und Rokokomalers Gianbattista Tiepolo (1696–1770) gekrönt.

Fünfzig bedeutende Palazzi ließen sich allein bis zum Markusplatz aufzählen. Mein Ziel heute ist der Palazzo Gritti hinter der Ponte dell'Accademia, die ich gerne als Orientierungshilfe empfehle. Die Brücke streckt sich über den Canal Grande und verbindet Dorsoduro, den Stadtteil, der bis an den Giudecca-Kanal grenzt, mit dem Zentrum San Marco. Die Habsburger errichteten die Eisenbrücke ums Jahr 1854. Da Volkszorn selten ein intelligentes Grundrauschen hat, musste die Brücke der verhassten Österreicher weg und wurde 1933 von einer billigen Holzkonstruktion ersetzt. Immerhin, kommt man vom Markusplatz und buckelt über diese Brücke, fällt man direkt ins künstlerische Paradies des

Palazzo-Parade am Canal Grande

Abendlandes, die Gallerie dell'Accademia, auf die ich noch zu sprechen kommen werde.

Mein Schiffchen fährt schlingernd unter der Brücke durch. Ich bin groß genug, um mich an den Deckenverstrebungen des Vaporettos festhalten zu können. Bei jeder Anlegestelle, und es sind viele, haut es mich gegen die anderen Passagiere, sodass ich mich dann doch besser auf einen Sitz rette. Die ersten zwei Reihen sind für alte Leute reserviert. Niemand will alt sein, ich aber schon, denn Selbstquälerisches entspricht nicht meinem Wesen. Hier lassen sich die «unzerstörbaren Oldies» und Gebrechlichen nieder, ein Hinweisschild sorgt dafür, dass davon auch die Jugend erfährt.

Das Ziel naht und eine Oma mit Rollator versucht, auf festes Land zu kommen. Ich helfe ihr, was sie dankend annimmt. Gleichzeitig bemüht sich auch die Leichtmatrosin um die Dame, welche die Haltetaue um die Poller wirft. Mit rumpelndem Trolley-Koffer arbeite ich mich durch die enge Gasse, die Calle Gritti vor, bis die Touristen-Ameisenstraße quert, jener Trampelpfad, an dessen Ecken immer wieder «Piazzale Roma» oder «San Marco» ausgeschildert ist. Steine haben eine gewaltige Magie und ein unzerstörbares Wesen, wenn man bedenkt, dass Milliarden und Abermilliarden diese Pflaster bereits mit ihren schiefen Absätzen drangsaliert haben. So eine Konstitution kann man sich nur wünschen.

Nun geht es weiter auf dem Pilgerhighway, aber nur einige Meter, dann schnüre ich an der Kirche Santa Maria del Giglio vorbei. Diese Gasse führt wieder zum Wasser und damit zum Hotel «Gritti Palace.» Ein kleiner Platz öffnet sich und erstreckt sich am Hotel vorbei zur Gondel. Solcher Art Kanalüberquerung nennt sich *Traghetto* (Fähre). Am Canal gibt es einige Stellen, die mit einer Gondel für einen Euro überquert werden können. Dabei kann man schöne Erinnerungsfotos machen, ohne sich den Geldbeutel ausräubern zu lassen. Andererseits, die Gondolieri sind der Puls der Stadt und wollen schließlich auch leben.

Gleich vor dem Wasser befindet sich links eine relativ kleine Türe, darüber steht recht unscheinbar «Gritti Palace». Es ist jedoch eines der berühmtesten Hotels der Welt, und weil das so ist, muss hier am Eingang nicht groß auf die Pauke gehauen werden. Betrittst du diese Pforte, so heißt es nicht: «Lass alle Hoffnung fahren», sondern es stockt der Atem aus anderem Grund. Das Interieur ist, nun ja, alles andere als von IKEA. Der Palast wurde 1475 im gotischen Stil erbaut und diente damals dem Dogen Andrea Gritti (1455–1538) eine Zeit lang als Bleibe. Kurz vor der Wende ins 20. Jahrhundert, im Jahr 1895, wurde die Preziose dann in ein Hotel umgebaut. Vor mir logierten hier bereits unzählige

Berühmtheiten. Ernest Hemingway wusste schon immer, wo es schön und teuer ist, aber auch Winston Churchill, Charles de Gaulle, Charlie Chaplin, Greta Garbo und was weiß ich wer noch alles wurden häufig hier gesehen.

Das Hotel hatte vor der Pandemie am 13. November 2019 ein schlimmes Hochwasser im Haus, und das historische Parterre ging buchstäblich den Bach hinunter. In Oberitalien gibt es durch die hohe Dichte von Kunstschätzen ein hochentwickeltes Restaurationsgewerbe, das alles an handwerklichem Wissen aufbringt, um das zu retten, was Künstler vor vielen Jahrhunderten einmal zustande gebracht haben. Als im Gritti alles wieder glänzte, krachte Corona in die Idylle. Nun läuft der Betrieb wieder an und ich konnte einen günstigen Preis ergattern. Für mich ist der Aufenthalt hier eine Art Nostalgie-Unternehmung. Vor dreißig Jahren nächtigte ich wie erwähnt mit Frau und Kind einmal in diesem illustren Hause. Der Preis war schwindelerregend, aber wir wollten unbedingt wissen, wo in Sachen Hotellerie der Hammer hängt.

Bei meinem ersten Besuch hier gehörte das Juwel noch dem Imam Aga Khan IV., und ein äußerst umtriebiger Hoteldirektor kümmerte sich um die Gäste mit väterlicher Eleganz. Heute ist im Gritti alles perfekt, aber auch ein bisschen seelenloser. Dies ist übrigens einer der Gründe, warum ich zwar in meinem Leben Perfektion anstrebe, aber diesen Weg nie ganz zu Ende gehe. Auch was den Ehrgeiz angeht, bin ich ein Freund der zweiten Reihe, in der es sich menschenwürdiger leben lässt. Es gibt aber keinen Grund zu klagen, die Zeiten haben sich geändert, der allwissende Concierge ist zur Seltenheit geworden und mittlerweile meist durch unerfahrene Jugend ersetzt worden. Diese Geschöpfe bemühen sich und haben noch jede Menge Zeit, dazuzulernen.

Das Hotel wurde nach der Hochwasserkatastrophe in fünfzehn Monaten für 35 Millionen Euro von Grund auf renoviert und hält nun 82 Gästezimmer bereit. Darunter sind 21 hochelegante Suiten mit wertvollsten Antiquitäten. Die Zimmer sind mir bei Hotelbesuchen gar nicht so wichtig, sondern vielmehr, ob guter Auslauf zur Verfügung steht, wenn es beispielsweise regnet. Gibt es eine schöne Bar, ein angenehmes Entrée, eine Terrasse? Das alles gibt es hier, und zwar vom Feinsten. Wer jedoch in jedem Falle so wie ich einen guten Schlaf findet, der könnte es auch so machen, wie ich es häufiger auf meinen Reisen tue, wenn ich nicht gerade eine Auszeit im Luxus nehme. Ich wohne dann in einem gut funktionierenden Hotel, möglichst billig, trinke dann aber in feudalster Umgebung meinen Nachmittagskaffee oder dämmere in der Bar eines Edelhotels dem Mondlicht entgegen. Mein schönster Platz in Deutschlands Hotelwelt ist übrigens das Café im Hotel «Vier Jahreszeiten» in Hamburg. Dort trinke ich allerdings immer nur Tee, denn der ist unvergleichlich gut und wird von geschultem Personal serviert.

Im Gritti angekommen melde ich mich an, ein Mitarbeiter besteht darauf, mein Köfferchen tragen zu dürfen. Er ist sehr freundlich und verzieht keine Miene angesichts meiner mickrigen Bagage. Normalerweise wird er mit Louis-Vuitton-Containern jonglieren, für die man sich einen Kleinwagen kaufen könnte. Ich gebe ihm zwanzig Euro Trinkgeld, denn ich weiß, dass viele Multimillionäre Dienstpersonal gar nicht wahrnehmen oder, ebenso schlimm, geizig sind. Der Mann strahlt, und ich bin der Meinung: Am Anfang ein ordentliches Bakschisch, dem Richtigen überreicht, und man hat sich für einige Zeit Freund und Hilfe gesichert.

An diesem frühen und sonnigen Herbstabend sitze ich auf der Terrasse und will mal sehen, ob die Küche hier ein Original-Carpaccio hinkriegt. Na ja, man kann da eigentlich nicht alles komplett falsch machen … Liebe Leser, man merkt's, gegen Hotelköche hege ich ein bisschen meine Zweifel, weil sie für internationales Publikum kochen müssen. Da muss es dem Amerikaner genauso schmecken wie dem Araber oder dem Inder, dabei kann kaum mehr herauskommen als Mainstream.

Es kommen dünne Filetscheiben, die, wie es sein soll, über den ganzen Teller verteilt sind. Nur dann ist leider ein Verhau von Rucola darüber gezupft, grad so, wie man es in Stuttgart oder sonst wo auch bekommt. Egal, in meinem ganzen Leben habe ich noch nie ein Gericht reklamiert oder sonst irgendwie den Klugscheißer heraushängen lassen. Es muss schließlich nicht jeder meinen Purismus teilen. Meist ist ja auch das Bemühen groß, und an vielen Gerichten wurde schlicht mehr herumexperimentiert, als ihnen guttut. Ich finde eben nur: Köchlein, brat dein Schnitzel und haue es auf den Teller, durch Verzierungen wird es nicht besser, sondern kühlt nur aus.

Wie so oft bestelle ich mir danach eine *costoletta alla Milanese.* Es schmeckt nicht schlecht, kratzt jedoch ein bisschen im Hals. Vielleicht ist die Schuhsohlenbraterei in Venedig so Usus, schließlich hat die Stadt viele Pestepidemien durchstehen müssen. Nun muss man wissen, dass gutes Fleisch in Italien insgesamt schwer zu bekommen ist. In Italien sind fette Wiesen eine Rarität. Parmaschinken wird, vorsichtig von mir vermutet, vorwiegend in Tönnies-Qualität aus Deutschland importiert. Ich erinnere mich, als mein Vater, Tierarzt und Chef des Gmünder Schlachthofs, mit schwäbischen Kollegen eine Informationsreise an den Oldenburger Großschlachthof unternahm. Der dortige Amtsarzt begrüßte sie mit allen Ehren, bat aber um fünf

Minuten Aufschub, da er noch Kühlsattelzüge verplomben müsse. Jede Woche gingen Tausende Schweineschlegel in die Parma-Region. Andererseits gibt es für Kenner in Italien immer mehr artgerechtes Spitzenfleisch, und das Land ist in Bemühungen um Nachhaltigkeit und Ökologie mindestens so fortschrittlich wie Deutschland. Gutes gibt es überall, man muss es nur finden.

Wie auch immer, ich bin in Venedig, fühle mich wohl, und eine Flasche Lugana aus der Nähe des Gardasees unterstützt die Aufrechterhaltung all meiner Illusionen. Venedig ist nun einmal das El Dorado der Illusionisten. Das ist aber auch kein Kunststück, in voller Breite wirft sich mir das Panorama der Kirche Santa Maria della Salute auf der anderen Seite des Canals entgegen. Venezianer Barock, die totale Pracht, weiß und strahlend mit einer riesigen Kuppel. So lässt es sich wunderbar träumen, und mich stört auch nicht der teils ziemlich aufgebrezelte Gästekreis um mich herum. Einige Sonnenstudioheroen mit dicken Uhren machen den Eindruck, als würde ihre Männlichkeit von Tigertangas zusammengehalten. Die Damen, allesamt von Visagisten und Operateuren vorlaut in Szene gesetzt, bieten mir eine belustigende Melange aus Las Vegas- und Hermès-Accessoires. Bevor ich mich jedoch im Lästern verliere, muss ich meine Schwiegermutter mit ihrer achtundneunzigjährigen Lebenserfahrung zitieren. Sie war nie im Ausland, ihr Bauernhöfle verließ sie nur einmal, um, von der Volksbank in einen Bus gepfercht, das Allgäuer Nebelhorn zu beehren. Sie hätte zu meiner Commedia dell'Asino auf dieser Terrasse basisphilosophisch angemerkt: «Des send au Leut!» Oma hat natürlich recht.

Streifzug mit Gruselfaktor: Pest und Geister in Dorsoduro

Am nächsten Tag stoße ich unweit meines Hotels auf eine Massenpilgerei, deren Ziel die berühmte Chiesa Santa Maria della Salute ist, und unter der Fürsorge des Herrn lasse ich mich mit über die Behelfsbrücke schieben. Ich bin so ziemlich der einzige Tourist inmitten von gefühlt Tausenden gläubigen Italienern. Auf der anderen Seite des Kanals biege ich in die erste Gasse ein, die zur Kirche führt. Nicht nur sie, sondern auch das Licht des sonnigen Novembertags am Ende der Gasse lockt die Gläubigen. Geradeaus zum Giudecca-Kanal verbreitert sich die Gasse, Süßigkeitenverkäufer und Luftballonhändler versuchen hier ihr Glück. Kaum ums Eck macht sich ein erhabener Kontrast breit. Auf einmal herrscht ziemliche Ruhe. Die Pilger sind woanders. Ich stiefele über eine kleine Brücke und befinde mich unversehens an den Stufen der Kirche. Egal, aus welcher Richtung man kommt, man landet in dieser Ecke immer an der Vaporetto-Station «Salute».

An der jährlich stattfindenden «Festa della Madonna della

Barocke Pracht im Altarbereich von Santa Maria della Salute

Salute» ist die Kirche geöffnet und man kann sogar die Sakristei und die hinteren Räume besuchen. Das Fest dient der Erinnerung an die unzähligen Pesttoten von 1630. Diese Krankheit, von Rattenflöhen ausgelöst, raffte damals auf dem gesamten Gebiet der Serenissima über 100 000 Infizierte dahin und gilt unter anderem als Anfang des Niedergangs der Republik Venedig. Als die Epidemie abflaute, ließ der Doge Nicolò Contarini (1553–1631) diese Kirche zum Dank erbauen.

Gleich nach der Pforte fällt der luxuriöse Marmorfußboden auf. Die Kirche ist schlicht gehalten, nur im Altarbereich strahlt opulent der Barock. Mein Interesse für die italienische Kunst hat sich mittlerweile zu einer regelrechten Leidenschaft ausgewachsen. Solche Leute können ihrem Umfeld schwer auf den Wecker gehen. Ich bitte also um Nachsicht.

Die Entwicklung der venezianischen Malerei ist von vielen Einflüssen bestimmt, unter anderem von der Goldgrundmalerei, die von Ostrom, also von Konstantinopel ihren Weg nahm. Sehr pauschal definiert, hat sich diese Art der Kunst in der Ikonenmalerei der orthodoxen Ostkirche erhalten. Vom Festland wurden Farbe und lebendigere Figürlichkeit durch die Kunst Giottos langsam übernommen, den wir in Padua bereits kennengelernt haben. Der Handel mit dem Festland brachte neue künstlerische Ideen in die Stadt, Impulse sickerten von Osten, von Rom und Florenz ein. Die Renaissance schob Innovationen in der Wissenschaft und in der Philosophie an und erneuerte auch die Kunst. Immer mehr erodierten die Mauern, welche die Kirche gegen die freiheitliche Philosophie der Griechen und Römer errichtet hatte, die nun wiederentdeckt wurden. In Venedig fiel das alles auf fruchtbaren Boden, denn die freiheitsliebende und selbstregierte Stadt entzog sich nach Kräften der Bremsmaschinerie des Vatikans.

Doch zurück zu Santa Maria della Salute: Einige Gemälde des Venezianers Tintoretto (1518–1594) und sechs Werke des großen Tizian bereichern diese Kirche. Nachdem das Kloster der Insel Santo Spirito geschlossen wurde, fand die Umsiedlung in die Votivkirche Santa Maria della Salute statt.

Die Insel liegt nahe beim Lido, ist unbewohnt und ziemlich verwahrlost. Ich weiß das genau, da ich dort vor vielen Jahren einmal gezeltet habe.

In der Sakristei hängt ein Gemälde Tizians. Es wurde um 1511 gemalt, also vor dem Bau der Kirche. Auch zu dieser Zeit wütete die Pest, der auch der Maler Giorgione, von mir sehr verehrt, zum Opfer fiel. Auf dem Gemälde erkennt man den Stadtheiligen St. Markus. Links und rechts an seinem Thron blicken die beiden frühchristlichen Ärzte und Zwillinge Cosmas und Damian auf den Betrachter. Im Vordergrund links steht Rocco, der Heilige Rochus, er widmete sich der Pflege von Pestkranken. Rechts im Vordergrund der heilige Sebastian. Er ist der Mann, in dem immer mindestens ein Pfeil steckt, der Schutzpatron der Brunnen und Bollwerk gegen Seuchen. Er bekannte sich zum Christentum und wurde folglich mit Pfeilen erschossen. Alle glaubten, er sei tot, aber er lebte weiter. Tizian übrigens wurde von der nächsten Pestwelle 1576 erwischt. Der schwarze Tod hatte sich bei ihm viel Zeit gelassen, immerhin, er erreichte das 99. Lebensjahr, was man in damaliger Zeit als Sensation ansah.

Zu Heiligen habe ich eine persönliche Meinung. Ich denke, sie sind noch Relikte aus der Zeit der griechischen und römischen Götter. In der katholischen Trinität breiten Gottvater, Sohn und Heiliger Geist schützend die Hand über uns Elende. Für jede Kalamität hat aber das Volk doch gerne noch einen persönlichen Referenten, einen, der sich ums Detail kümmert. Meine Oma schwor auf den Allrounder Sankt Antonius, der so ziemlich für alles zuständig ist, was schieflaufen kann. Eine seiner besonders nützlichen Tugenden ist das Aufspüren verlorener Schlüsselbunde und sonstig Abgängigem. Vermisste Oma ihre Lesebrille, die sie sich ins Haar gesteckt hatte, wurde schon vor dem Suchen

Tizian, Der Heilige Markus auf dem Thron (um 1511)

der heilige Antonius angerufen. Die Kommunikation funktionierte übrigens hervorragend. Die Köche haben den heiligen Laurentius, der auf Abbildungen immer mit einem Grillrost unterwegs ist. Allerdings nicht, weil er selbst dort Würste draufwerfen würde. Umgekehrt, die Römer grillten ihn höchstselbst, weil er seinen «Irrglauben», also das Christentum, nicht verleugnen wollte.

Die Pestepidemie, von der eben die Rede war, erwischte damals weniger die *Nobili* (Adlige), die in sauberen Räumen wohnten oder gleich zu ihren Sommersitzen aufs Festland flohen, sondern vorwiegend die hart arbeitenden Menschen auf der Schattenseite der prunkvollen Stadt, die Weber, Fischer, Wachszieher und Männer, die ihr Geld mit der Stadtreinigung verdienten, oder Tagelöhner und Bettler. Damals wie heute ist es bittere Wahrheit, wer arm ist, stirbt früher.

Auf der anderen Seite der Alpen wütete derweil der Dreißigjährige Krieg (1618–1648), der ebenfalls ganze Landstriche entvölkerte. Siebzig Prozent der Bevölkerung starben unter anderem an Hunger, aber auch an der Pest. Südlich der Alpen dehnte sich der Todesbrand bis in die Region Mantua aus. Wie alle Epidemien begann auch die Pest in Venedig 1630 mit einem Einzelfall: ein Abgesandter Mantuas besuchte die Serenissima, und damit war es geschehen. Die Pest wird durch ein Bakterium übertragen, das sich gerne in Nagetieren, hauptsächlich in Ratten, heimisch macht und vorwiegend durch Flohbisse übertragen wird. Und Flöhe waren damals häufiger als heute bei uns die Stubenfliege.

Ein Wort aber noch zum Architekten von Santa Maria della Salute, der für die damalige Zeit eine moderne, helle Bauweise begründete. Baldassare Longhena (1598–1682) wählte einen achteckigen Grundriss, spannte darüber eine riesige Kuppel und über den Chorraum, das Presbyterium, eine zweite kleine Kuppel. Links und rechts ragen zwei kleine Campanile (Glockentürme) über das Ganze hinaus. Große Fenster lassen viel Abendlicht ins Gebäude. Es ist wie üblich in Ziegelbauweise ausgeführt und mit einem Gemisch aus weißem Marmormehl verputzt. Die Kuppel ist eine Holzkonstruktion, ein wirklich kühner Entwurf, und die klassizistische Fassade grüßt zum Canal Grande hin.

Nachdem ich die Kirche verlassen habe, arbeite ich mich gegen den Pilgermahlstrom vor, um zurück an den Canal Grande zu gelangen. An der Ecke zur Calle Barbaro wende ich mich nach links und gehe dann über einen schmalen Kanal. Hat man diese Brücke hinter sich, geht es nicht mehr weiter. Da stehe ich nun an der Rückseite des Palazzo Barbaro-Wolkoff, in dem als Dauergast ab 1894 die göttliche Schauspielerin Eleonora Duse lebte, deren Villa wir bereits in Asolo erwähnt haben. Alexander Wolkoff-Mouronzov (1844–1928), dem der Palazzo gehörte, gebürtig aus Sankt Petersburg, war Botaniker und Maler und ist auf dem Friedhof San Michele begraben.

Die schönsten Bilder Venedigs tragen wir im Kopf herum, und hinter den Palazzi steht den Träumen nichts mehr im Wege. Rechts von mir also der Palazzo Barbaro-Wolkoff, vor mir stellt sich eine Ziegelmauer gegen meine Neugierde. Dahinter befindet sich eine venezianische Seltenheit, ein kleiner Garten, wie eine Oase. In dieses Ensemble könnte ich mich glatt verlieben. Der angrenzende schmale, elegante Palazzo Dario von 1479 hat zwei Gesichter. Das eine, für die meisten vermutlich die Schokoladenseite, schaut auf den Canal Grande hinaus. Diese Seite hat ihm das Prädikat eingebracht, es handele sich um einen Renaissancebau. Von vorne stimmt das, aber die Rückseite verweist auf das wirkliche Alter dieses Hauses. Die Fassade dürfte etwa hundert Jahre älter sein, ist eindeutig gotisch, und zwar gotisch im venezianischen Stil. Dessen Kennzeichen sind die Fenster in schmalen, spitzen Lanzettbögen und maurischer Anmutung, wie man sie beispielsweise in Granada antrifft. Oben in der Mitte laufen die Bögen als spitzes Bärtchen aus. Abschließend, sozusagen als Krönchen, ziert ein Kreuz, ein Stern oder sonst eine Verzierung oder ein Symbol das Fenster. Die Leibungen, also die Fensterumrahmungen aus Kalkstein, sind Säulen mit einem Kapitell, das reichliche orientalische Verzierung aufweist.

Liebe Leser, Sie werden sich fragen, warum schmeißt der Klink jetzt mit solchen Begriffen um sich, er ist doch Koch?! Ich will Ihnen verraten, dass keine Universität besucht wurde, denn es gibt Besseres, nämlich die richtigen Bücher. Mit dem englischen Multitalent John Ruskin (1819–1900) beschäftige ich mich schon lange. Er konnte selbst verdammt gut zeichnen und förderte den großartigen William Turner, welcher mein ganz besonderer Heros der Malerei ist. Seinem Buch über die Architektur Venedigs, *The Stones of Venice* (erschienen 1851–53), verdanke ich einiges, wenngleich es eigentlich nur für Aficionados geschrieben wurde. Was mich an Ruskin so fasziniert, ist seine tiefgründige Zähigkeit, mit welcher er in Venedig jeden Stein umdrehte. Auch seine philosophisch-zeitdiagnostischen Veröffentlichungen, die von wirklicher Sorge um die Zukunft der Menschheit getragen waren, beeindrucken mich bis heute.

Die Gotik schwappte im 14. Jahrhundert vom Festland nach Venedig über, vorher dominierte die byzantinische Bauweise. Diese orientalische Verspieltheit zeigt sich etwa deutlich am Markusdom. Der Palazzo Dario wurde schon etwas früher begonnen und ist seit einiger Zeit nicht mehr bewohnt. Manche glauben, es laste ein Fluch auf diesem schönen Gebäude. Die Gründe will ich nun einmal aufzählen, denn sie kommen einer mehrteiligen Krimiserie gleich: Der Senatssekretär Giovanni Dario renovierte den kleinen Palast 1487 und gestaltete die Front am Canal nach dem Geschmack der Zeit um. Der Glückliche starb 1494 eines natürlichen Todes. Kurz danach betrat sein Erbe Vincenzo Barbaro die Bühne und heiratete Darios Tochter Marietta. Vincenzo geriet in finanziellen Ruin, erstach sich, und die brave Marietta nahm sich ebenfalls das Leben. Der Sohn der beiden, auch ein Vincenzo, wurde in Kreta um die Ecke gebracht. Als Besitzer im 19. Jahrhundert steht weiter die Patrizierfamilie Barbaro im Grundbuch. Sie hatten Glück und verkauften rechtzeitig an Arbit Abdoll, einen armenischen Schmuckhändler und Ehrenmann. Nachdem dieser seinen Wohnsitz in den Palazzo verlegt hatte, ging er bankrott, und das Haus wanderte anschließend durch mehrere Hände. Der Historiker Radon Brown, der sich fast ausschließlich der Geschichte Venedigs verschrieben hatte, beging 1883 mit seinem Geliebten Selbstmord, wahrscheinlich als Folge von Rufmord. Ein Amerikaner namens Charles Briggs war der nächste Käufer, er entfloh mit seinem Lebensgefährten nach Mexiko, da er die üble Nachrede wegen seiner Homosexualität nicht ertrug. Dort verübte sein Geliebter Suizid. 1964 bekam der weltberühmte Tenor Mario del Monaco Gelüste auf den Palazzo. Er wurde jedoch Opfer eines Verkehrsunfalls und trug derart heftige Verletzungen davon, dass er sich die steilen Palasttreppen nicht mehr zutrauen konnte. So nahm er von dem Kauf Abstand. Um 1970 residierte Conte Filippo Giordano delle Lanze, ein Kunst- und Antiquitätenhändler, der aus Turin stammte, im Palazzo Dario und wurde von einem achtzehnjährigen

Palast mit zwei Gesichtern: die Rückseite des Palazzo Dario

Strizzi, mit dem er zusammenlebte, mit einer Murano-Vase erschlagen. Es gibt auch Stimmen, die sagen, die Waffe sei ein Silbergefäß gewesen. Egal, der Boy floh nach London und wurde dort ebenfalls ermordet. Es ging Schlag auf Schlag. Anfang der 1970er Jahre kam dann Christopher «Kit» Lambert, der Manager der Rockband «The Who». Zusammen mit dem Gitarristen Pete Townshend wurde er vor der Bar «Sombrero», schwer angesoffen, noch schwerer verprügelt. Irgendwie ging es um Drogenkalamitäten. Kit machte in der gleichen Nacht bei einem Treppensturz den Abflug. In den Achtzigerjahren kaufte der vermögende Venezianer Fabrizio Ferrari das Anwesen, das er mit seiner Schwester Nicolette bewohnte. Kurz darauf ging er bankrott, die Schwester kam bei einem Verkehrsunfall ums Leben.

So langsam wird das Grauen langweilig, ich bitte aber noch kurz um Geduld. Der Magnat Raul Gardini, groß im Versicherungsgeschäft und an unzähligen Firmen beteiligt, leistete sich eine Rennyacht und heuerte den Spitzensegler Dennis Conner an. Dann gingen die Geschäfte bergab und Gardini beging 1993 Suizid. Damit war das Juwel endgültig zum Wohnen ungeeignet. Der Palast blieb lange Zeit unverkäuflich. Heute ist er Eigentum eines amerikanischen Großkonzerns, wird jedoch, gottlob, nicht mehr privat genutzt.

Ich mache mich auf den Rückweg, trete aus der Gasse der beiden Palazzi heraus und bin unversehens wieder im Mahlstrom der Pilger. Viele haben sich einen Luftballon gekauft, und das Gedenken an die vielen Pesttoten von damals wird nun von Frohsinn und Lebenslust getragen. Sanft führt die Behelfsbrücke bergan und dann wieder hinab, direkt vor die Seitentüre des Hotels Gritti. Ein bisschen habe ich ja schon über das Hotel erzählt. Angefangen hat es für mich mit meiner Begeisterung für Hemingway und seinen Roman *Über den Fluss und in die Wälder* von 1950. Die Handlung spielt zum Teil im Gritti, aber auch in «Harry's Bar» (dazu gleich mehr) und bei der Familie Cipriani auf der Insel Torcello. Später entfernte ich mich etwas von Hemingway, denn sein Machogehabe, sein Militarismus und sein riesengroßes Ego standen mir etwas im Wege. Jetzt aber, gerade während der Recherche zu diesem Buch, ist mein Interesse neu erwacht. Ich griff mir zudem noch den *Alten Mann und das Meer* und muss zugeben, Hemingway ist nun mal ein fantastischer Erzähler. Sein stringenter Satzbau, der weitgehende Verzicht auf überflüssige Adjektive, das alles hat ihm zwischen den Kriegen Gertrude Stein mit Erfolg eingebläut.

Jedenfalls, man gerät nach Eintritt in diese edle Herberge in einen ziemlich niedrigen und dunklen Empfang, überall antiquarische Möbel. Den Schlüssel, der auch nach der 35-Millionen-Renovierung nicht durch Plastikkarten ersetzt wurde, bekomme ich gleich linker Hand. Luxus hat nichts mit moderner Technik zu tun. Wenn sie, wie beispielsweise bei den Bädern, trotzdem da ist und man sie gar nicht bemerkt, empfinde ich das als besondere Grandezza. Die Conciergerie ist ein kleiner Raum, der von einem Renaissance-Schreibtisch beherrscht wird, der einem Präsidenten gut stehen würde. Es gibt auch antike Sesselchen davor, damit man sich vorsichtshalber setzen kann, wenn man die Rechnung gegenzeichnet und ein Ohnmachtsanfall droht.

Der Aufzug gleich daneben wirkt wie der kleine Salon einer Prinzessin. Mein Zimmer geht zum Campo di Santa Maria Giglio hinaus. Der Zimmerservice hat die schweren Seidenvorhänge zugezogen, die Fenster verrammelt und die Klimaanlage aufgedreht. All das will ich aber nicht. Die Vorhänge ziehe ich auf, reiße das Fenster auf und atme durch. Die Schuhe werden geputzt und das T-Shirt durch ein Polo-

Elegante Grandezza: Gritti Palace

hemd ersetzt, ein dünnes Jackett übergezogen. Als schlanker Mann kann man sich modisch so ziemlich alles leisten, wer aber einen solchen Ranzen vor sich herschiebt wie ich, der muss sich ein bisschen mehr Mühe geben. Unmöglich, ein Restaurant nur im Hemd zu betreten. Es braucht die Camouflage eines gut geschnittenen Jacketts, wenigstens bis man bei Tisch sitzt.

Die Wiege des Carpaccios: Harry's Bar

Um endlich in die bereits mehrfach angeteaserte «Harry's Bar» zu gelangen, nehme ich den gleichen Weg wie der unglückliche Ernest etliche Jahre vor mir. Die Hoteltüre schlägt hinter mir zu, die Dämmerung schlägt mir entgegen. Links sehe ich die schwarzen Wasser des Kanals und gehe rechts, den Bogenlampen nach. Hemingway schreibt in *Über den Fluss und in die Wälder*: «Colonel Cantwell bleibt einen Augenblick stehen und betrachtet die Kirche Santa Maria del Giglio. Was für ein wunderbarer, kompakter, in sich geschlossener und doch wie zum Flug bereiter Bau, dachte er. Ich hätte nie geglaubt, dass eine kleine Kirche wie ein Jagdflugzeug aussehen könnte. Muss mal feststellen, wann sie gebaut worden ist, und wer sie gebaut hat.» Hemingway, seines Zeichens schwerer Trinker, war, als er diese Zeilen schrieb, bestimmt schon etwas «angeflaschelt». Die Kirche, die er beschreibt, 100 Jahre nach Palladio erbaut, also mitten im fetten Barock, wirkt auf mich ziemlich überladen. Eine Torte hätte man nicht schöner verzieren können. Aber ein Flugzeug?

Im Volksmund wird die Kirche auch «Zobenigo» genannt,

der Name geht auf den venezianischen Generalinspektor Antonio Barbaro zurück. Er trug Ende des 17. Jahrhunderts nach seinem Tod mit einer voluminösen Stiftungssumme zur Errichtung der Kirche bei. Will man es ganz korrekt, so ist die Kirche dem Erzengel Gabriel geweiht. Übrigens bevölkern heute noch mehr als 120 Kirchen die Stadt Venedig, davon sind alleine zwanzig der Gottesmutter geweiht. Da aber der Name Zobenigo weder auf Maria noch auf den Erzengel verweist, spürte das Volk sofort, dass die Kirche ein protziger Unsterblichkeitsversuch des Stifters sein sollte. Die Front ist vollgestopft mit Statuen der Stifterfamilie Barbaro. Mein verehrter Kunsthistoriker John Ruskin meinte dazu frei übersetzt: «Manifestation des frechen Atheismus, da diese Kirche ausschließlich der Feier zweier Familien gewidmet ist und nicht der Feier Gottes. Es ist ein bemerkenswertes Beispiel der personalistischen Selbst-Feier venezianischer Barockarchitektur.» Innen drin in der Kirche aber Obacht: Sie bietet nicht nur einen Tintoretto, sondern auch ein sehr schönes Mariengemälde (mit Jesulein) von Peter Paul Rubens.

Eine Minute später, ich gehe an großen Schaufenstern vorbei, gefüllt mit Prada-Taschen, edlem Schuhwerk und Feinstofflichem, sehe ich rechter Hand den leicht unscheinbaren Eingang des noblen Hotels «Monaco Grand Canal». Gleich gegenüber davon erscheint nun die kleine Türe, auf die ich zusteuere. In Länge mal Breite gemessen ist «Harry's Bar» nicht viel größer als ein Bienenhäuschen. Der Ruf dieses Etablissements ist jedoch legendär, und bei unserem ersten Venedig-Besuch meinte meine Elisabeth, man müsse dort schon aus beruflichen Gründen einkehren und seinen gastronomischen Horizont erweitern. Ich bin noch ein bisschen früh dran, biege deshalb an der Bar nach links ab und setze mich auf eine Bank beim nahe gelegenen kleinen Park, den kaum jemand kennt, weil er von Andenkenbuden zugestellt ist. Mir geht so einiges durch den Kopf, darunter einige meiner vielen Italien-Reisen.

Ende der Siebzigerjahre beherrschte mich der Rappel, zur Erforschung des Reisanbaus mit einem folkloristisch aufgemachten «Indianerkanu» den Po hinunter zu schippern. Irgendwo zwischen der Pomündung ins Meer und der alten Stadt Ferrara ließ ich mein Boot zu Wasser. Es wurde eine einsame Tour mit einem Mercier-Rennrad an Bord. Als praktisch denkender Kerl hatte ich mir einen 2-PS-Yamaha-Außenborder drangeschnallt, und im sechs Meter langen Kanu führte ich auch eine Pocket-Trompete mit. Irgendwann kam ich an einem Dorf vorbei, wo Einheimische gerade unter Lampions um einen großen Topf herumsaßen. Ich blies *O Sole Mio* in mein Instrument und erntete frenetisches Freudengeschrei, gefolgt von heftigem Winken und lauten Rufen. So legte ich kurzerhand an und wurde aufs Wunderbarste mit Polenta und Würsten empfangen. Auch den Wein nahm mein Körper auf wie ein trockener Schwamm, und die Zeit verging wie im Fluge. Gleich am Ufer schlug ich am Abend mein Zelt auf und schlief traumlos. Am nächsten Morgen, in undurchdringlichem Nebel, legte ich ab, und gegen zehn Uhr klarte es auf. Eine gnadenlose Hitze schmorte mir das Resthirn aus dem Kopf. Auf Flüssen ist kein Schatten zu finden, und so suchte ich am Ufer Erlösung unter Pappeln, die hier angebaut werden wie Weinstöcke.

Einige Male fuhr ich den Po schon auf diese Weise entlang und genoss die Trägheit dieses, jedenfalls damals, schmutzigsten aller Flüsse. Bei meinem morgendlichen Bad musste ich immer Sorge tragen, treibenden Ölflecken auszuweichen. Über all diese Abenteuer führte ich stets Tagebuch und habe heute allein für Oberitalien eine halbe Obstkiste voll. Nicht selten führte mich mein Weg am Ende zu «Harry's Bar». Im August 1988 zum Beispiel, in den Sommerferien unserer zehnjährigen Tochter Eva, meinte ich, ich müsse mal den lieben Vater geben und der beginnenden Pubertierenden einen traumhaften Papa-Töchterlein-Abenteuerurlaub spendieren. Zuerst wurde Chioggia, der größte Fischereihafen der italienischen Adria besichtigt, der zum großen Teil Venedig versorgt. Weiter zog es uns ins nahe gelegene Comacchio, die Welthauptstadt der Aale. Wer glaubt, die italienische Küche erschöpfe sich in Pasta, Caprese oder Risotto, der wird mit Staunen vernehmen, dass nirgends so viel Aal verspeist wird wie in Italien. Man kann das typische Aalgericht übrigens im Internet bestellen. Die Dose ist wunderschön und innen drin befinden sich dicke, wunderbare Aalstücke in allerdings affensaurer Marinade.

Das Auto wurde in Fusina auf den bewachten Parkplatz gestellt, die nötigste Kleidung kam in einen Rucksack. Wir bestiegen die Fähre zum Lido, welche einen Zwischenhalt an den Ufern Dorsoduros machte. An der Station «Zattere» wechselten wir auf das Vaporetto, um auf der gegenüberliegenden Insel Giudecca bei der Station «Palanca» anzulanden. Handys waren noch nicht erfunden, und so marschierten wir blauäugig zu einem Hotel, von dem ich bei irgendeinem Dichter gelesen hatte, und das mir schon längere Zeit im Kopf herumgegeistert hatte. Ein bisschen war die Pension «Casa Frollo» eine Geisterburg. Ich wusste nur, dass viele schlaue Köpfe dort für wenig Geld ihre randvollen Köpfe in wie mit Mehl gefüllte Kissen versenkt hatten. Mir kam es damals nicht vor wie ein Hotel, sondern eher wie ein poetischer Gemütszustand.

Ein Jahr zuvor hatte Eva bereits mit ihrer Mama Vene-

Ein Ort wie eine Filmkulisse – die «Casa Frollo» in vergangenen Zeiten

dig kennengelernt und sich als Gastronomenkind einen Besuch in «Harry's Bar» besser gemerkt als alles andere, was die Schule in der Zwischenzeit angeboten hatte. Man sagt immer, Kinder hätten eine hochsensible Fantasie, was ja stimmt, aber sie verfügen auch über einen glasklaren Blick für die Realität. Äußert ein Kind über ein Gasthaus ein gutes Urteil, so kann man sich darauf verlassen, denn es ist nicht von irgendwelchen Randerscheinungen oder Voranmahmen beeinflusst.

Die Inhaberin des Hauses bestellte also für uns einen Tisch, und zwar im ersten Stock. Wir schnürten am Wasser entlang zur Haltestelle «Zitelle» bei der gleichnamigen Kirche.

Das Areal diente früher der Aufnahme von Waisenkindern, aber auch älteren mittellosen Mädchen. Das Schiff nahm uns mit zur Haltestelle «San Marco». Ich sprang, welch elastische Zeiten, elegant auf den Ponton, und mir gegenüber stellte sich ein ungefähr zehn Meter breites Häuschen in den Weg: Wir waren am Ziel angekommen.

Gleichmäßig sind im Parterre der Bar drei fast quadratische Fenster verteilt und darüber wiederum drei Fenster angeordnet, diese aber etwa mannshoch und mit jeweils einem zierlichen Balkon geschmückt. Das ganze Häuschen wirkt anmutig, winzig und trotzdem atmet es Grandezza. Ähnlich wie bei Westernsaloons ist die Außentüre ganz aufgeklappt und zwei Schwing-Paneele trennen das Innen vom Außen. Wahrscheinlich wurden sie in den Fünfzigerjahren erfunden, damit Gäste wie Ernest Hemingway, «loaded with the Blues» und mit Whisky in den Adern, ungehindert hinausstürzen konnten. Tritt man durch die Schwingtüren, geht es am Bartresen vorbei durch ein Geräuschwirrwarr. Die laute Freude der Gäste klingelt in den Ohren. Nach vier Metern ist man am Barmann vorbei.

Ich zwängte mich durch eine kleine Türe in einen schmalen Gang, Eva immer im Schlepptau, die gleich beim Ausblick in die Küche kaum mehr weiterwollte. Die Küche ist nämlich ungefähr so groß wie der Innenraum eines VW-Käfers. Es ist eine Feuerstelle mit minimalem Equipment, wenn man bedenkt, was oft aus Profiküchen für kulinarisches Kleingeld hinausgeprahlt wird. Oft ist es nur Cuisine-Hochglanz, maximaler Edelstahlluxus unter der Dunstabzugshaube, der Zigtausende gekostet hat. Meiner Meinung nach hat große Kunst viel mit dem Weglassen zu tun. Minimalismus fordert maximales Handwerk und Können.

Eine enge Wendeltreppe, die bei meiner Statur nur den

Einbahnverkehr zulässt, dreht sich in die Beletage. Hemingway war nie im ersten Stock, er meinte, Trinker, die er für höhere Wesen hielt, säßen immer unten, oben sei Sibirien. Eva und ich werden empfangen wie ein Herrscherpaar, aber ohne devotes Getue. In diesem Raum saßen einmal an vier verschiedenen Tischen gekrönte Häupter und merkten erst bei ausklingendem Abend etwas voneinander. Das seit Generationen hochprofessionell agierende Servicepersonal zuckte nicht mit der Wimper.

Schon öfter habe ich erwähnt, dass die venezianische Küche, wenn ich mal meinen Zynismus ausleben darf, all das bietet, was der Tourist bei sich daheim eigentlich gar nicht mag. Fische im Ganzen auf dem Teller, manchmal sind noch die Eingeweide drin. Das ist mir schon öfters passiert, bei Sardinen sowieso. Dazu «*Al-dente*-Pasta», und wenn der Koch es eilig hat, können auch knallharte Spaghetti die Zähne auseinanderdrücken. Andererseits dann wieder herrlichstes «Gewürm», angefangen beim Bärenkrebs, kleine Tintenfischchen, größere *Seppie*, alles frisch aus den Netzen der kleinen Fischerboote der Lagune.

«Harry's Bar» geistert als Vorurteil geiziger Schnäppchenjäger durchs Reisevolk, obwohl es für zwei Personen nicht teurer ist als die Tageskarte eines Vergnügungsparks, den man schnell wieder vergisst. Harry's Bar hingegen vergisst man nie mehr. Man sollte jedoch eine Kreditkarte mit sich führen, denn die Bar hat weltweit die stringenteste Kalkulation. Erstklassiges Personal will auch erstklassig bezahlt sein, und hier in diesem kleinen Salon im ersten Stock arbeitet ein Service, von dem die meisten Psychotherapeuten noch einiges lernen könnten. Sie ziehen den Stuhl zum Platznehmen vor und erspüren innerhalb von Sekunden, ob du kleinlich, ein Loser, ein Angeber mit unechter Rolex oder ein Parvenü mit echter Rolex bist, oder aber ein großzügiger Genießer. Alle werden gleich behandelt, jedenfalls beinahe.

Im ersten Stock angekommen, führt ein schmaler Gang direkt auf eine Anrichte zu, die, von vielen Fächern parzelliert, Bestecke, Tortenheber, Buttermesser, Teller und Servietten bereithält, also das ganze Waffenarsenal zum Wohle der Gäste. Oben auf der Stellage thront eine majestätisch und zum Verlieben dekorierte *meringata al limone*, die berühmte Zitronentorte, so als wolle sie sagen: «Egal, was du isst, lieber Gast, zum Schluss kommst du an meiner Verlockung nicht vorbei.» Mir gefällt es sehr, wenn ein Restaurant eine täglich wechselnde Karte bietet. Wichtig ist mir aber auch, dass gewisse Klassiker immer angeboten werden. Diese Torte probiere ich immer wieder, bis heute, sie ist eine Bombe an Glückshormonen.

Der Speiseraum ist eierschalenhell, ebenso die Jacketts der Kellner. Die eingedeckten Tische signalisieren einen Hauch von zurückhaltendem Luxus und stehen so eng, dass ich schon damals unmöglich einen Platz finden konnte. Die Kellner sind mit dieser Situation vertraut und zogen den gesamten Tisch von der Wand weg. Ich begab mich dahinter, packte mir das Stühlchen unter den Hintern, und flugs schob man mir die Kante mit dem gestärkten Leinen direkt an den Bauchnabel. Solche Fürsorge benötigte Eva nicht.

Der Betrieb hat sich aus kleinsten Anfängen über Jahrzehnte immer weiter entwickelt. Der Gründer Giuseppe Cipriani hatte als Gleisarbeiter an der Schwarzwälder Eisenbahn mitgearbeitet. Der Sohn und jetzige Besitzer Arrigo Cipriani, mittlerweile aufgeweckte neunzig Jahre alt, ging kurz in Neustadt am Titisee zur Schule. Er lebte sozusagen als Schwarzwälder und spricht immer noch passabel deutsch.

Giuseppe Cipriani eröffnete am 31. Mai 1931 sein kleines Lokal. Finanziell half ihm dabei die Freundschaft zu Harry Pickering, einem reichen Amerikaner. Geführt wurde und wird «Harry's Bar» nach dem Rezept aller erfolgreichen Gastronomen. Diesem geht es weniger um sich selbst, sondern um die gute Befindlichkeit des Gastes, von dem aber Gefolgschaft und Akzeptanz erwartet wird. Der Laden kam vor dem Krieg schnell in Schwung und reüssierte mit fantastischen Hühnersandwiches. Einer energischen Dame, die wissen wollte, aus was die köstlichen Sandwiches bereitet seien, bekam vom Padrone schnell die Information, und zwar in einem Maße «straight», dass die Dame anschließend über alle Maßen beleidigt war: «Madame, das Hühnersandwich besteht aus Huhn und Sandwich.»

Stammgäste wussten die Geradlinigkeit des Chefs jedoch sehr zu schätzen. Für eine andere alte Dame, die strenge Diät halten musste, dachte sich Cipriani eines Tages, als der Fleischwolf für's Tatar kaputt war, etwas ganz Leichtes aus: Er schnitt rohes Rinderfilet in sehr, sehr dünne Scheiben. Da das Museo Correr am Markusplatz gerade eine Ausstellung des Venezianers Vittore Carpaccio (1465–1520) zeigte, taufte er seine Kreation kurzerhand «Carpaccio». Na ja, ein bisschen mehr Überlegungen waren schon auch dabei, aber die lebhaften Farbkontraste Carpaccios, etwa sein Faible für ein besonders intensives Rot, inspirierten Giuseppe Cipriani. Rotes Fleisch, roh und pur, Olivenöl, Salz, Pfeffer, etwas Spezialmayo daneben, und einen kleinen separaten Blattsalat – fertig ist ein Welthit. Die Mayosoße rundet das Ensemble vortrefflich ab und wird in dünnen Rauten aufs Fleisch gezogen. Diesen Purismus erlebt man nur in «Harry's Bar». Wenn man es je original gegessen hat, mutet es ziemlich peinlich an, wie heutzutage jeder dünn geschnittene Mist, egal ob rote Rüben, Pilze, Kohlrabi usw., Ciprianis Kreation diffamiert.

Einem anderen Künstler der Renaissance erwies Cipriani seine Reverenz hingegen durch ein Getränk: Eines heißen Sommertages mixte er versuchsweise etwas Prosecco mit Pfirsichpüree. Eiskalt serviert wuchs der Drink schnell aus der Erprobungsphase und war von Anfang an ein Publikumsschlager. Ein Name war dann auch schnell gefunden, diesmal musste der venezianische Renaissancemaler Giovanni Bellini (1430–1516) herhalten. Dieser leichte Aperitif heißt noch heute so und gehört zur Grundausstattung internationalen Barmixerwissens. Mittlerweile gibt es «Bellini» weltweit auch als Fertiggetränk. Aus frischen Pfirsichen in der Saison zubereitet und dann, im ehemaligen Zollhäuschen am Bacino San Marco sitzend, mit Blick auf den Markusdom geschlürft, da sage ich nur: «Mamma Mia».

Purismus nach meinem Geschmack: Carpaccio in «Harry's Bar»

Carpaccio

200 g	*Rinderfilet, Mittelstück*
	Meersalz, grober Pfeffer

Soße:

2	*Eigelb*
2 TL	*engl. Senfpulver*
3 EL	*Weißwein*
1/4 ℓ	*Pflanzenöl (kein Olivenöl)*
1 TL	*saure Kapern, zerhackt*
	Salz, Pfeffer

Weißwein, Eigelb, Senf, gehackte Kapern und etwas Pfeffer in die Schüssel geben. Gut verrühren. Unter stetem Rühren das Öl hineinlaufen lassen.

Anfangs ist alles ziemlich dünn, mit zunehmend einfließendem Öl dickt sich das Ganze langsam ein und wir bekommen eine sämige Soße.

Das Fleisch wird sehr dünn geschnitten und zwischen Plastikfolie eben geklopft. Einen Teller komplett damit belegen und die Soße in dünnen Rauten aufspritzen oder irgendwie in Streifen aufs Fleisch zittern.

Beim Salat gibt es keine großen Kompromisse. Bei dem momentan modischen «Hasenfutter» und all den so wahnsinnig gesunden Kräutern komme ich nicht ins Schwärmen. Mir ist der liebste Salat der Freiland-Kopfsalat oder der Romanasalat mit festerem Blatt.

In den Kriegsjahren, unter der Diktatur Mussolinis und der faschistischen Schwarzhemden, gestaltete sich die Gastgeberei etwas holprig. Die Schwierigkeiten nahmen zu, als im September 1942 mampfende Wehrmachtsangehörige den Padrone Cipriani an den Tisch zitierten. «Auf den Sieg!» prosteten sie ihm zu. Giuseppe Cipriani geriet in betretene Ratlosigkeit, denn es war Goebbels höchstpersönlich, der ihm diesen Toast entgegengerufen hatte. Goebbels vermutete bei Cipriani Sprachschwierigkeiten und wiederholte: «Alla Vittoria!» Giuseppe verstand durch seinen langen Aufenthalt im Schwarzwald ziemlich gut Deutsch. Jedenfalls, der wackere Italiener wollte auf diese Beschwörungen nicht eingehen, warf die Arme hoch und rief mit Inbrunst: «Hoffen wir, dass alles gut ausgeht!» Was sich hier so einfach liest, könnte man auch die Quintessenz aller Gastgeberschaft nennen: Mit Orakelsprüchen lässt sich ein Gasthaus vor schlimmsten Verbrechen retten. Der Mann hatte Mut und vielleicht auch Glück.

Für Giuseppe Cipriani war das Erlebnis mit Goebbels eine rasiermesserscharfe Warnung. Er schloss den Laden über die restlichen Kriegsjahre. Gegen Ende des Kriegs nutzten italienische Faschisten die Bar als Kantine für Marinesoldaten. Cipriani selbst hatte sich längst in ein Boot begeben und auf die Insel Torcello in Sicherheit gebracht.

Heute noch ist Torcello, der Gründungsort Venedigs, den wir noch aufsuchen werden, nicht nur berühmt für die im byzantinischen Stil gebaute Kirche San Fosca, die wie eine kleine Version der Hagia Sophia aussieht und im 11. Jahrhundert fertiggestellt wurde. Die «Locanda Cipriani» war vom unermüdlichen Giuseppe schon 1934 gegründet worden, und dort überdauerte er, in seiner Osteria für sich selbst kochend, die Jahre des Gemetzels. Kaum war der Krieg zu Ende, stand Hemingway vor seiner Locanda. Der Gastronom unterwies seinen einzigen Gast in den Finessen der Entenjagd, die Geschäfte kamen wieder in Gang. Das amerikanische Gouvernement zitierte aber den gastronomischen

Überlebenskünstler eines Tages in die venezianischen Headquarters und befahl, seine Bar am Fondamento San Marco verdammt noch mal endlich wieder zu eröffnen. So geschah es dann auch, dass sich in der Folgezeit zunehmend gerne Amerikaner und überhaupt prominente Gäste ein Stelldichein gaben.

Aber zurück zu meiner Vater-Tochter-Reise. Bei meinem Besuch mit Eva bestellte ich mir eine Flasche Barolo und Eva widmete sich einer Cola mit viel Eis. So wohl fühlte ich mich, dass ich mir das einfach erlaubte, obwohl mir klar war, dass ich einen solch starken Wein alleine nicht austrinken konnte. Auf Englisch teilte ich dies dem Kellner mit und bot ihm den restlichen Inhalt als Feierabendtrunk und Bestandteil des Trinkgelds an. Nach zwei Gläsern stellte sich ein wohliger Schwindel ein, und ich kam mir irgendwie außenstehend wie ein kleines Engelchen vor, das munter um die Ecke guckt.

Ich möchte noch ein Wort zum Service verlieren. Die Kellner in «Harry's Bar», die haben es einfach drauf. Solchen Leuten gilt meine große Bewunderung, und wer seinen Beruf mit einer solchen Leidenschaft lebt, hat den schönsten Beruf der Welt. Es versteht sich von selbst, dass hier keine heurigen Hasen, sondern gestandene Männer am Start sind. Eine Neuerung war, wie ich vor einem halben Jahr erleben durfte, dass zwei junge, gescheite Frauen zusammen mit den Herren im eierschalenfarbenen Smoking perfekte Versorgung lieferten.

Mit Eva erlebte ich damals nicht nur das berühmte Carpaccio und die *scaloppine al limone*, dünne Kalbsschnitzelchen in sämiger Sauce, sondern ich gönnte mir auch noch das klassische *ossobuco gremolata* mit Safranrisotto. Es war wie Kino: Am Nebentisch machte eine ältere Dame Umtriebe wegen eines Sonderwunsches. Der hatte letztlich nichts mit dem Restaurant zu tun, sondern eher mit ihrem Gatten. Dieser steinalte, eitle Faun, ähnlich einem Osterinsel-Monolithen, schwieg mit langem Gesicht gegen die Zeitläufte an. Seinen schildkrötig dürren Hals versuchte eine winzige Fliege zu adeln, ein knallgelbes Gilet hielt die knochige Brust zusammen. Eine verdächtig lange Graumähne, die an einen todkranken Lipizzaner gemahnte, rief geradezu plakativ in den Raum: «Hallo, ich bin Künstler!»

Ein wirklicher Künstler war aber nur der Ober, der mit beiläufiger Geste den Tisch ein wenig besser an die Frau rückte, sodass diese das Gefühl bekam, man sorge sich um sie. Der Ober sprach sachte, in der therapeutischen Tonlage eines Bischofs, und so viel konnte ich verstehen: «Ah, Sie haben keinen Appetit, Madame. Ich bringe Ihnen eine Winzigkeit, und dann sehen wir weiter. Wissen Sie, Madame, oft kommt der Appetit erst beim Essen. Sehr hilfreich wäre ein kleines Gläschen Prosecco.» Die Lady war offensichtlich begeistert, endlich mal mit einem schönen jungen Mann gesprochen zu haben. Der Ober zupfte noch einmal am Tischtuch und wandte sich ab. Nun zeigte sich seine wahre Grandezza, denn im Weggehen veränderte sich seine froh gestimmte Mimik überhaupt nicht. Es gibt ja bei Kellnern, wie überall, eine Vorder- und eine Hinterseite. Vorne Sonne, hinten Schatten. Oft kann man die Freundlichkeit beim Servierpersonal beobachten, die genau dann in sich zusammenfällt und zu Abschätzigkeit entgleisen kann, wenn sich derjenige nicht mehr beobachtet fühlt. Alle Welt redet ständig über die Sterne- und Starköche, aber das Servicepersonal gerät fast nie unter Beobachtung, wird selten mit Lob bedacht und schon gar nicht so geachtet wie der Herdkünstler. Dies ist ein Umstand, der mich ständig ärgert. Gerade hier in «Harry's Bar» dürfte der Service zum zufriedenen Gesamteindruck mindestens so viel beitragen wie die Küche. Für mich hat das Restaurant jedenfalls die Qualität eines Opernbesuchs.

Schöner hätte man unser Campingdesaster im Podelta nicht kompensieren können. Der nächste Morgen in der «Casa Frollo» begann mit einem echten italienischen Frühstück, bestehend aus Brötchen, Butter, Marmelade und Milchkaffee. Und sonst nix. Es war noch die Zeit, in der Cappuccino unbekannt war und man keinen verdammten Latte macchiato, sondern Caffè Latte bestellte, ohne den Schaum, der mir den Magen aufbläst, wo man doch sowieso schon daherkommt wie ein Heißluftballon. Eva wollte das Hotel nicht verlassen und faulenzen, was sich heutzutage chillen nennt. Ich federte, was damals noch gut funktionierte, die Treppe ins Parterre hinunter und stand prompt mitten im Sonnenschein. Morgens wird die Kaimauer der Venedig vorgelagerten Insel Giudecca von der Sonne beschienen und ab mittags, wenn es richtig heiß wird, liegt alles im Schatten. Überhaupt ist die Giudecca bei heißem Wetter immer um einiges kühler als drüben in den engen Gassen.

Die «Casa Frollo» gibt es längst nicht mehr. In dem damals von hässlicher Modernisierung unberührten Haus wurden einige Szenen von *Wenn die Gondeln Trauer tragen* gedreht, ein Film von 1973 mit Julie Christie und Donald Sutherland, den man sich unbedingt anschauen sollte. Die Pension wurde später von der Bauer-Hotelgruppe umgestaltet, und wie es so oft kommt: Eine solche Melange aus vulgärem Luxus und Glanz-Staffage hätte man auch in Las Vegas in einen Neubau tackern können. Venedigbesucher sind aber in Historie einigermaßen gut justiert, und der Laden schloss alsbald wieder. Manchmal denke ich, dass dies auch die Kollateralschäden der Globalisierung sind. Unterschiede, Differenzierungen, Zwischentöne und Sensibilität weichen zunehmend einer gleichschmeckenden «Vielvölkersuppe». Obwohl die Hotellerie sich schon immer stark verändert hat, sind doch viele Etablissements in Venedig erstaunlich langlebig.

Mich reißt es aus meinen Erinnerungen, als ein Vaporetto direkt vor mir gegen die Anlegestelle «San Marco» donnert. Also nichts wie hoch, ich habe lange genug vor mich hin sinniert, die Türe müsste jetzt geöffnet sein. Was ich in «Harry's Bar» gleich bestellen werde, liegt ja wohl auf der Hand.

Das Zentrum des geflügelten Löwen: San Marco

Eines Tages, es war vielleicht vor vier Jahren und wie bei meinem jetzigen Kurztrip zur Nebensaison im Herbst, fallen zwölf Schwäbinnen und Schwaben in die Serenissima ein. Die Kamarilla, darunter meine Frau und ich, pilgern ins erste Haus am Platze, es ist abermals das Gritti. Ich nehme das billigste Zimmer, und meine Frau macht aus Prinzip immer das Gegenteil von dem, was ich tue. Wir schlafen seit Jahren getrennt, da wir einen vollkommen anderen Lebensrhythmus pflegen.

Zum beruflichen Geschwirrl ist mir der Kontrast des Alleinseins wichtig. Am ersten Vormittag nach Anreise machen sich unsere Freunde auf den Weg zum Markusplatz. Schon von Weitem erkenne ich die bevorstehenden Probleme und entschuldige mich, da ich mit meinen brüchigen Gebeinen keine Dreiviertelstunde um den Einlass in den Markusdom anstehen könne. Ich habe es mir zum Lebensprinzip gemacht, und es ist meiner Faulheit dienlich, dass ich mich mittels einer Panzerung von vorgeschobenen Malaisen vielen Verpflichtungen erwehre. Schon in der Schulzeit übte ich mich als Wunderkind der eingebildeten Krankheiten und konnte auch bei der Bundeswehr oder in der Kochlehre immer wieder schonenden Dispens ergaunern.

Ich hatte die Kamarilla auf meine Markusdom-Unlust aber bereits vorbereitet. Die Besichtigung des Doms habe ich seit Jahren hinter mir (und ich beschreibe ihn später noch ein bisschen). Trotzdem flüchte ich mich in Ausreden: Berufskrankheit, kaputter Rücken, Genickstarre, Meniskusprobleme, Lendenwirbelverrutschung, Platt- und Senkfüße, Drehschwindel und weitere Pestilenzen segneten mich mit mannigfacher Rücksichtnahme. Die dreißig Meter zum «Café Quadri» überwand ich dramatisch humpelnd, um dann quietschfidel und elastisch dem Oberkellner gegenüberzutreten. Vom Gastronomiepersonal werde ich fast immer exquisit behandelt, vermutlich, weil man sich von einem solch runden Kerl auch ein angemessenes Trinkgeld erhoffen kann.

Am Eingang fällt der Blick direkt auf den Barista, der hinter einem, ich denke mal, Rokokotresen hervorlächelt. Bei Stadtwanderungen kann es vorkommen, dass die Blase drückt. Hier ein Tipp: In Venedig, insbesondere am Markusplatz, kann ein Espresso locker sieben Euro kosten. Wer aber nachfragt, ob er am Tresen schnell einen *caffè* trinken dürfe, der zahlt etwa einen Euro. Danach wird einem auch gerne der Weg zur Toilette gezeigt.

Weil Nebensaison herrscht, sind die Herren Ober längst nicht so ausgemergelt wie im Sommer, wenn die Terrasse voll ist. Nun herrscht saisonale Entlastung, und das ist für mich die venezianische Wonnezeit. Heute scheint auch noch die Sonne dazu und ich blicke genauso mild gestimmt wie das Wetter hinaus auf den weiten Platz.

Die Piazza San Marco ist das Herz der Stadt, vergleichbar mit einem Festsaal. Venedig war jahrhundertelang nicht von Feinden besetzt, bis 1797 Napoleon aufkreuzte. Der letzte Doge Lodovico Manin (1726–1802) übergab kampflos und legte der Überlieferung nach seine reichverzierte Dogenmütze mit den Worten ab: «Um diese Stadt zu retten *(salvar questa città)*». Das Volk war dagegen, aber der Doge rettete die Stadt wirklich, denn Napoleon hätte nicht gezögert, daraus einen Trümmerhaufen zu machen. Auf der einen Seite wütete Napoleon als Eroberer, andererseits brachte er einiges in Ordnung, was im dahintaumelnden Venedig durchaus nötig gewesen war.

Wie auch immer, ich blicke auf die Opernkulisse mit dem Campanile und der Loggetta, der kleinen Prunkbühne am Fuße des Turms. Die Kultur-Soldateska aus Schwaben, die sich millimeterweise zur Kirchenpforte voranschneckt, habe ich gut im Blick. Meine Frau schaut herüber, entdeckt mich, und in ihren Augen erahne ich nicht Vorfreude auf die Mosaiken byzantinischer Künstler, sondern Schicksalsergebenheit und Fatalismus. Sehe ich da etwa grummelnden Neid auf mein bequemes Dasein auf dem bestickten Stuhl, der in jedem Antiquitätenladen mindestens einen Tausender erzielen würde?

Das «Gran Caffè Quadri» betrat schon im Jahr 1775 die venezianische Bühne. Ein griechisches Ehepaar brachte den Laden in Schwung, Kaffee kam groß in Mode. Griechen gab es zu dieser Zeit viele in Venedig, überhaupt trafen sich hier seit Anbeginn alle Sprachen dieser Welt. Es erwuchs daraus ein anregendes Gemisch, gegen das die französischen, dann österreichischen Besatzer und letztlich die Faschisten nur vergebens antichambrieren konnten. Diese Eindringlinge trafen sich eher im gegenüberliegenden, ebenfalls sehr

Entspannte Atmosphäre mit Blick auf den Markusdom

prunkvollen «Caffè Florian». Hier im «Quadri» könnte ich später sogar noch in den ersten Stock wechseln, wo sich das «Ristorante Quadri» befindet, in dem sternemäßig aufgekocht wird. Moderne, gute Küche, wo allerdings, wie in dieser Spitzenklasse üblich, das Auge oft mehr zu essen hat, als die Netzhaut vertragen kann.

Einen Kaffee mit einem Gläschen Wasser und einem Butterhörnchen stellt mir ein Ober auf mein Tischchen und haucht «Prego». Welch eine Entrücktheit vom Hamsterradalltag sich an diesem Ort breitmacht. In Venedig kann man ohne Bemühen die Gegenwart abschütteln. Dazu verhilft mir auch ein handgroßes Büchlein, dessen roter Maroquin-Ledereinband mich bei den Herren Obern an einen Wiedergänger all der Literaten rückt, die hier den Abstand zur lauten Welt suchten. Es enthält echte Fotografien und Erläuterungen über die Kunst Venedigs und ist edel mit Goldschnitt versehen. Dieses Buch von Albert Zacher (1903 erschienen) ist für mich wie ein Cicerone, der mir auf 83 Seiten die Kultur der Stadt vor Augen führt. Eigentlich erstaunt es mich beträchtlich, wie wenig sich das Wesentliche der Stadt verändert hat. Beispielsweise hängen in den Kirchen, im Dogenpalast und in der Accademia immer noch die gleichen Kunstschätze wie zu Zachers Zeiten. Die Fassaden und deren Erscheinungsbild sind auch in etwa unberührt geblieben. Das berühmteste Buch über die Architektur ist das bereits erwähnte *The Stones of Venice* von Ruskin. Etwas übertrieben formuliert, hat der geniale Zeichner darin jedes Kapitell, jeden Spitzbogen und unzählige Fassaden für die Nachwelt festgehalten. Er ging davon aus, dass irgendwann alles in sich einstürzen würde, aber: oh Wunder, die Steine sind geduldig.

Der französische Dichter Stendhal (1783–1842) schrieb einmal über Florenz: «Ich befand mich bei dem Gedanken, in Florenz zu sein, und durch die Nähe der großen Männer, deren Gräber ich eben gesehen hatte, in einer Art Ekstase. [...] als ich Santa Croce verließ, hatte ich starkes Herzklopfen; in Berlin nennt man das einen Nervenanfall; ich war bis zum Äußersten erschöpft und fürchtete umzufallen.» Seitdem gibt es den Begriff des «Stendhal-Syndroms». In Venedig häuften sich beim Anblick des Markusplatzes, dem fantastischen «Salon» der Stadt, solcherart psychosomatische Störungen und zwangen Apotheken dazu, immer genügend Riechsalzfläschchen bereitzuhalten. Lord George Byron (1788–1824), großer Dichter vor dem Herrn und angesichts der Schönheit der Stadt ebenfalls zur Ekstase neigend, saß gerne im «Caffè Quadri» auf dem Stuhl, auf dem ich gerade nicht in Ekstase zu geraten versuche. Alexandre Dumas (1802–1870), ebenfalls ein literarisches Schwergewicht, ließ sich von der Atmosphäre zum Schreiben anregen. Welch ein Anblick, dieser Markusplatz samt Dom und Campanile. Dies hier ist unzweifelhaft die erste Liga des Augenschmauses und des Wohllebens und wirkte auf Richard Wagner geradezu magnetisch. Mein Sinnieren könnte ich fortsetzen über Marcel Proust oder François Mitterrand, Woody Allen und bestimmt tausend mehr, meine Wichtigkeit nicht mitgezählt.

Im November ist hier alles beschaulich. Schon Goethe schrieb über seinen Venedigbesuch am 11. Oktober 1786: «Und weil die Einsamkeit in einer so großen Menschenmasse denn doch zuletzt nicht recht möglich sein will, so bin ich mit einem alten Franzosen zusammengekommen, der kein Italienisch kann, sich wie verraten und verkauft fühlt, und mit allen Empfehlungsschreiben doch nicht recht weiß, woran er ist.» Ich deute den Satz als ein Kompliment an die wunderbare Stadt, die selbst alleine erwandert große

Freude bringt. In Venedig ist man nie allein, die Stadt an sich ist Umarmung genug.

Ich beobachte weiter amüsiert den Lindwurm, der auf die Dompforte von San Marco zukriecht. An dieser Stelle will ich ein kleines Geheimnis verraten. Alle christlichen Kirchen sortieren den Altar der aufgehenden Sonne nach Osten entgegen, während der Haupteingang immer bei der untergehenden Sonne im Westen liegt. In der Regel gibt es auch noch Seiteneingänge bei den Querschiffen. Der Markusdom hat nur einen Seiteneingang, und der liegt auf der Nordseite. Er wird von einem Zerberus bewacht, und falls der Kirchgänger einen Fotoapparat umhängen hat, wird man verscheucht wie eine Stubenfliege. Mit einem Gebetbuch, einem Rosenkranz oder einer Leichenbittermiene wird jedoch Einlass gewährt. Hier muss man nicht anstehen. Die Pforte ist für Gläubige und Betwillige. Einmal nahm ich all meinen Mut zusammen, und mithilfe des mir angeborenen Schauspieltalents, das mich heranschlurfen ließ, als wäre ich selbst der moribunde Markus, durfte ich passieren.

Im «Quadri» sitze ich unter Murano-Leuchtern, die rudelweise an den Stuckdecken hängen. Das schönste Wohnzimmer der Welt ist aber trotzdem draußen vor der Türe. Der Platz um den Campanile ist als Platz einzigartig und von geradezu aristokratischer Schönheit. Am 14. Juli 1902 stürzte der markante Turm in sich zusammen. Tausend Jahre hatte er standgehalten, denn schon im Jahr 888 wurde der Grundstein gelegt und nach fast hundert Jahren stellte der Doge Tribuno Memmo (gestorben 991) den fast hundert Meter hohen Pfeiler fertig. Wenn man erwägt, dass das Bauwerk solo steht, sich an keinen hohen Bau anlehnen kann und auf weichem, schlammigem Untergrund die Fundamente ankern, so ziehe ich vor den Architekten den Hut.

Der Campanile diente ursprünglich auch als Leuchtturm für die einfahrenden Handelsschiffe, auf denen Metalle, Baustoffe, Farbpigmente, Öle und anderes transportiert wurden. In Venedig brauchte es keine Raubzüge, um reich zu werden. Vor diesem Hintergrund kann gar nicht weitausholend genug darauf verwiesen werden, welch friedenstiftende Wirkung der «königliche» Kaufmann seinen Mitmenschen angedeihen lässt, also nicht Raubzug, sondern Warentausch.

Doch Kaufleute sind selbstredend auch Raffzähne. Damit niemand in die Hölle kam, brauchte Venedig dringend einen Schutzheiligen, den man im morgenländischen Alexandria fand. Der Evangelist Markus starb dort 68 nach Christus, und das, was von ihm übrig war, traf am 31. Januar 828 in Venedig ein. Der Legende nach hatten die beiden hochangesehenen Diebe Buono da Malamocco und Rustico da Torcello die Gebeine in eine Kiste gepackt und gepökeltes Schweinefleisch darüber gestapelt. Die muslimischen Zöllner wandten sich angewidert ab, und so konnte mit der wertvollen Fracht ungehindert die Adria hinaufgesegelt werden. Weissagungen von Engeln belebten das Abenteuer noch zusätzlich, und ich glaube das alles gerne, weil ich auch Freude am Unwahrscheinlichen habe, wenn es gut erzählt wird.

Die Heimstatt des Evangelisten, der ursprüngliche Markusdom, brannte im Jahr 976 ab, und die Gebeine des Stadtheiligen müssten ziemlich schwarz geröstet gewesen sein. Den Ausdruck Marketing kannte man damals noch nicht, aber an Geschäftsideen mangelte es trotzdem nicht. Reliquien dienten und dienen vielerorts als Geschäftsgrundlage, zusätzlich wurden die Gläubigen mit Wundern in Verzückung gebracht. Im verkohlten Bauschutt des Markusdoms fand man tatsächlich die Knöchlein wieder. Den Wiederaufbau erhob die Kirche durch dieses Wunder in weiser Voraussicht zu einer Art Weltkulturerbe. Das geschah am 25. Juni 1094 und wird bis heute als Feiertag der «Inventio Sancti Marci», sozusagen als Wiedergeburt des Markus, gefeiert.

Von oben gesehen erkennt man den Dom als Kreuz. In der Mitte befindet sich die große Kuppel und in die jeweilige Himmelsrichtung spreizen sich kleine Kuppeln ab, insgesamt sind es also fünf. Über dem Portal galoppieren vier Pferde, die Quadriga, eine Beute aus dem alten Konstantinopel. Die Originale sind innen im Dom zu besichtigen. Sie sind aus Kupfer und waren einst vergoldet. Das Portal der Vorderfront des Doms empfängt mit Säulen, die in Griechenland entwendet wurden, einige auch in Byzanz, respektive Konstantinopel, heute Istanbul genannt. Insgesamt zieren 2600 Säulen der alten Griechen und Römer das Bauwerk.

Goethes Weltbild nährte sich kaum am Byzantinischen. Er nannte den Dom ein «ungeheures Schalentier» und «einen kolossalen Taschenkrebs (…) Was für ein missratener Bau!» Der Großdichter war zeit seines Lebens, das haben wir schon in Vicenza erwähnt, ein Verehrer der Architektur der alten Griechen und Römer. In späteren Jahren erst befasste er sich dann mit dem Orient und schrieb seinen *West-Östlichen Divan* (1819). In dieser Lebensphase hätte er den Markusdom vielleicht mit wohlwollenderen Augen gesehen. Ich empfinde arabische oder persische Architektur, auch die Museen in Istanbul, als wirklich große ästhetische Monumente, und mir fällt kein schönerer Turm ein als ein Minarett. Ich kann mich aber auch für den Markusdom begeistern, obgleich er an eine in Spitzendessous eingewickelte Hochzeitstorte erinnert. Die Venezianer neigten schon immer zur Opulenz, Mosaiksteinchen im Dom bevölkern insgesamt rund 8000 Quadratmeter. Den reinen, zurückhaltenden byzantinischen

Stil kann man etwa in Ravenna erleben, auch eine Orgie von Millionen Mosaiksteinchen, mit viel Gold aufgebrezelt. Dem ungläubigen Protestanten Goethe ging es immer ums Wesentliche und nur minimal ums Extrovertierte, und so überrascht sein Urteil über dieses Gebäude kaum. Doch er lobte es kurz vor seiner Abreise: «Jeden Unsinn wert, der jemals drinnen gelehrt oder getrieben sein mag!»

Man betritt die Kirche mit der Vorhalle unter einem Mosaikhimmel der Schöpfung, der Genesis, und dann geht es bis hin zum Auszug des erwählten Volkes aus Ägypten. Durch das unmittelbar anschließende Westportal und unter der angrenzenden Kuppel wachen Heiliger Geist und die Apostel über die Gläubigen. Die Kuppeln rechts und links stellen das Leben und Begebenheiten der Apostel dar. Vorne am Altar sollte man sich den Pala d'Oro, fast vier Meter breit und anderthalb Meter hoch, aufmerksam anschauen, denn die filigrane Opulenz ist schwindelerregend. Es ist sicher das prächtigste Altarbild überhaupt. Am besten man konzentriert sich auf ein kleines Quadrat und schaut lange genau hin. Von Weitem wirkt alles wie ein goldener Vorhang, aus der Nähe ist jedes Segment wie ein Teil-Universum. Allein über den Markusdom ließe sich ein dickes Buch schreiben.

Während mir all dies durch den Kopf geht, sitze ich immer noch zufrieden im «Quadri». Die Rechnung wird verlangt und wegen allgemeinem Wohlbefinden gut aufgerundet. Auch bei meinem jetzigen Besuch zieht es mich zu diesem Ort, der sich immer gut als Ausgangspunkt für Exkursionen in die sechs Stadtviertel eignet. Ich stehe auf der Piazza, atme die Seeluft ein, im Rücken das Café in den Laubengängen des alten Verwaltungsgebäudes. Mein Blick schweift auf das Gegenüber, auf die langgezogene Arkadenreihe, die nach

Viel sehenswertes Edelmetall: Pala d'Oro, Markusdom (um 1000 n. Chr.)

rechts abgeht und durch den Querriegel des Museo Correr abgeschlossen wird.

Der Adlige und Kunst- und Buchliebhaber Teodoro Correr starb im Jahr 1830 und hat seine ganze private Sammlung, Bücher, 12 000 Handschriften, wertvolle Gemälde und Skulpturen der Stadt hinterlassen. Wer Zeit hat und dieses venezianische Stadtmuseum besichtigen möchte, der sollte sich auf ein Gemälde von Vittorio Carpaccio konzentrieren. Früher hieß das Bild, das um 1490 entstand, *Zwei Kurtisanen*, nun trägt es den politisch korrekten Namen *Zwei Venezianerinnen*. Darauf zu sehen sind zwei Damen mit ansprechendem Dekolleté. Im Vordergrund spielt die eine

Edle mit zwei Hunden, wirkt aber abwesend. Ihr Kleid mit schönem Faltenwurf schillert im berühmten Carpaccio-Rot. Irgendwie kommen mir die beiden abwartend, wenn nicht gar gelangweilt vor. Es sieht für mich schon so aus, als warteten sie auf Freier. Zum Rot des Malers Carpaccio las ich in einer Übersetzung des florentinischen Färberhandbuchs aus dem 15. Jahrhundert, dass Carpaccio ein bestimmtes Rezept von Karminrot verwendete, welches aus Kermes-Schildläusen gewonnen wird. Aus dem Panzer der weiblichen Läuse wurde bereits bei den antiken Griechen der Farbstoff Kermes gewonnen, der dann irgendwann Karmin genannt wurde. Farben herzustellen war damals eine Wissenschaft, die Bestandteile teuer und die Rezepturen oft jeden Malers eigenes Geheimnis.

Am Campanile beginnend, breiten sich die «Neuen Prokuratien» aus, in deren Mitte das bereits erwähnte «Caffè Florian» höchste Kaffeehauskultur anbietet. In den Rundbogen trinkt es sich äußert stilvoll, egal ob Espresso oder Prosecco. Trotzdem, wenn möglich sollte man in den beiden gegenüberliegenden Cafés nicht draußen sitzen wie das «gemeine Volk», sondern als wenigstens marginaler Geistesmensch und Connaisseur sich die prächtigen Innenräume aufs Gemüt wirken lassen. Dezentes Gold und die Wohnlichkeit des frühen 19. Jahrhunderts sind hier zu erleben.

Ich überquere den Platz und winde mich durch die Schlange, die in den Markusdom will. Da kommt einem doch erneut der alte Heraklit in den Sinn, «alles fließt», die Schlange ist immer noch da, aber es ist nicht die gleiche, sondern andere Leute stehen sich nun die Füße in den Bauch. Links im nördlichen Eck grüßt der Torre dell'Orologio, der «Uhrenturm», in üppige Frührenaissance gewandet und um 1500 erbaut. In der Mitte steht das riesige Zifferblatt, das neben

Vor dem Caffè Florian

der Tageszeit auch eine 24-Stunden-Uhr kreisen lässt, welche die Mondphasen und Sternzeichen anzeigt. Ein diffiziles Glockengeläut mit Trompeter und Engeln wird oberhalb des Zifferblatts auch noch in Bewegung gesetzt. Nicht fehlen dürfen die Heiligen Drei Könige samt «Mohr». Noch waren hier keine deutschen Eiferer am Werk, die in der Tradition pietistischer Bilderstürmer den Balthasar über den Ziffern zertrümmert haben.

Rechts an der Loggia und dem Campanile vorbei steuere ich nun genau auf den Dogenpalast zu. Denn der verdient natürlich besondere Beachtung.

Tintenfische in Castello

Ich gehe über die Piazzetta, «das Plätzchen». Links der helle Dogenpalast, rechts dehnt sich der Laubengang der Bibliothek bis vor zum Wasser. Über den Arkaden ist die Biblioteca Nazionale Marciana untergebracht, vollgestopft mit 900 000 Bänden, davon 25 000 Drucke, die um das Jahr 1500 entstanden sind, 13 000 Handschriften und 3000 «Inkunabeln», die auch Wiegendrucke genannt werden. Wiegendrucke sind Bücher mit beweglichen Lettern, grob gesagt aus der Frühzeit Gutenbergs. Neben Nürnberg und Augsburg war Venedig einer der umtriebigsten Druckorte des Abendlandes. Einen berühmten Namen der Druckkunst könnte man sich vielleicht merken: Aldus Manutius (1449–1515). In seiner Druckerei wurden Bücher mit Antiqua-Schriftlettern gedruckt, die heute noch in ähnlicher Form in unseren Computern digital weiterleben. Ein Besuch der Bibliothek lohnt sich auf alle Fälle, denn die Ausstattung des Inneren ist äußerst prächtig. Gemälde von Tintoretto und Tizian schmücken die Decken, auch Paolo Veronese ist mit Kunstwerken vertreten. Ohne Übertreibung kann man sagen, dies ist eine der schönsten Bibliotheken der Welt.

Zwischen der Bibliothek und dem Dogenpalast faszinieren mich aber noch besonders die beiden monolithischen Säulen. Der ursprüngliche Schutzpatron Venedigs war übrigens gar nicht der heilige Markus, sondern San Teodoro. Er wird gerne übersehen, denn er steht nicht direkt oben auf der Säule, sondern auf einem Krokodil, dessen Kopf und Schwanz deutlich hervorragen. Er ist der Schutzpatron der Soldaten und, oh Erstaunen: In der Mannheimer Sebastianskirche ist in einer Art Sarg eine Reliquie (Knöchlein) des Heiligen zu bewundern. Das Fragment stiftete 1778 Kurfürst Karl Theodor von der Pfalz.

Die andere Säule wird meist mehr beachtet, denn der geflügelte Markuslöwe liefert natürlich ziemliche Symbolkraft. Beide Säulen sind Beutegut aus dem heutigen Libanon, genauer der Stadt Tyrus. Die fünfzig Meter zwischen den Säulen dienten in alter Zeit als Hinrichtungsstätte. Zum geflügelten Löwen weiß ich noch etwas: Der Evangelist Markus wurde im Jahr 12 nach Christus geboren, gesichert ist dies aber nicht. Er geriet in die Gefolgschaft von Petrus und wurde sein Schüler. Wahrscheinlich sind es Legenden, aber der Prediger soll nördlich von Venedig nach Aquileia gelangt sein. Auf der Reise über die Lagune erschien ihm ein Engel und deklamierte: *«Pax tibi, Marce, evangelista meus, hic requiescat corpus tuum»*, «Friede sei mit dir, Markus, mein Evangelist, hier möge dein Körper ausruhen.» Das muss irgendwie im Landeanflug auf Venedig gewesen sein. Der Löwe ist das Sinnbild für Markus und die Flügel eine Dreingabe des Engels. Insgesamt steht der geflügelte Löwe für Weisheit, Kraft und Wortgewalt.

Jetzt aber endlich rüber zum Dogenpalast. Der ursprüngliche Eingang befindet sich auf der Nordseite gleich neben dem Markusdom. Diese Hauptpforte diente als Anschlagtafel für Bekanntmachungen. Bevor ich aber ins Innere vordringe, schreite ich noch zur Nordwestecke, denn dort ist

Pause vor dem Dogenpalast

auch schon Anregendes zu finden. Die Säulen sind niedrig, und wenig oberhalb finden meine Augen wunderschöne Kapitelle. Über diesen reichlich verzierten Abschlüssen antiker Säulen werden hier in feinster Steinmetzkunst Geschichten erzählt. Die erste Säule zeigt das Urteil des Salomon und darüber den Erzengel Gabriel.

Ein salomonisches Urteil zu fällen ist eine gängige Redewendung für eine kluge Entscheidung. Sie geht auf die Geschichte des biblischen Herrschers Salomon im ersten Buch der Könige zurück: Zwei Frauen wollten gleichzeitig Mutter eines Kindes sein, Zeugen gab es keine. Salomon befahl das Kind in der Mitte zu teilen, damit jede ihren Anteil bekomme. Die wirkliche Mutter verzichtete aus Liebe zu dem Kind, woraufhin man ihr Glauben schenkte und sie das Kind bekam. Salomon resümierte, dass nicht er, sondern Gott aus ihm gesprochen habe. Der Erzengel Gabriel, wie wir bereits auf dem Gemälde Tintorettos in Treviso erleben konnten, ist der Chef, wenn es darum geht, Maria die frohe Botschaft ihrer Empfängnis zu verkünden.

Ich drehe mich wieder in Richtung des Wassers, und nach achtzehn Säulen mit jeweils einem Kapitell bin ich vorne an der Südwestecke angelangt. Jedes Kapitell hat seine Geschichte: Bei Salomon am Eck beginnend geht es, wie gesagt, um Gerechtigkeit und das Gesetz und bei Gabriel darum, Botschaften zu überbringen. Die zweite Säule hat Kinder und Vögel zum Thema. Weiter geht es mit Tugend und Laster. Die fünfte Säule kümmert sich wiederum um Kinder und Vögel, dann kommen Glauben und Standhaftigkeit, dann die Laster, dann Früchte, Trägheit und Müßiggang. Die zwölfte Säule zeigt Berufe und Tätigkeit. Es folgen Heirat und Ehe, die Köpfe verschiedener Völker, das Alter und der Einfluss der Planeten. Letztlich bieten die Kapitelle eine

Art Lesebuch fürs Volk, das mehrheitlich nicht lesen und schreiben konnte. Säule sechzehn stellt Handwerksberufe dar, darauf folgen Tiere wie Löwe und Wolf, und nun habe ich vorne am Eck das wichtigste Kapitell erreicht. Man nennt es Feigenbaumeck und es zeigt Adam und Eva beim Sündenfall, sie mit dem Apfel, und die obligate Schlange ist auch mit von der Partie.

Von hier aus hat man einen herrlichen Blick über die Lagune, hinüber zum Canal Grande und entgegengesetzt auf die Riva Schiavoni entlang zur Brücke, über den Rio di Palazzo, der hinter dem Dogenpalast vom Ponte de la Paglia den Blick auf die Seufzerbrücke freigibt. An dieser Ecke, gleich bei der Brücke, gibt die Säule dem betrunkenen Noah Halt, der schon schief am Gemäuer schwächelt. Noah hat nicht geschnapselt, sondern ein Gewölk von Weintrauben verrät den Weinconnaisseur und preist die Segnungen des Weines. Na ja, von wegen Segnungen, Noahs Schräglage deutet eher auf eine ziemlich wackelige Work-Life-Balance hin.

Jetzt aber genug der Allegorien. Das Innere des Palastes erfährt erneut zeitweilige Schonung, denn in mir rührt sich ein starkes Verlangen nach Nahrung. Außerdem sind meine Füße wieder am Limit. Nicht ganz unvorbereitet gehe ich am Wasser entlang in Richtung Biennale-Park und komme an berühmten Hotels vorbei. Da wäre zunächst das wunderbare «Hotel Danieli», wo ich einen Aperitif nehmen könnte. Wohnen möchte ich in dem Tempel allerdings nicht. Insgesamt quartiere ich mich ungern in Hotels ein, die irgendeiner Company gehören, denen der Aktionär wichtiger ist als der Gast. Ich liebe Hotels, die von einer Familie betrieben werden, wie etwa das Sacher in Wien, das Hotel Brenner in Baden-Baden, das Waldhaus in Sils oder das Bristol in Paris.

Da ich selbst Kleinstunternehmer bin, *at own risk,* mag ich es, wenn eine Familie hinter einer Firma steht und wirklich mit Haut und Haaren die Verantwortung trägt. Am «Hotel Metropole» komme ich vorbei, auch ein sehr gutes, privat geführtes Hotel und ganz nach meinem Geschmack, ebenso das wunderbare «Gabrielli Sandwirth», seit Urzeiten in österreichischem Besitz. Momentan ist es leider geschlossen und wird renoviert, weil vor einiger Zeit im Erdgeschoss das Wasser einen Meter hoch stand.

So weit gehe ich aber die gastronomische Kulturmeile gar nicht ab, sondern biege vorher in den Calle del Dose ein und laufe so lange nördlich, bis ich auf einen Platz stoße, den Campo Bandiera e Moro. Ein großer Baum beherrscht die Mitte, ich glaube, es ist ein Granatapfelbaum. Trotz des späten Jahres sind die umliegenden Gemäuer gut aufgeheizt und mir bläst auch kein Wind unter den Kittel. Frisch gestrichene Gartenbänke laden mich zum Verschnaufen ein. Es ist ein schöner Platz, nur von spielenden Kindern bevölkert. Normalerweise ist dies sicher ein ruhiger Ort, aber es ist offensichtlich meine Bestimmung, nur schwer Ruhe zu finden. Die eigentliche Bestimmung von Kindern ist umgekehrter Art, nämlich heftig zu lärmen. Dies vermittelt allerdings auch menschliche Wärme, und es muss ja nicht immer alles nach meinem Kopf gehen.

Es ist schön, nur einen Steinwurf vom Wasser der Lagune entfernt ein Plätzchen zu finden, das von echten Venezianern besiedelt ist. «Ja, es gibt sie noch, die Venezianer, Männlein, Weiblein und zahlreiche Kinder», höre ich mich sagen, während ich das «Hotel Residenza» ins Auge fasse. Es steht in der Nähe des Arsenale-Gebiets. Schön anzuschauen ist dieser gotische Palazzo, der die ganze Front des Platzes einnimmt. Da werde ich jetzt mal meine Nase hineinstecken

Venezianischer Alltag: Campo Bandiera e Moro

und ein bisschen herumspionieren. Was ich sehe, gefällt mir gut. Eine Dame grüßt mich, sie sieht aus wie die Chefin, und ich murmele, dass ich mich nur kurz umsehen wolle. Sie hebt kurz den Kopf, was ich als Zustimmung deute. Bei gedämpfter Beleuchtung wirkt das Interieur gediegen und könnte mir sicher gute Geschichten erzählen. Überall wohnliche Originalität, die Zimmer nicht zu teuer und bestimmt etwas für Romantiker.

Rechts am Gebäude führt der Weg weiter zu einem venezianischen Restaurant mit großer Tradition. Wohlgemerkt, keine krude Osteria, sondern ein Etablissement von zurückhaltender Eleganz, mit entsprechender Gourmetküche. Es sind gerade noch zweihundert Meter geradeaus, die Gasse kurvt leicht nach links und dann, rechts zurückgesetzt, als wolle sich der Futterplatz verstecken, steht über einem Rundbogenportal deutlich sichtbar der Name «Hostaria da Franz». Ein stiller Ort, allerhöchstens fünfzehn Minuten von der Riva entfernt. Als Faulpelz empfinde ich den Marsch jedoch schon an der Grenze zur Wanderlust.

Ich hatte mich telefonisch angemeldet. Ein Herr im perfekten Dreiteiler weist mir meinen Tisch zu. Osterien, Weinbars, einfache Fischrestaurants sind in Venedig zahlreich und längst nicht so teuer, wie immer lamentiert wird. Darüber hinaus finden sich viele Restaurants in feudalen Hotels mit dementsprechend professionellem, manchmal aber auch lieblosem Service. Gediegenheit und Distanziertheit der Einrichtung wie auch des Personals sind eher selten zu finden. Im Namen des Restaurants schwingt ein bisschen Habsburg mit, denn der Gründer war tatsächlich ein österreichischer Soldat, Franz Habeler. Der Name blieb, und der Italiener Gianfranco Gasparini folgte mit seiner Familie im Jahr 1984.

Ich bestelle Ravioli mit Fischfüllung. Die Teighülle zeigt sich rabenschwarz, der Nudelteig, sehr dünn, verdankt seine ungewöhnliche Farbe der Sepiatinte. Darauf folgt geröstete Sepia mit Spinatpüree, das in der Form einer Art Actionpainting daherkommt und mein Auge beunruhigt. Aber alles schmeckt sehr gut. Der Weißwein aus Friaulisch Venetien passt prima, anschließend wird ein Schluck Rotwein bestellt, denn ich will zur Abrundung, nicht nur meines Bauches, sondern auch als Hospitanz für mein Gemüt, etwas Käse aus der Region.

Der Rotwein schmeckt mir ebenfalls, wobei ich die Erfahrung gemacht habe, dass der Hirnkasten immer mitschmeckt. Das krasseste Beispiel dafür wäre ein römischer Frascati in der Dreiliterbombe, der, im pittoresken Trastevere sitzend, wunderbar reinläuft. Es geht die Mär um, dass viele Weine den Transport nicht vertrügen. Das ist wirklich ein Gerücht. Es ist wie mit den gerösteten Heuschrecken, die mir in Bangkok in der Nacht gut geschmeckt haben. Ich nahm welche mit nach Hause und habe nicht einmal ein Beinchen schlucken können. Wir sind infolgedessen totale Opfer unserer Einbildungskraft.

Hier im Franz sind die Weine mit Kennerschaft ausgesucht. Ich nehme einen Amarone, aber nur ein Glas, denn diesen Stoff könnte man auch als Starkstrom bezeichnen, bis zu 15 Prozent können in der Flasche sein. Für alte Knaben ist er aber eine von den besten Gaben, denn der Wein hat sehr wenig Säure. Was ich im Glas habe, finde ich wunderbar, aber ich disziplniere mich, denn in Venedig gibt es keine Taxis, die eine schwankende Gestalt vor die Haustüre kippen.

Der Käse passt hervorragend zum Wein. Zwei Asiagokäse verschiedenen Reifegrads sind auf dem Teller. Der ganze Käselaib wird etwa den Durchmesser eines Fußballs haben. Der Fußball, übrigens, heißt nicht so, weil er mit dem Fuß getreten wird, sondern die englische Maßeinheit «Fuß» dabei Pate stand. Das eine Stück, der gereifte Käse, schmeckt intensiv wie alter Bergkäse und ist von kräftig gelber Farbe, die jüngere Version leuchtet eierschalenfarbig und schmeckt ähnlich wie ein Frischkäse, etwas quarkig.

Asiagokäse ist, wie gesagt, käsemäßig die Erkennungsmelodie Venetiens. Der Ort Asiago liegt nordwestlich von Bassano del Grappa, tausend Meter hoch und auf der zimbrischen Hochebene. Es ist die Gegend der sieben Gemeinden, eine deutsche Sprachinsel, in der eine Art mittelalterlicher bayerischer Dialekt gesprochen wird. Solch sprachliches Separieren war von der italienischen Regierung kaum geduldet. Erst in jüngerer Zeit lebt diese Sprache wieder auf. Es ist unschwer auszumachen, dass mit Zunahme der Globalisierung im Gegenzug das Kleinteilige der Herkunft und Identität umso mehr gepflegt wird.

Es war ein sehr gutes Essen und ich bin zufrieden. Die Tintenfische, wie ich sie hier gegessen habe, sind zentraler Bestandteil venezianischer Küche und in unzähligen Varianten zu haben.

Pulposalat mit Limonenmarinade

Für 4 Personen

300 g	*Pulpo (Krake)*
4	*kleine Artischocken*
3	*Fleischtomaten*
1	*Schalotte, fein geschnitten*
1/4 Bund	*Petersilie, fein geschnitten*
1 *Spritzer*	*Zitronensaft*
1	*Knoblauchzehe, fein geschnitten*
30 *g*	*schwarze Oliven, entkernt und gewürfelt*
1 *Bund*	*Basilikum*
2 EL	*feingewürfelter Staudensellerie*
	Salz, Pfeffer, Olivenöl

Pulpo gut waschen, in Salzwasser mindestens eine Stunde lang weich kochen. Anschließend abtropfen lassen, in Stücke schneiden, mit Salz und Pfeffer würzen und in einer Pfanne mit Olivenöl kross anbraten.

Artischocken putzen und in hauchdünne Streifen schneiden, Tomaten auch in dünne Scheiben schneiden. Knoblauch gibt man feingehackt, je nach Vorliebe dazu, Oliven in die Schüssel, Schalotten. Zuletzt Petersilie, Staudensellerie, Zitronensaft und Olivenöl untermischen und mit Salz und Pfeffer abschmecken und um die gerösteten Pulpostücke anrichten.

Nochmals mit Salz und Pfeffer abschmecken. Basilikum grob schneiden und untermischen.

Limonenmarinade:

1/4 ℓ	*Fischsud*
1	*Limone als Saft*
1/2	*Limonenschale, fein gerieben*
4 EL	*Mandelöl*
1 TL	*Puderzucker*
	Salz, Pfeffer

Den Fischsud in einem Töpfchen zum Kochen bringen und auf die Menge eines Eßlöffels einkochen. Den Fischsirup in einen Mixbecher geben und mit den anderen Zutaten, nur dem Öl nicht, zu einer Emulsion vermixen. Das Mandelöl in dünnem Faden in den Mixbecher laufen lassen, bis die Sauce sich andickt. Diese Sauce wird über den Pulposalat geträufelt und ist für jeden Fisch bis hin zu «Forelle Müllerin» geeignet.

Gerösteter Sepia mit Tomaten und Kapern (Vorspeise)

500 g	*Sepia*
1/8 ℓ	*kaltgeschlagenes Olivenöl*
300 g	*geschälte und ausgedrückte Fleischtomaten*
1 Zweig	*Rosmarin*
2 Stangen	*Bleichsellerie gewürfelt*
3	*Schalotten, grob gewürfelt*
1	*Knoblauchzehe*
2 cℓ	*Pastis*
2 EL	*gesalzene Kapern, über Nacht in viel Wasser wässern*
	Salz, Pfeffer
1/2 Bund	*Blattpetersilie*

Sepia mit viel Wasser gründlich waschen und mit Küchenkrepp trocken. In reichlich Salzwasser weich kochen. Dem Kochwasser einen Korken beigeben (romantische Nostalgie ohne Wirkung). Die Kochzeit beträgt mindestens 1,5 Stunden.

Anschließend die dunkle Haut und die Saugnäpfe abziehen so gut es geht.

Die Sepia in Würfel schneiden, pfeffern und salzen. Warm stellen.

Schalotten mit etwas Olivenöl glasig dünsten. Die in grobe Würfel gehackten Tomaten mit der gequetschten Knoblauchzehe hineingeben und 5 Minuten durchkochen. Gehackter Rosmarin dazu.

Grob geschnittene Blattpetersilie und Staudensellerie mit dem Dressing dazugeben und gut vermengen. Alles auf die Sepia geben.

PS: Sepia können in Streifen geschnitten und auf großem Feuer minutenschnell kross gebraten werden. Es ist wie bei den Jakobsmuscheln. Gart man sie durch, wird Hartgummi daraus.

Von der Hostaria zurück zum Gritti bedeutet erst mal vorlaufen bis zur Riva degli Schiavoni. Für einen wadenstrammen Wanderer könnte die Strecke, über den Markusplatz hinweg und an der Kirche San Moisè vorbei, in zwanzig Minuten bewältigt sein. Das ist aber nur zu schaffen, wenn der Bauch nicht so voll ist wie meiner und das Schuhwerk mit hilfreichen Einlegesohlen armiert ist. Als Koch muss man ökonomisch denken können, dies umso mehr, wenn es um die leibeigenen Ressourcen geht. Ich wackle also vor ans Wasser und nehme wieder mal die Linie 1 zum Canal Grande. Auf einem schwankenden Vaporetto kann man kaum ins Träumen kommen. Noch sind es wenige Meter bis zum Ponton mit der gelben Plakatschrift, auf der «Giglio» steht.

Außer mir steigt kaum jemand aus. Das Boot legt ab, und ich verweile noch einige Minuten und lasse die gegenüberliegenden Palazzi auf mich einwirken. Schräg im Blick der Palazzo Dario mit den zwei Gesichtern, alles wunderbar im goldenen Schnitt. Links davon vier Rundbogenfenster, dann Rosetten übereinander, seitlich der Mitte und ganz rechts drei Reihen abwärts einzelne Rundbogenfenster. Obenauf die klassischen venezianischen Kamine, die aussehen wie trompetenartig schlecht gedrehte Joints. Weiter rechts das eingeschossige Guggenheim Museum, von der faszinierenden Peggy Guggenheim bewohnt, über die man ein eigenes Buch schreiben könnte. Dazwischen breitet sich ein etwas unscheinbares Gebäude aus, die Casa Artom. Der Palazzo wurde im 19. Jahrhundert gebaut, hat nur zwei Stockwerke und erfreut sich einer nüchternen Klarheit und exakten Symmetrie. Oben sechs hohe Fenster und unten sechs hohe Fenster und in der Mitte ein breites Portal mit kleiner Anlegestelle. Das Gebäude diente als amerikanisches Konsulat. Es wurde in den Siebzigerjahren von der im Bundesstaat North Carolina beheimateten Wake Forest University gekauft. Diesen Ort, zwischen Wasser und Himmel, ziert ein sattgrüner Hinterhof. Die amerikanischen Studis sind zu beneiden, sich in solch froher Umgebung erfrischenden Durchzug unter der Fontanelle verschaffen zu können. Auf diesen Hort der Geistesmenschen folgt wie drangeklebt der helle istrische Kalkstein der eingeschossigen, fröhlich und elegant wirkenden Behausung von Peggy Guggenheim.

Versonnen hänge ich wenig später in einem türkisfarbenen Sesselchen in der «Longhi-Bar» des Gritti. Ein Single-Malt-Whisky wird gereicht. Lautlos setze ich meinen inneren

Monolog fort, denn der morgige Tag will geplant sein. Als neugieriger Tourist bevorzuge ich leichtes Gepäck und ziehe ständig um. Ich bin immer auf der Suche nach dem Besseren, und so dreht sich alles im Kreis und unversehens müssen neue Reize her. Ich habe beschlossen, morgen ins Hotel «Palazzo Stern» überzuwechseln. Dort kostet es nur ein Drittel wie im Gritti, ist aber immer noch weit von Jugendherbergstarifen entfernt.

Nun aber ist erst mal Feierabend, und ich will in mir liebgewordenen Gedanken versinken. Die Bleikammern im Dogenpalast gehören jetzt nicht dazu. Eigentlich interessieren mich Folterbiotope gar nicht. Jedoch mit den Betroffenen von damals ist es mir anders. Ganz besonders mit Giacomo Casanova, der 1725 in Venedig geboren wurde, und der leider fast ausschließlich als Sexsüchtiger gehandelt wird. Ganz klar, er ließ nie etwas anbrennen. Viele Damen suchten ihr Glück bei Casanova, der allerdings wenig standorttreu war … Aber zu ihm später mehr. Bevor ich mich in Selbstgesprächen verliere, was mir in den letzten Jahren ab und an passiert, werde ich mich noch einem anschließenden Verdauungs-Amaro anvertrauen. Nur ein ganz klein wenig den Finger gehoben und schon ist er da, der Herr Ober. Die Wünsche der Gäste aus den Augenwinkeln zu erkennen, dürfte ein Können sein, für das es offensichtlich jahrelange Übung braucht. Wer kennt es nicht, all das Bedienungspersonal, das mit Tunnelblick durchs Lokal tippelt, keinen Blick erhebt und nicht bemerkt, dass die Gäste vor Durst vom Stuhl gefallen sind. Solch ein Schicksal wird mir hier nicht zuteil.

Ich bin nicht der Einzige, entdecke in der rechten Ecke einen Träumer, der mit sich selbst spricht. Sein rotbackiges schmales Gesicht hat sich der Mann im grünbraunen Tweed, den einige Mottenlöcher beatmen, offensichtlich im Freien geholt, ich ordne ihn als Patron eines Gestüts ein. Ein Herrenreiter mit Landgut? Ein Mann, der auffällt, weil er so unauffällig ist? Seine Beine sind übereinandergeschlagen. Er realisiert offensichtlich nicht, dass er mit seinen John-Lobb-Schuhen das Gegenteil von Neureich signalisiert. Luxuriöse Bars besuche ich gerne, man kann viel über die gehobenen Stände lernen. Ich habe mir dabei auch schon manche gesitteten Umgangsformen abgucken können. Mittlerweile verunsichern jedoch immer mehr amerikanische Multimillionäre in Badeschlappen das stimmungsvolle Kolorit gehobener Hotellerie. Ich liebe auch die Kontraste, so beobachte ich, insbesondere in Venedig, vielleicht die an einer Anlegestelle hockenden Handwerker oder die Gondolieri, oder ich blicke durch Küchenfenster, was mich allerdings immer wieder in Erregung versetzt.

Von Köchinnen, Köchen oder vom Spülpersonal erwarte ich saubere Kleidung, aber Schmutzköche gibt es leider viele, und bei denen ist oft auch der Arbeitsplatz klebrig. Ganz schlimm sind die weißen Wandplatten, die sich in einem mattierten Glanz zeigen. Keinesfalls sollte man mit der Hand dranfassen, denn diese wird festkleben. Die Platten werden oft nicht mehr abgewaschen, sondern täglich mit Glanz- und Hygienespray versiegelt. Jeden Tag kommt Desinfektionsspray zum Einsatz, alles pappt und der Wirt hat alles getan, was der Gesetzgeber vorschreibt. Ganz klar, dass ich dieses Hotel hier gleich anfangs untersucht habe: Note 1. Optimal hygienisch und abgesaugt sind auch die Wandbespannungen in Seide, Moiré oder Toile-de-Jouy. Sie atmen zwangsläufig Staub, aber auch den «Stardust» von Generationen.

So sinne ich vor mich hin. Heutzutage fällt es übrigens gar nicht mehr sonderlich auf, wenn man mit sich selbst parliert.

Bis vor Kurzem glaubte ich sogar an das Empordämmern einer neuen Volkskrankheit. Ausgerechnet junge Leute, die nicht im Verdacht stehen, an Demenz oder bröselnder Verkalkung zu leiden, ausgerechnet Pubertierende scheinen überall imaginäre Symphonieorchester zu dirigieren. Irgendwann bemerkte ich, was da los ist. Die jungen Leute haben oft einen Knopf im Ohr und irgendwo ein Mikrofon, mit dem sie mittels des Mobiltelefons in den Äther hinaus quatschen können. Solcherart Beschallung ist gar nicht mein Ding. Ich bin insofern konservativ, dass ich gerne «old school» mit mir selbst murmle, mir Fragen stelle und diese oft nicht beantworten kann. Wie tröstlich, mit einem Individuum, das ich gut zu kennen glaube!

Ich habe doch noch einen Single Malt nachgeschoben und es könnte passieren, was ein Barkeeper sicher öfters erlebt, dass die Kundschaft es nicht mehr ins Bett schafft und gleich am Tresen einschläft. Mit äußerster Konzentration lege ich unter mein Glas einen Zehner, hauche noch meine Zimmernummer in Richtung des gut aussehenden Barkeepers und stakse hüftsteif zum Aufzug. Auf eine Schlaftablette werde ich heute verzichten können.

Mützen und Bleikammern: Dogenpalast und das Schicksal Casanovas

Anderntags schaffe ich mein Köfferchen wieder zur nahegelegenen Anlegestelle und tuckere mit der Linie 1 den Canal hoch zur Haltestelle «Ca' Rezzonico». Gleich daneben grüßt das «Palazzo Stern», meine neue Behausung. Von außen ist es ein wunderschönes Gebäude im venezianisch-byzantinischen Stil. Innen ist es noch schöner, und ich spüre auf Anhieb, dass hier kein seelenloser Konzern operiert, sondern ein privater Geist herrscht. Das Hotel verfügt beim Piazzale Roma über ein weiteres Hotel, und in dessen Tiefen kann man sein Auto verwahren und ein hoteleigenes Wassertaxi bestellen. Wie auch immer, ich kann wählen und leiste mir ein helles Zimmer zum Canal raus. Ein chintzbezogenes Sofa mit nussholzgeschnitzten Lehnen, das Sesselchen aus der gleichen Verwandtschaft. Wertvolle Seidenvorhänge. Ganz wunderbar für einen alten Herrn wie mich: Die Betten sind über kniehoch, sodass man ohne Gymnastik gut auf die stramme und sicher sehr teure Matratze abrollen kann. Umgekehrt komme ich ohne Kniebeuge wie von selbst auf die Füße. Nachdem ich die wertvolle Ausstattung erkundet habe, nehme ich auf der Terrasse einen Kaffee, um dann zum Dogenpalast aufzubrechen.

Betritt man das Areal des Dogenpalastes, geht es zunächst durch das Dunkel der Pforte, unmittelbar danach öffnet sich der Innenhof des Rathauses. Ohne Übertreibung bin ich hier im schönsten Rathaus der Welt. Für die Proportionen der Architektur und die künstlerische Ausführung der Steinarbeiten diente der Dogenpalast vielerorts als Vorbild. Die Ausstattung soll die Erinnerung an bedeutsame Ereignisse lebendig halten. Das setzten Steinmetze und Maler ins Bild, es ging um die Selbstdarstellung des Dogen. Mit maximalem Pomp galt es Diplomaten, Gesandte und Staatsbesuche zu beeindrucken. Merkantiler Einfluss wächst gerne auf dem Humus der Macht. In diesem Haus bestimmte aber nicht nur der Doge, der auf Lebenszeit gewählt war. In Anlehnung an Demokratie war es jedoch möglich, den Dogen bei Versagen abzuwählen.

Vom südlichen Eingang, der Porta Frumento, dem Weizentor, gehe ich geradewegs auf den Arco Foscari zu. Er hat die Bedeutung eines Triumphbogens. Dahinter sehe ich die Kuppel des Markusdoms. Einen Brunnen habe ich im Blick, und rechts führt die Riesentreppe «der Giganten» (Scala dei Giganti) zum ersten Stock hinauf. Gigantisch sind vor allem die überlebensgroßen Skulpturen des Mars und Neptun am Ende der Treppe. Doch nun geht es weiter im Innern des Gebäudes, und zwar die «Goldene Treppe» (Scala d’Oro) empor in den dritten Stock. Auf dieser Treppe wird deutlich gezeigt, wo in Sachen Machtdemonstration der Hammer hängt. Unglaublich viel Gold ist hier verbaut. Mir wird fast schwindlig, aber ich gelange heil an, wende mich nach links und wandere die acht Säle ab. Allein auf diesem Stockwerk reiht sich an Wänden und Decken Weltkunst von unschätzbarem Wert. Zahlreiche Tintorettos und Gemälde von Paolo Veronese sind in Gold gefasst an Wänden und der Decke angebracht. Kunsthistoriker könnten auf diesem Stockwerk einige Jahre zubringen, ohne dass ihnen langweilig würde. In der Mitte liegt die Sala di Consiglio dei Dieci («Rat der Zehn»), wo eins der wichtigsten Gremien der Republik Venedig tagte, eine Art höchstes Gericht. Gleich rechts neben dem Saal könnte ich einem Löwen ins Maul greifen und mir etwas wünschen. Eigentlich war dieses Relief ein Briefeinwurf, ein Beschwerdebriefkasten, in den man seine Pamphlete, Verleumdungen und Unverschämtheiten gegen die Regierung loswerden konnte, aber auch zu Ungunsten eines unliebsamen Nachbarn Diffamierungskampagnen starten kann, und das auch noch anonym.

Ich verscheuche diese Gedanken und hangele mich ein Stockwerk tiefer. Dort tut sich mir Unglaubliches auf: Die Sala del Maggior Consiglio ist schlichtweg umwerfend. Meine Augen irren umher und fragen sich, wo sie beginnen sollen. Wer hier ins Detail gehen will, sollte das in Etappen absolvieren. Auf den ersten Blick, auch wenn man sich vielleicht drei Stunden Zeit nimmt, ist man hoffnungslos der Überforderung ausgeliefert. Mit 53,50 Metern Länge, 25 Metern Breite und der fast einschüchternden Höhe von 15 Metern stehe ich in einem der größten Räume Europas. Er bot den bis zu 2000 Teilnehmern des Maggior, des großen Rathaussaales, Platz auf Doppelsitzbänken. 1577 ging die Halle in Flammen auf und wurde anschließend von den berühmtesten venezianischen Künstlern der Renaissance wiederaufgebaut und ausgestattet.

Tintoretto, Ausschnitt aus *Paradiso* (1594)

Den großen Saal des Rates beschließt das Riesengemälde von Tintoretto. Ich denke mal, dass mindestens zweihundert Leute sich darauf drängen. Links und rechts sind zwei große Türen. Dieses Monumentalgemälde, *Paradiso* genannt, das er im Alter von siebzig Jahren begann, und das sein Sohn Domenico vollendete, ist das größte auf Leinwand gemalte Gemälde der Welt, 22 Meter lang und siebeneinhalb Meter hoch. In der Mitte thront Christus, Maria kniet vor ihm. Drum herum ziehen Engel und Heilige ihre Kreise, und trotz der vielen Köpfe erkennt man eine ordnende Struktur. Vor dem Brand waren Decken und Wände vorwiegend mit Freskomalerei ausgestattet. Es zeigte sich aber, dass diese künstlerische Technik für das feuchte Klima Venedigs nicht geeignet war. Auf das Bild wurde ich aufmerksam durch ein

Kunstbuch aus dem 19. Jahrhundert, in dem es als «Kopfsalat» bezeichnet wurde. In der Tat sieht man unzählige Köpfe, und jedes Gesicht hat einen anderen ausdrucksstarken und durchkomponierten Ausdruck.

Ich schaue zur Decke und gerate mit meinen Betrachtungen bei einem besonderen Deckenoval ins Detail. Paolo Veronese, der nun schon ein paar Mal genannt wurde, malte die *Apotheose* der Venezia im Jahr 1584. Der Maler stammte aus Verona, daher sein Name. In der Kunst gilt er als ein ganz Großer, und dieses Deckengemälde, bei dem man sich leicht eine Genickstarre holen kann, ist in seinen Farben unglaublich gut abgestimmt und erhalten. Wenn man bedenkt, wie Tintorettos Riesenbild nachgedunkelt hat, dann tun sich mir einige Rätsel auf. Oder doch nicht?

Im 13. Jahrhundert mischten die Künstler ihre Farben grob gesagt mit Eigelb, Wasser und etwas Öl an. Man nennt das Tempera-Malerei. Hundert Jahre später entwickelte unter anderem der Flame Jan van Eyck (1390–1441) die Ölmalerei. weiter. Nun kam es darauf an, welches Öl verwendet wurde. Das stark nachgedunkelte Monumentalgemälde Tintorettos hat auf alle Fälle mit dem als Malmittel verwendeten Öl zu tun. Paolo Veronese, zehn Jahre jünger, arbeitete sicherlich mit neueren Erkenntnissen. Bestimmt spielten auch der Malgrund und die Grundierung eine große Rolle. Man achte bei Veronese besonders auf Licht und Schatten. In der Mitte hält «Venezia» Hof, unten sind die Krieger und das gemeine Volk abgebildet. Auf der unteren Balustrade stehen die gehobenen Stände in Bewunderung, und insgesamt ist erstaunlich, dass sich die Serenissima, die «Allerdurchlauchteste», wie eine Gottheit verehren lässt. Die Bürger von Venedig stellten ihre Stadt wahrlich nicht unter den Scheffel.

Der riesige Saal hat aber noch mehr zu bieten. Der obere

Abschluss der Wände zur Decke wird ringsum mit einer Kollektion von Dogenporträts abgerundet. Auf einem Fries sehen wir ein schwarzes Tuch. Darunter versteckt sich der Doge Marino Faliero (1274–1355). Er wurde 1355 enthauptet, da er eine Verschwörung gegen den Staat angezettelt hatte. Auch ein Doge konnte einen Kopf kürzer gemacht werden, was einen Hinweis auf immerhin vordemokratische Ansätze zulässt. Verrat wurde vom Senat gnadenlos bestraft. Das ging so weit, dass man die Anklage Falieros an spätere Generationen weiterreichte und mit dem Bild den Frevler unsterblich machte.

Alle Dogen sind mit dem Corno Ducale, der Dogenmütze, porträtiert. Diese Mütze mit dem nach hinten gerichteten Horn ist ein Würdezeichen, eine Art Krone. Ein steifer Kronreif ist eingearbeitet und sorgt für Festigkeit. Die Kappe geht auf die phrygische Mütze des 8. Jahrhunderts v. Chr. zurück und signalisierte in der Französischen Revolution die Anhänger Robespierres als Gegner der Monarchie. Bei den alten Phrygiern galt das «Hörnchen» obenauf, der Hodensack eines Hammels, als Metapher für Stärke.

Ich greife jetzt etwas vor, denn einen Tag später laufe ich an einem Schaufenster unweit der Haltestelle San Tomà im Süden von San Polo vorbei und erblicke ein Schaufenster voller Variationen dieser Dogenmützen. Calle Larga Prima nennt sich die Gasse, und über dem Eingang firmiert das «Atelier Marega». Ich nichts wie rein, und schnell entschlossen wähle ich mir gleich die schönste Mütze. Der Besitzer des Ladens erklärt mir noch so manchen Unterschied, und es ist mein Schicksal, dass mir immer das am besten gefällt, was am teuersten ist. Es muss eine «Zogia» sein.

Sie ist mit Perlen und Edelsteinen verziert und aus Goldbrokat mit roter Moiréseide belegt. So aufgebrezelt durfte

Der Doge Vincent kurz vor dem Größenwahn

der Doge nur bei der Krönung und am Osterfest vor seine Untertanen treten. Ich werde mich hüten, das Ding öffentlich aufzusetzen. Wer will denn schon in eine Irrenanstalt eingewiesen werden? Vielleicht habe ich es schon erwähnt, dass ich zu Hause fast täglich vor meinem Schlafzimmer mit Pfeil und Bogen auf eine entfernte Zielscheibe schieße. Das mache ich mit einem mongolischen Reiterbogen, der mit dem Daumen gezogen wird. Dazu setze ich immer zum Spott meiner Frau einen Mongolen-Filzhut auf. In Zukunft werden mit dem Corno Ducale die Pfeile geschossen.

Aber zurück zu meiner Herbstexkursion. Ich spaziere einer kleinen kulturbeflissenen Gesellschaft hinterher, die sich ein bisschen Grusel antun will. Ein Führer kräht wie ein Hahn, um möglichst viel Grausen in die Köpfe zu blasen. Im Inneren der Seufzerbrücke gelange ich vom Dogenpalast zu den Prigioni, dem neuen Gefängnis. Von Wohnlichkeit keine Spur, aber Casanova dürfte nicht besser dran gewesen sein, denn sein frugales Logis befand sich damals direkt unter dem Dach des Dogenpalastes, der nicht mit Schindeln, sondern mit Bleiplatten gedeckt war. Casanova ist heute zu einer zweifelhaften Chiffre geworden. Meist ist mit seinem Namen irgendein Doofkopp gemeint, der nichts anderes zu tun hat, als Frauen auf den Wecker zu gehen. Casanovas Intelligenz und seine geschliffenen Umgangsformen passen nicht ins Zerrbild der Überlieferung und des Nachplapperns bis in die heutige Zeit. So will ich nun den Ruf des Giacomo Casanova etwas zurechtzurücken.

Gegenüber dem Palazzo Stern dümpelt der Anlegeponton «San Samuele» der Vaporettos. Gleich bei der Anlegestelle sehe ich drei Bäume. Sie versperren mir die Sicht auf die Kirche San Samuele. Links die Galerie für moderne Kunst, der Palazzo Grassi, rechts das Casanova-Museum. In der Mitte die Kirche, ursprünglich aus dem 12. Jahrhundert, dann abgebrannt und mit den erhaltenen ursprünglichen Steinen Mitte des 17. Jahrhunderts wiederaufgebaut. Daran lehnt sich rechts ein romanischer Campanile aus dem 12. Jahrhundert.

Giacomo Casanova wurde 1725 ziemlich nah hinter dem Turm, im Calle Malipiero geboren, mitten in San Marco, dem alten Zentrum der Stadt, und in San Samuele getauft. Es gab damals noch das Theater San Samuele, das im 19. Jahrhundert abgerissen wurde, aber früheren Abbildungen nach sehr schön war. Casanovas Mutter «Zanetta», die den Künstlerinnennamen «La Buranella» trug (sie stammte vermutlich von der Insel Burano), arbeitete dort als Sängerin, sein Vater Gaetano als Tänzer und Schauspieler.

Die entscheidenden Abschnitte von Casanovas Memoiren, insgesamt zwölf Bände, habe ich seit zwanzig Jahren im Regal stehen und mit der Arbeit an diesem Buch endlich wenigstens in Teilen gelesen. Casanova konnte zeit seines Lebens immer wieder im Palazzo Grimani Heimstatt finden und erwähnt auch als Vater und wirklichen Erzeuger den Theaterdirektor Michele Grimani. In seiner ursprünglich auf Französisch geschriebenen Autobiografie *Histoire de ma vie* schildert er seine Mutter als äußerst schöne Frau. Sie gebar sechs Kinder, von denen eines starb. Der erstgeborene Giacomo erwies sich als sehr intelligent, als Erwachsener parlierte er in sieben Sprachen. Casanova lernte Violine, und die Mutter wechselte mit einem Engagement an den Sächsischen Hof. Sein Bruder Giovanni arbeitete als Schüler und Gehilfe des bedeutenden Malers Anton Raphael Mengs (1728–1779), zeitweilig Oberhofmaler am Hofe Friedrich Augusts II., dem Sohn Augusts des Starken.

Casanovas Heranwachsen verlief turbulent. Er lebte als Grenzgänger und überwand manche Schwierigkeit durch den seelischen Beistand tiefgründiger Bücher, beispielsweise Horaz, Homer, Petrarca. Seine wertvolle Bibliothek spendierte er der Biblioteca Marciana. Zum festen Lesekanon jenes Mannes, von dem viele meinen, er habe sich nur für Spitzenhöschen interessiert, zählten auch der «Demokrat des 12. Jahrhunderts» Giovanni Boccaccio und Dante Alighieri. Meiner Ansicht nach wird in Casanovas Werk gar nicht so viel über «Amore» erzählt, sondern es werden vor allem philosophische Gedanken und Beobachtungen zum Leben der damaligen Zeit ausgebreitet. Aus gutem Grund habe ich seine Autobiografie zweimal gelesen, denn auch sein Schreibstil ist angenehm flüssig und weit weniger gestelzt, als das in dieser Literaturepoche üblich war.

Eines Tages geriet das Universalgenie durch sein freiheitliches und unkonventionelles Auftreten ins Visier der Behörden. Der «Rat der Drei», die Wächter über Sitte, Glauben und Ordnung, ließen Casanova durch den Spitzel Giambattista Manuzzi überwachen. Diverse Frauengeschichten, darunter Ordensschwestern, hätte man vielleicht noch tolerieren können, aber der hinterhältige Manuzzi entdeckte in Casanovas Wohnung selbst verfasste blasphemische Schriftstücke, aber auch Bücher, die auf dem vatikanischen Index standen, etwa griechische Philosophen, und insbesondere ein Buch von Pietro Aretino (1492–1556), der die meiste Zeit seines Lebens in Venedig verbrachte. Diesen Schriftsteller nannte man auch «Il Divino», den Göttlichen. In Arezzo geboren, gehörte er bald zum Hofstaat der Päpste Leo X. und Clemens VII., beides Lebemänner aus dem Hause Medici und mehr an der Macht als an Jesus interessiert. Der brillante Aretino galt als gefürchteter «Klatschreporter», der auch Theaterstücke schrieb und mit Gott und der Welt verbandelt war. Bis heute bekannt sind seine erotischen Sonette mit zahlreichen Kupferstichen von Marcantonio Raimondi. In diesem Werk wird eine exquisite Auswahl artistischer Liebesstellungen veranschaulicht. Casanova, Opfer klerikaler Heuchelei, wurde vermutlich aus diesem Grund am 26. Juli 1755 in die Bleikammern verfrachtet.

An dieser Stelle kann ich etwas aus meinem eigenen Erfahrungsschatz zu verbotenen Büchern einflechten, die auf dem vatikanischen Index standen. Im katholischen Internat unter der für mich hilfreichen und fürsorglichen Pädagogik der Mönche geriet ich, sozusagen wie Casanova, in die Mühle der Inquisition. Aus Vaters Regal hatte ich schon immer Bücher gestohlen, was mein Vater letztlich als humanistisches Interesse tolerierte und was ihn bis auf eine Ausnahme erfreute. Rimbauds «Das Trunkene Schiff», erschienen im Inselverlag 1906 in grünem, hauchdünnem Maroquinleder, hatte ich insgesamt fünfmal geklaut und musste das Buch jedes Mal wieder zurückstellen. Eines Tages griff ich mir Friedrich Nietzsches «Also sprach Zarathustra». Einfach gedeutet enthält das Buch den Kernsatz «Gott ist tot», also raff dich auf, denke selber, besinne dich auf Eigenes usw. Die Patres, oder die Popen, wie wir sie auch nannten, entdeckten bei mir das Buch und waren nicht so ungebildet, um nicht zu wissen, was drinstand. Es klingt unglaublich, aber die Patres wollten mich aufgrund dieser häretischen Lektüre aus der Schule und dem Internat schmeißen. Nun hatte ich das Buch ja sowieso nicht wirklich kapiert, und das relativierte einiges. Mein Vater musste antanzen, spendete irgendeinen Betrag zur Renovierung der Kirche, und somit geriet alles in Vergessenheit. Ein Jahr später hatte der Vatikan ein Einsehen, der Index wurde 1966 abgeschafft.

Doch zurück zum Inhaftierten, die erste Nacht in der Zelle empfand der Häftling Casanova als deprimierend. Er wurde in eine toilettengroße Balkenkammer geworfen, kein Bett, kein Stuhl, kein Schrank, keine Decke, gar nichts war im Angebot. Am anderen Morgen beschwerte er sich bei dem strunzdummen Wärter, und dieser Dumpfling entschuldigte sich damit, dass er, der Häftling, ja auch um nichts gebeten hätte. Casanova nannte seinen Kerkermeister Lorenzo folglich einen «Lümmel», so der Originalton des Herrn Casanova. Immer wieder kam er darauf zu sprechen, wie grottendoof sein ungewaschener Aufseher sei. Doch dann bekam er hohes Fieber mit Schüttelfrost, und plötzlich lief Wärter Lorenzo zu großer Form auf und rannte nach einem Wundarzt. Der Medicus malträtierte Casanova mit Einläufen, flößte ihm bittere Limonade ein und ließ ihn zur Ader. Die Erholung sickerte langsam in das von Flöhen zerstochene Klappergestell, zu dem Casanova verdorrt war. Der Wärter Lorenzo bekam immer wieder Geld in die hohle Hand und besorgte gutes Essen, dies natürlich nicht ohne Unterschlagung und trotz des Trinkgelds. Weitere Darmeinläufe wurden verordnet und Casanova erstarkte wieder. Er konnte sogar durchsetzen, dass er endlich zur Verringerung seiner bei ihm wohnenden Flöhe in einem nahe gelegenen Waschraum sich säubern konnte. Die Verwaltung der Stadt Venedig leistet sich bis heute ein Archiv, infolgedessen sind Einkaufszettel, Abrechnungen und Eingaben des Wärters Lorenzo Basadona immer noch erhalten.

Insgesamt verbrachte Casanova unter den Bleiplatten des Dogenpalastes kein glückliches, aber doch einigermaßen erträgliches Dasein. Als sehr störend empfand er jedoch die hasengroßen Ratten. Und so wollte er nicht heimisch werden und schmiedete einen Fluchtplan. Er bohrte in die Decke ein Loch, doch kurz vor der Jungfernfahrt übers Bleidach wurde er in eine andere Zelle verlegt, und alles war für die Katz. Er gab nicht auf und verbündete sich mit seinem Zellennachbarn Abbé Balbi.

Die Flucht wurde erneut strategisch geplant und zeitgleich natürlich auch Gott angerufen. Der gottlose Casanova bevorzugte die Geister, und vor Wundern verneigte er sich doch mit einigem Respekt. Mental war er durch die Vorhersagen einer spanischen Ordensfrau etwas mystisch imprägniert worden. Maria de Agreda, Oberin der Klarissinnen, bezeichnete er trotzdem als Irre. Um der Flucht ein gutes Gelingen zu sichern, genügte es aber nicht, sich einer

Ordensfrau auszuliefern. Stärkere Kaliber des Okkultismus wurden angerufen. Zu den Büchern, die ihm der Gefängnisseelsorger als Ausgleich für die Konfiszierung der verbotenen Bücher in die Zelle gestellt hatte, gehörte eines der bis heute großen Werke der italienischen Literatur, der *Rasende Roland*. Dieses Buch, durchaus als Erziehungsmaßnahme der Inquisition empfohlen, zählt zur Weltliteratur und entfaltet mit dem italienischen Titel einen besonderen Zauber. *L'Orlando Furioso* gilt als Hauptwerk von Ludovico Ariosto (1474–1533). Das Buch handelt in Gedichtform von Karl dem Großen und den politischen Kabalen seiner Zeit. Es war hervorragend für Casanovas Orakelexperiment geeignet, das in der Barockzeit häufig zur Anwendung kam. Die Rede ist von der «Stichomantie». Sie funktioniert folgendermaßen: Die Augen werden verbunden, man nimmt eine Nadel oder theatralisch einen Dolch in die Hand, schlägt irgendeine Seite auf – und sticht zu. Nun die Augen öffnen und die gestochene Seite lesen und interpretieren. Was ich hier erzähle, sind keine Märchen, so ziemlich alles, was der als Hochstapler diffamierte Casanova fabulierte, hat sich schlussendlich durch die Forschung bestätigt.

Insgesamt summieren sich 46 Gesänge zu 38 000 Versen. Nehmen wir einmal an, Casanova empfand sich als Vogel, der gefangen, festgeklebt und flügelschlagend an einer Leimrute festsaß. Die Verse empfand Casanova als gutes Omen und Ermunterung. Ein Bleiplatte des Dachs konnte angehoben werden. Der Abbé erwies sich als nicht sehr hilfreich, aber zu zweit ist man wenigstens mental stärker. Die Abschiedstournee führte die Dachrinne hinab. Beide hatten ordentliche Kleidung in einem Sack und zogen sich in einer Hofecke um. Ein Soutane ist sowieso die ideale Camouflage, und Casanova trat in opernmäßigem Outfit auf die Nachtwache zu und argumentierte mit dem Aplomb eines Ratsherrn. Hätte nicht viel gefehlt und der Nachtwächter hätte sich in den Staub geworfen. Der Abbé flüchtete sich gleich in die Kapelle des Dogenpalastes, anstatt nach der frischen Luft des Markusplatzes zu schnappen. Casanova spazierte quer über das schönste Karree der Welt und ward in Venedig lange Zeit nicht mehr gesehen.

Wer über meinen Helden, der überall im alten Europa sein Zuhause fand, sich beispielsweise mit Voltaire oder Friedrich dem Großen traf, wer über diesen Kosmopoliten und seine namentlich erwähnten 116 Liebschaften noch mehr wissen will, dem empfehle ich die 2800 spannende Buchseiten seiner Memoiren. So weit, so gut, man ahnt, dass mir nun ein gutes Mittagessen zusteht.

Die Schiffsreise dorthin führt mit Linie 1 den Canal Grande hinauf zur Haltestelle «Ca' d'Oro» im Bezirk Cannaregio. An diesem Palast kommt man kaum vorbei, deshalb bestaunte und besuchte ich den Schönsten aller Schönen mit den Jahren immer wieder. Auf alten Fotos konnte ich die verwitterte Canalseite der Ca' d'Oro bedauern. Steht man heute vor diesem zu den schönsten Bauwerken Venedigs zählenden Gebäude, strahlt es hell und herausgeputzt, wie neu.

Zu verdanken ist die Rettung dem verdienten und in Venedig immer noch hochverehrten Baron Giorgio Franchetti (1865–1927), der aus einer alten adligen Familie stammte. Er renovierte das Gebäude im Jahr 1891 und rettete es so vor dem Verfall. Am Portego, der Eingangshalle, sieht man einen Säulenfuß aus Porphyr, darin wird die Urne mit seiner Asche gehütet. Die große Kunstsammlung mit dem Gebäude vermachte er dem Staat. Das Museum ist insofern sehr interessant, da es Einblick in verschiedene Epochen venezianischen Lebens erlaubt. Kunsthandwerk ist zu sehen,

Einer der schönsten Palazzi: Ca' d'Oro

Teppiche, Möbel, auch die Fragmente der Fresken, die der Fassade des «Fondaco dei Tedeschi» entnommen sind. Sie sind von dem von mir sehr verehrten Giorgione gemalt, der mein Lieblingsbild *Das Gewitter* kreierte, von dem noch die Rede sein wird.

Wenn meine Leser mir folgen wollen, werden wir nach dem Mittagessen die Kapelle der Ca' d'Oro besuchen. Doch zuerst muss mein Appetit ruhiggestellt werden. Die Uhr zeigt auf halb eins, der Magen ist folglich völlig verödet, und so ein Zustand dünkt mir lebensgefährlich. Ärzte werden mir nicht beipflichten, aber meine hausgemachte Logik sagt mir, dass wir nichts Aggressiveres in unserem Bauch bereithalten als die Magensäure. Der Magen, durch Askese malträtiert, aber auch durch Fressattacken gebeutelt, befindet sich bei mir und vielen Menschen im ständigen Kriegszustand. Wird er nicht einigermaßen gefüllt, frisst sich der «Pansen» sozusagen selbst auf. Den Rest können wir uns denken, und meine medizinische Abschweifung darf man getrost ernst nehmen.

Angenehmes Entrée bietet mir das Ende der Gasse, die von der Ca' d'Oro direkt hierher führt, die «Trattoria Ca' d'Oro Vedova». *Vedova* heißt Witwe, wer sie ist oder war, und warum das Lokal so benannt ist, konnte mir keiner der Kellner erläutern. Die Trattoria ist schwach besucht, wenn ich richtig zähle, sitzen höchstens zwölf Gäste in dem einladenden Raum. Der Gastronomie in Venedig fehlen ohne Zweifel die unzähligen asiatischen und amerikanischen Gäste. Trotzdem ist diese Leere ungewöhnlich, und ich habe mir auch einen Platz reserviert. Ein Geheimtipp ist es nicht, denn Geheimtipps gibt es in Venedig gar nicht mehr. Schon oft ging es mir so: Ich finde meine ganz besondere Entdeckung und sichte wenig später die angebliche Einmaligkeit als Hotspot im Internet.

Hier jedenfalls, bei der Witwe, gibt es zumindest keine touristischen Attitüden. Es wird normal gekocht, ohne Faxen. Wie in allen venezianischen Restaurants schmeckt es gut, aber fast überall könnte man sich bei der Kocherei ein bisschen mehr Mühe geben. In Deutschland ist es ebenso wie in Italien: Die gute bürgerliche Küche, das Rückgrat jeder nationalen Kultur, geriet durch den Abgang der Tanten, der Omas und begabten Mütter ein bisschen in Schieflage. Italienische Küche, die *Cucina Casalinga*, ist Mamma-Küche, aber der Nachwuchs, die *Ragazzi*, wollen sich nicht frühmorgens in die Küche werfen, sondern besuchen Universitäten oder lohnendere Betätigung. Trotzdem bin ich optimistisch, denn bei vielen jungen Leuten ist das Interesse an unverfälschter Küche wieder groß.

Mittägliche Stärkung im Restaurant «Vedova»

Der italienische Wirt oder Kellner kann gut unterscheiden, ob der Gast ein Genießer ist oder nicht. Gastronomie, jedenfalls in Deutschland, bemüht sich in der Regel für alle und jeden um ein gutes Ergebnis. In Italien spielt dagegen meinem Eindruck nach das Gefühl, die Vibrationen zwischen Gast und Einheimischen, eine größere Rolle. Eigentlich ist es auch ganz logisch, ein Koch wird sich für Freunde mehr «reinhängen» als für irgendeinen Fremden. Im Grunde macht dies ja auch das Menschliche in diesem Beruf aus.

Der Wein kommt schnell und das obligate Wasser ebenso. Ich bestelle mal wieder *sarde in saòr* und danach Kalbsleber *alla veneziana*. Meinem Empfinden nach ist man mit den sauer eingelegten Sardinen mit süßen Zwiebeln alleweil gut und billig versorgt. Tintenfisch aller Art, egal ob als Salat, vom Grill oder in Tomatensauce, sie sind immer zu empfehlen. Gutes, preiswertes Futter sind mir auch *spaghetti alle vongole*. Teuer wird es dann mit Seezunge, Dentice (Zahnbrasse) oder Branzino, dem Wolfsbarsch. Beim Fleisch wird es dann ganz heikel. Der Hunger verdrängte jedoch all meine Bedenken, denn in Italien ein artgerecht aufgewachsenes Kalb zu finden, dürfte eine Rarität sein, ganz zu schweigen vom Parmaschinken. Achtung, auch bei Salami aus dem Feinkostgeschäft lese man bitte die Liste der chemischen Zusätze. Andererseits, wer generell auf gute Produkte achtet, darf sich auch mal einige Fehltritte leisten. Mit Ernährungsstalinismus kann man sich das Leben absturzartig versauen.

Alles okay, die Leber habe ich hinter mir, sie hatte eine etwas mehlige Konsistenz, was meine Bedenken bestätigte. Die gebratenen Zwiebeln retteten aber dafür den Stolz Venedigs. Die Polenta verhielt sich wie üblich unauffällig, war fad und störte nicht. Alles zusammen kostete irgendwas um die dreißig Euro. Es passiert mir oft, dass ich teureres Essen als billiger erachte, weil ich mich dann nicht nur ernährt, sondern mir Freude spendiert habe. Mich hat das Essen trotzdem erfreut, denn nichts ist wichtiger als die tägliche Illusion. Ob ein Essen schmeckt, das zu beurteilen unterliegt oft dem Selbstbetrug, und der findet im Hirn statt.

Ich bin auf dem Rückweg zur Vaporetto-Haltestelle und komme unweigerlich am Eingang der Ca' d'Oro vorbei. Das Mittagessen konnte man ja nicht gerade als Orgie bezeichnen, sodass das gewohnte Koma ausbleibt. Geradezu leichtfüßig betrete ich das fürstliche Gebäude. Es gibt hier viel zu sehen, aber ich habe ein klares Ziel und steuere die Nische des Palazzo an, die der famose Barone Franchetti extra für ein Gemälde Andrea Mantegnas (1431–1506) einbauen ließ. Dieser Künstler starb am 13. September 1506 fünfundsiebzigjährig im damals von der Pest geplagten Mantua, er stammte ursprünglich aus einer Kleinstadt nördlich von Padua. Als Kind hütete er Ziegen und Schafe. Mit zehn Jahren wurde sein Talent auffällig, als er bemerkenswerte Zeichnungen in Steine ritzte. Der weitbekannte Maler Francesco Squarcione nahm ihn in Ausbildung und Mantegna erlernte das damals zum Handwerk zählende Zeichnen und Malen, in dem er antike Statuen kopierte. Sein Meister hing in jungen Jahren noch der Goldgrundmalerei an, wie wir sie von mittelalterlichen Ikonen kennen. Nach sieben Jahren trennte er sich von ihm, er konnte ihm offensichtlich nichts mehr beibringen.

Mantegna arbeitete fortan als Gehilfe des Bildhauers Donatello, der als Niccolò di Betto Bardi geboren wurde, einem Vorbild Michelangelos. Er malte mit ihm an den Fresken der Ermitanikirche in Padua (1448–1457) und wechselte danach an den Hof von Ferrara. Dort lernte er Werke des Flamen Rogier van der Weyden (1400–1464) kennen, der in Diensten der Herzöge von Este am Werk war. Der Flame etablierte die Ölmalerei in Italien, welche noch feinere Details ermöglichte. Mantegna heiratete die Schwester des berühmten Malers Giovanni Bellini, die auf den schönen Namen Nicolosia hörte. Er trat dann seinen Dienst als Hofmaler beim Markgrafen von Mantua an, seine Position entwickelte sich zu einem Staatsbeamten mit gelegentlichen diplomatischen Aufgaben. Er gründete in Mantua eine Malschule und kam zu beträchtlichem Vermögen.

In der Ca' d'Oro, in meinen Augen, wie gesagt, einem der schönsten rein gotischen Paläste am Canal Grande aus dem frühen 15. Jahrhundert, dessen heute weiße Fassade einst vergoldet war, hängt ein Gemälde von ihm, und zwar ist es das Bildnis des heiligen Sebastian. Es nimmt im Palazzo fast einen ganzen Raum ein.

Es hat durchaus etwas Sakrales. Nun bin ich, wie bereits deutlich wurde, alles andere als ein gläubiger Mensch, und einige Jahre zuvor hätte ich in mir nicht den Ernst etablieren können, um diesen Raum mit dem formatfüllenden Pestheiligen als sakral zu empfinden. Vielleicht verdanke ich meine neue Sensibilität dem Lockdown und der Wehrlosigkeit, mit der mich das Coronavirus erschüttert hat. Epidemien zeigen uns, wie klein wir sind, und wie es geschehen kann, dass unendlich kleinere Lebewesen uns bezwingen können. Ich kann so die Demut und Ängste der Menschen im Quattrocento mittlerweile ganz gut nachvollziehen.

Aber zurück zum Gemälde: Da steht der schmerzverzerrte römische Offizier Sebastian, der trotz der Qualen seinem christlichen Glauben treu bleibt. Von vielen Pfeilen durchbohrt windet er sich, die Haare in qualvollem Durcheinander, der Mund im Leiden entgleist. Sein Lendentuch mit meisterlichem Faltenwurf, die Augen nach oben verdreht, als erflehten sie Hilfe des Himmels. Das Gemälde schaue ich mir mindestens eine Stunde lang an. In der Klosterschule habe ich das letzte Mal ein Gebet heruntergeleiert. Indem ich das Bild betrachte, wird mir bewusst, dass es ein Vertiefen erlaubt, das über ein Gebet hinausgeht, mir wirklich ins Innere sickert. Dann wende ich mich still ab, meinem Prinzip bleibe ich treu, spaziere durch den Palazzo, genieße einen Blick von der herrlichen Loggia auf den Canal, will noch schwebende Eindrücke vorbeiziehen lassen. Ich flaniere durch die Säle, sehe vieles, aber das eine Bild bleibt vor meinem Augenhintergrund bestehen. Ein einziges Kunstwerk richtig zu betrachten ist letztlich genug, und ich will nicht, dass es durch vermehrte Reize verweht.

Bei all dieser Nachdenklichkeit überkommt auch meine Beine das Verlangen nach Entspannung. Soll ich über den Kanal setzen und mich im Hotel mit einem Mittagsschlaf in noch bessere Balance bringen? Vorne am Wasser setze ich mich auf die Stufen der Kirche San Samuele und lasse erst mal den lieben Gott einen guten Mann sein. In der Kirche werden die Reliquien des Propheten Samuel aufbewahrt. Er lebte ums Jahr 1000 vor Christus und kommt auch im Koran vor. Samuels Grab im Westjordanland besuchten schon die Kreuzfahrer und stifteten ein Prämonstratenserkloster. Es wurde zerstört und dafür eine Moschee errichtet. Was erhalten blieb, ist heute eine Synagoge. Der alte Samuel steht ganz im Zeichen der Ökumene.

Ich sitze vor der Westfront, die Steine sind warm. Dösig blinzle ich aufs Treiben und lasse es wie einen unscharfen Film an mir vorbeiziehen. Dann, unmittelbarer Tumult: Eine Mutter bringt ihr schreiendes Kind zur Weißglut, Babys beherrschen die Zwerchfellatmung perfekt, es ist ein Geschrei, dass die Kirche einzustürzen droht. Am liebsten würde ich ihr als erprobte Fachkraft zurufen: «Friihiische

Windel!» Arme Mami, die Mutter eines ersten Babys ist naturgemäß immer Anfängerin. Sie reagiert, indem sie panikartig irgendwelchen Plastikmüll aus einer überschallroten Plastiktasche in den Kinderwagen kippt. Der Müll ist sehr bunt, und es gibt Leute, die nennen so etwas Spielzeug.

Ein alter Signore wendet sich mit Grausen ab und stakst an mir vorbei. Sein Gesicht ist hochinteressant, es ist womöglich von Kettenraucherei in wahre Canyons zerklüftet worden. Mit hängender Filterloser zwischen den Lippen ist er noch einigermaßen wacker auf den Beinen, hat ein Strahlen in den Augen und jede Menge Lachfältchen drum herum. Eindeutig ein Geistesmensch. Schriftsteller ist er wohl kaum, denn diese Spezies lebt mittlerweile oft und ausufernd gesundheitsbewusst. Da frage ich mich, wie intellektuelle Asketen oder Gesundheitsapostel auf einen spannenden Gedanken kommen können. Okay, man muss ja nicht so randständig sein wie Charles Bukowski. Doch nichts ist für Kreativität so hinderlich wie ein geordnetes, arztgerechtes Leben. Wo es sich in Watte gepackt komfortabel leben lässt, braucht es keine Maßnahmen des Hinterfragens. So träume ich mich in den alten Herrn hinein, ein Solitär im zerschlissenen Dreiteiler, mit einem zerdepperten Panamahut auf dem dürren Schädel. Ich schwitze wie ein galoppierendes Nilpferd, er trägt seinen dunklen Anzug ohne jede Transpiration durch die Sonne. So ist das halt bei höheren Ständen. Sein Häs (neudeutsch Outfit) ist von exzellentem Stoff, abgescheuertem Kiton-, Zegna- oder Brioni-Zwirn und erinnert mich an alten Adel auf dem Weg zum Friedhof.

Alte Stuttgarter Schwaben hatten mich vor Jahren mal wüst angegangen, weil ich in einer Umfrage, welches der schönste Ort in Stuttgart sei, den Hoppelaufriedhof auserkoren hatte. Ein Friedhof soll der schönste Platz einer Stadt sein? Ja, und ich gehe sogar so weit, dass man den Geist und die Würde einer Stadt an seinen Friedhöfen messen kann. Ein Vaporetto der Linie 1 nähert sich, ich steige ein und fahre zur Riva Schiavoni, genauer zum Schiffsbahnhof «San Zaccaria». Nichts verschafft mir so viel Ruhe wie ein gefällter Entschluss. Diese Stimmungslage passt gut zu meinem Ausflug auf eine vierzehn Hektar große Insel: San Michele.

Die San-Michele-Therapie: Ruhe auf der Toteninsel

In meinem Rücken strahlt die sonnenbeschienene Kalksteinfassade der Chiesa di Santa Maria della Pietà, kurz auch nur «Pietà» genannt. Antonio Vivaldi dirigierte dort im Vorgängerbau sein Waisenmädchenorchester. Schon im 14. Jahrhundert wurde an dieser Stelle ein Waisenhaus für Mädchen gegründet. Das eigentliche Kloster stand an der Stelle, an der heute das empfehlenswerte Hotel «Metropole» anspruchsvolle, aber vernünftige Gäste versorgt. Und wenn wir schon Klösterliches tangieren, möchte ich noch das äußerst preiswerte Gästehaus der Salesianer nennen, das keine fünf Minuten von der Zaccaria entfernt liegt. In der «Casa Salesiane», nicht an vorderster Front, ist ruhiges Wohnen obligat und gute Luft garantiert, denn die Grünzone des Biennale-Giardinos ist nicht weit und bietet auch außerhalb der Festivalzeit Raum für erholsame Spaziergänge.

Mit der Linie 4/1 lasse ich die Riva Schiavoni nun hinter mir, komme an der Biennale vorbei und umrunde den Sestiere Castello. Die Linie 4/2 kümmert sich um die andere Richtung, den Giudecca-Kanal hinauf zu den Fondamente Nove, der nördlichen Abgrenzung Venedigs, auf der oberen Seite von San Marco. Vom Fondamente Nove beim Hospital sind es mit dem Vaporetto gerade mal fünf Minuten bis zur Toteninsel. Von Anfang an bildet die Backsteinmauer mit den mahnend schwarzen Zypressen einen harten Kontrast zum lapislazuliblauen Himmel. Das Vaporetto navigiert nach links und das Eingangsportal des Friedhofs San Michele leuchtet mir entgegen. Kein Zweifel, ich werde ein Terrain betreten, das mich aufs Neue dem Himmel näherbringt, aber das ist in Venedig ziemlich normal. Ich könnte mir aber auch gut eine besinnliche Stimmung bei schlechtem Wetter vorstellen. Die wohl berühmteste Bilderserie des Schweizer Malers und Mitbegründers des Symbolismus Arnold Böcklin (1827–1901) ist *Die Toteninsel*, alle fünf Gemälde vermitteln ebenjene dunklen Regungen, die vielleicht hier angemessener wären als meine momentan sonnendurchflutete Gefühlswelt.

San Michele

Ich befinde mich nun sozusagen auf geweihter Erde, über dem Humus venezianischer Vorfahren. Der Zentralfriedhof von Venedig erhebt sich mit dem Campanile der Kirche etwa 40 Meter über Meereshöhe. Gleich nach der Anlandung rückt links die Chiesa San Michele in die Idylle, in dieser Richtung wacht auch der Turm, 1530 erbaut. Hier wohnte der Kartograph und Mönch Fra Mauro und schuf um 1457 eine runde Weltkarte von fast zwei Metern Durchmesser. Er berücksichtigte dafür hauptsächlich die Berichte portugiesischer Seefahrer. Für die damalige Zeit präsentierte er das Wissen seiner Epoche, nämlich das geozentrische Weltbild, das vom Vatikan bis aufs Messer verteidigte System mit dem Menschen und Gott im Mittelpunkt, umrundet von allen Sternen.

Der Friedhof als kommunale Institution entstand auf Betreiben Napoleons ums Jahr 1804 herum. Da es schnell eng wurde, wurde eine daneben liegende Insel integriert. Zu wenig Platz plagt das Gemeinwesen heute noch. Deshalb wurde 2007 von David Chipperfield, dem berühmten englischen Architekten, an der östlichen Ecke der Insel eine moderne Grabstätte gebaut: Eine Anlage mit vier Höfen und verschiedenen Segmenten mit Säulengängen und Begrünung. In der Mitte beherbergen sie eine Art Schubladensystem mit vielen Nischen für die Urnen. Insgesamt ist der moderne Bau sehr gelungen. Chipperfield ist mein Lieblingsarchitekt der Gegenwart, ob er nun den Neubau des Schiller-Nationalmuseums, das Folkwangmuseum oder die James-Simon-Galerie in Berlin gebaut hat, seine Arbeit strahlt immer Klarheit aus, den Purismus der Moderne, kombiniert mit dem Bauhaus, japanischen Einflüssen und dem Wissen um die Antike.

Wenige Menschen sind zwischen den Zypressen unterwegs, wie impressionistisch hingetupft. Der Friedhofboden

Erweiterung in die Moderne:
David Chipperfield auf San Michele

verändert offensichtlich nicht nur mich, sondern auch andere Besucher. Die wandelnden Wesen, allesamt etwas schattenhaft unter den Bäumen und dem Gesträuch, erscheinen mir wie das Gegenteil des übergriffigen Gedränges auf dem Markusplatz, sie atmen mir eine Art Brüderlichkeit zu, einen gemeinsamen Lebenstakt. Wen nach einigen Tagen des Venedig-Besuchs Anzeichen von Stress heimsuchen, dem sei zu einer San-Michele-Therapie geraten.

Auf knirschendem Kies entferne ich mich von der Kirche am Eingang vorbei nach Westen und stehe wenig später vor dem Grab Luigi Nonos (1924–1990). Der Komponist hat es mit seinen modernen Kompositionen zu Weltruf gebracht. Eine Bekannte schleppte mich vor vielen Jahren zu den Donaueschinger Musiktagen. Von Luigi Nono wurde das Post-Prae-Ludium per Donau aufgeführt. Ich erinnere mich an die unglaubliche Virtuosität, mit der Klaus Burger die Tuba spielte. Tuba, die würde ich auch gerne spielen, das Blechinstrument würde gut zu mir passen. Aber ich habe schon genug mit mir herumzuschleppen, es sollte nicht noch ein zweites «Kingsize-Monstrum» dazukommen. Deshalb bin ich bei Bassflügelhorn und mittlerweile beim Euphonium gelandet. Das sind alles Instrumente, die aussehen wie eine Tuba, aber nur halb so groß sind.

Die Speisekarte von Luigi Nonos Stammlokal «Antica Locanda Montin» ist mit einer Partiturseite von ihm gestaltet. Ich aß dort vor Jahren *pasta fagioli*. Das Essen riss mich nicht vom Hocker, aber der abendliche Garten ist ein nachhaltiges Erlebnis.

Des Komponisten Grab ist ein grauer Findling, ganz von Efeu bewachsen. Einen Meter vor dem Stein, flach eingebettet, liegt die rechteckige Tafel mit seinem Namen. Zeit seines Lebens stand Nono dem Kommunismus nahe, allerdings pflegte er, flapsig gesagt, eine genießerischere Variante als das DDR-Regime. Seine Kompositionen, manchmal an der Grenze der Ohrenverträglichkeit, thematisieren unter anderem Klassenkampf sowie soziales und politisches Engagement. Ein Stück nennt sich «Sul ponte di Hiroshima», auch thematisierte er den Holocaust oder den Spanischen Bürgerkrieg in seiner Musik. Immer kann ich die Musik nicht hören. Ob sie in mich eindringt, hängt von meiner inneren Ruhe ab, ob ich aufnahmefähig bin und mich konzentrieren kann. Nebenher lässt sich Nonos Notengebirge nicht bewältigen.

Schlendernd komme ich linker Hand in die orthodoxe Abteilung des Friedhofs. Ein paar verblichene Ballettschuhe und frische Blumen beehren das Grab Sergei Pawlowitsch Djagilews (1872–1929), der in Venedig verstarb. Er hatte die besondere Begabung, große Künstler zusammenzubringen. 1910 inszenierte er mit seinem außergewöhnlichen Ballett zwanzig Spielzeiten. Er verhalf der russischen Tanzkunst mit Stars wie Anna Pawlowa und Vaslav Nijinski zu weltweiter Beachtung. Bühnenbilder und Ausstattung lieferten beispielsweise Henri Matisse, Pablo Picasso oder Jean Cocteau. Mit Igor Strawinski verband ihn eine lebenslange Freundschaft. Er choreographierte Strawinskis *Feuervogel* oder das weltberühmte Stück *Le Sacre du Printemps*. Djagilew logierte in den Zwanzigerjahren auf dem Lido im «Grand Hotel des Bains». Auf seinem Grabstein steht sehr schön und auch für mich gültig: «Venedig, ständige Anregerin unserer Besänftigungen».

Igor Strawinskis Grab findet sich dann auch nur einige Meter weiter. Er starb 1971 in New York, wollte aber unbedingt auf San Michele beigesetzt werden. Es gab für ihn nicht nur die Liebe zu seiner Frau Vera, seine andere Lebensliebe war Venedig und insbesondere San Michele. Schon in mittleren Jahren, als andere sich Ferienhäuser kauften, bestimmte er sein Grundstück auf San Michele.

Mein Weg führt nun zum protestantischen Friedhof. Würde Igor Strawinski noch leben, hätte er mich bestimmt freudig begleitet. Strawinski verehrte den amerikanischen Dichter Ezra Pound bis zu seinem Tod, und auch für mich ist diese Besichtigung eine Herzensangelegenheit. Ezra Pound (1885–1972) ist für mich ein Exempel für die schwierige Balance zwischen Ästhetik, Kunst, Moral und Politik. Seine *Cantos*, seine lyrischen Gesänge, über fünfhundert Seiten lang und ab 1915 bis in die frühen 1960er Jahre verfasst, sind ein Parforceritt durch fremdsprachliche Zitate, Mythologie, antike Philosophie und politische Polemik. Fünfzig Jahre arbeitete er an diesen Gedichten. Pound, als Schriftsteller ein Avatar der Moderne, verfiel jedoch dem äußerlichen und inneren Mummenschanz Benito Mussolinis und verrannte sich in Huldigungen für den Faschismus. Dafür wurde er als Vaterlandsverräter von den Amerikanern grausam bestraft, in Pisa sperrte man Pound in einen Käfig und stellte ihn wochenlang aus.

Der 1885 geborene Ezra Pound litt an einem Trauma, nämlich der Teilnahme der USA am Ersten Weltkrieg und den Verlusten seiner Generation, welche die Schriftstellerin Gertrude Stein mit der Formulierung «Lost Generation» belegte. Pound beschuldigte sein Heimatland, das ihm nie Heimat wurde, durch seine Beförderung von Geld, Finanzwirtschaft, Kreditwesen und Börse für das Massensterben in Europa verantwortlich zu sein. Leider verbanden sich bei ihm diese antikapitalistischen Ansichten, die in den *Cantos* zur Schlüsselrolle der «usura», des Wuchers und der frühen italienischen Banken wie der «Monte dei Paschi» in

Siena führten, mit antisemitischen Stereotypen. Die italienische, rechtspopulistische «Lega Nord» um den Politiker Matteo Salvini bietet in ihrem Schwarzhemden-Kometenstreif einem Naziverein namens «Casa Pound» eine Heimat. Es bereitet mir geradezu körperlich Schmerzen, dass Pound von solchen Leuten missbraucht wird.

In seinen frühen Jahren, kurz nach dem Ersten Weltkrieg, galt Pound als äußerst warmherziger und hilfsbereiter Geist vieler Intellektueller. Als eines der größten Werke angloamerikanischer Poesie gilt T.S. Eliots Gedicht *The Waste Land* (1922). Es verdankte seinen gleich nach der Publikation einsetzenden Ruhm den Kürzungen und der korrigierenden Hilfe Pounds. Thomas Stearns Eliot hat dies ein Leben lang mit Dankbarkeit betont, wie Pound auch für Ernest Hemingway ein Mentor war. In den USA wurde er in der Anstalt St. Elizabeth's für kriminelle Geisteskranke inhaftiert. Die ersten fünfzehn Monate litt er in einer Zelle ohne Tageslicht. Nach zwölf Jahren kam er mithilfe Hemingways frei. Am 1. November 1972, einen Tag nach seinem 87. Geburtstag, verstarb er in seiner Lieblingsstadt Venedig.

Mir ist's etwas schwer ums Herz, aber es findet sich ein kleines Wiesenplätzchen und ich lege mich in die Sonne und lasse meinen Beinen Erholung zukommen. Nach einiger Zeit erhebe ich mich und gehe einige Schritte zum Grab des Schriftstellers Joseph Brodsky. 1940 in Leningrad geboren, starb er recht früh 1996 New York. Sein Leben war unter anderem von den Ungerechtigkeiten gezeichnet, die er in der Sowjetunion ertragen musste, weil er eine andere Vorstellung vom freien Wort und freien Leben hatte. Er arbeitete als Labor- und Fabrikarbeiter und veröffentlichte 1960 die Untergrundzeitung *Sintaksis*. Für solcherlei Umtriebe und seine Dichtung verbannte man ihn in ein Arbeitslager, auch unter dem Vorwurf, er führe ein parasitäres Leben. Das zeigt auf, dass Schreiben zwar ein Handwerk im intellektuellen Sinne ist, aber für einen Arbeiter- und Bauernstaat keinen Nutzen zu bringen schien. Aus einem Protokoll des sowjetischen Gerichts, das Brodsky in ein Arbeitslager warf, ist folgender Dialog erhalten:

Richterin: *«Was arbeiten Sie?»*
«Ich bin Dichter und Übersetzer von Dichtung.»
Richterin: *«Haben Sie eine ständige Arbeit?»*
«Ich glaube, das ist eine ständige Arbeit.»
Richterin: *«Und wer hat attestiert, dass Sie Dichter sind und Sie zum Dichter beordert?»*
«Niemand. Wer hat mich zur Spezies Mensch beordert?»
Richterin: *«Wie haben Sie das gelernt?»*
«Was?»
Richterin: *«Dichter! Sie haben nicht versucht, eine Hochschule, wo man das lehrt, zu absolvieren?»*
«Ich glaube nicht, dass man Dichten durch Hochschulbildung lernen kann.»
Richterin: *«Wodurch denn sonst?»*
«Ich glaube, das kommt von Gott.»

Das Gericht sah diese Repliken als unverschämte Provokation an, und es gab fünf Jahre Steinklopfen in der Kälte von Archangelsk. Brodsky stellte eine Gefahr für den Staat dar, weil seine Texte zum Denken anregten, was ganz und gar nicht in Josef Stalins Programm passte. 1972 wurde er aus der UdSSR ausgewiesen, und 1977 bekam er die amerikanische Staatsbürgerschaft. Zehn Jahre später folgte der Nobelpreis für Literatur. Auf San Michele interessieren mich letztlich die Künstler und Schöngeister, die meine Interessen vergolden.

Venedig ist oft eine Reise in die Vergangenheit, dies auch, weil seit unzähligen Jahren niemand an die Zukunft dieser Stadt glaubt. Sehr früh assistierte sie Europa als das Tor zum Orient. Das Oströmische Reich mit der Hauptstadt Byzanz diente als kultureller Geburtshelfer. Früheste Spuren findet man auf Torcello. Es ist ein besonderer Ort, und kaum ein Venedigbesuch, an dem ich diesen nicht aufgesucht hätte. Heute werde ich, auch wenn ich mit San Michele einen Teil der Strecke begonnen habe, aber nicht mehr weiter schippern. Wie heißt es so grundvernünftig, was du morgen kannst besorgen, das verschiebe auch auf morgen.

Auf dem ziegelgepflasterten Weg der Toteninsel gehe ich dem flachen Nachmittagslicht entgegen und hocke mich vorne auf die Stufen bei der Anlegestelle. Ein Vaporetto naht, es kommt von Murano, der Glasmacherinsel, und ist auf dem Weg in Richtung Fondamente Nove. Es ist gut so. Ich habe Sehnsucht, im Palazzo Stern langsam dem Abend entgegenzutrinken.

Auf der Terrasse des Hotels ist es etwas kühl, aber wärmender Wein kommt schnell. Öl und Brot steht ebenso rasch auf dem Tisch. Wer beim Essen nicht zu schwitzen anfängt, mit dem stimmt was nicht. So ist jedenfalls meine Erfahrung. Pasta mit Meeresgetier steht vor mir, und ich verpflichte mich endlich mal zum langsamen Essen, wie mir das mein Arzt seit Jahren ins Hirn reiben will. Bruschetta kommt flankierend auf den Tisch. Ich verliere mich wieder ins Sinnieren. Wohin will ich gehen, woher komme ich, und was trinke ich dazu?

Ich bestelle eine Flasche Valpolicella, einen Rotwein aus der Gegend von Verona, seit vielen Jahren billig gehandelt und wohlbekannt unter unerschrockenen Weintrinkern. Mittlerweile arbeitet sich die Region Venetien aus diesem Image heraus und produziert hervorragende Weine. Eine

Flasche ist aber zu viel, den Rest werde ich den beiden Obern als Feierabendgabe spendieren. *Sorana tagliata* wird aufgetragen. Es handelt sich dabei um ein Rumpsteak vom jungen Rind, der Färse, das gegrillt und in Streifen aufgeschnitten wird.

Schon bald nach dem Essen überkommt mich mal wieder überfallartig der Gedanke, dass ich nach drei Tagen ohne meine Wirtschaft nicht gut leben kann. Ich will jetzt rasch heim, werde aber bald wiederkommen. Bevor ich mich im Wein ganz verliere, wackle ich zur Rezeption und gebe meine morgige Abreise bekannt. Einer der Gründe, warum ich gerne allein reise, ist der, dass ich mein sprunghaftes Naturell gut ausleben kann. Aber es ist eben auch die dauernde Sorge um mein Gasthaus daheim. Die Gedanken daran sind unterschwellig immer mit im Gepäck.

Insel auf der Insel: Das jüdische Viertel und eine Begegnung bei Tintoretto

Im Mai 2020 begrüße ich abends um acht meine Gäste auf der Wielandshöhe. Anschließend packe ich mein Köfferchen, springe ins Taxi und hetze zum Bahnhof. In München steige ich um 23:20 Uhr in den Nightjet der Österreichischen Bundesbahnen nach Venedig – es wird Zeit, mal wieder vorbeizuschauen, und die Sehnsucht ist groß.

Mich überrascht die moderne Einrichtung meiner «Eber-Einzelbucht». Alles funktioniert, Toilette, Dusche, Waschbecken. Ich habe ein angenehmes Bett, und ein freundlicher Schaffner erkundigt sich: «Wann wollen Sie geweckt werden?» Der österreichische Charme nimmt kein Ende: Die Frühstücksbestellung wird abgehakt, und der Zug setzt sich in Bewegung. Im Bett liegend schlucke ich eine Schlaftablette, das Licht wird ausgeknipst und den Rest übernimmt die Pille. Kurz nach halb neun am nächsten Tag stehe ich frisch und munter am Bahnsteig Santa Lucia in Venedig.

Ich kann nur sagen: Wenn man als letzte Erinnerung den Stuttgarter Bahnhof im Kopf hat, fühlt man sich hier wie der Hölle entronnen. Welch schöner Bahnhof und: wie sauber.

Ich trete in die Frühlingssonne und setze mich, als sei ich einem Jungbrunnen entstiegen, zu den Jugendlichen, welche mit ihren Rucksäcken die breite, feudale Treppe bevölkern. Vor mir rumpelt heftiger Fährbetrieb, der Bahnhof entlässt ganze Divisionen von Werktätigen in die Boote, wahrscheinlich viele Hotelangestellte, Köche, Servierpersonal. Ich tanke noch ein bisschen Morgensonne. Die Luft ist schon recht lau.

Egal wie viele Touristen um mich herum sind, egal, wie viele Wasserwege sich auftun, oder wie viele eng gestellte Häuser und Palazzi mich umgeben – das wirklich weltweit Außergewöhnliche an Venedig sehe ich nicht, denn es ist nicht da. Nirgends ein Auto, so etwas gibt es nur noch im Inneren des Amazonas. Unvermittelt befinde ich mich in einem anderen Kulturkreis. Wann hat man schon so etwas, eine Straße, die nicht zugeparkt ist. In diesem Fall ist es das Wasser, der Canal Grande. Gegenüber grüßt die Kirche, oder soll ich sagen der kreisrunde Tempel, die Chiesa San Simeone Piccolo, erbaut im 18. Jahrhundert. Die große grüne Kuppel ist nicht zu übersehen. Der Portikus, der gewaltige Vorbau, kommt mir vor wie der Akropolis aus der Seite geschnitten. Wenn ich schon mal in der Gegend bin, lohnt sich doch gleich ein Gang durch das Sestiere Cannaregio. Es ist keine Touristengegend, sondern hier wohnen mehrheitlich die echten Venezianer: Handwerker, Arbeiter, kurzum Leute, die den Laden zusammenhalten.

Ich erhebe mich von der Treppe und lagere mein Köfferchen in der Gepäckabgabe, die sich ebenerdig im Bahnhof befindet. Dann marschiere ich los. Ich habe dazugelernt.

Venedig ist nichts für alte Knaben, deren knotiges Gebein in handgenähten Schuhen zwickt und scheuert. Treppauf, treppab, und das auf schiefem Pflaster, da möchte ich rufen: «Alle mal herhören, steinige Bergwanderungen unternimmt man nicht in Flipflops.» Die Stadt ist abseits der Wasserwege eine anspruchsvolle Outdoor-Herausforderung, und ich bin mit meinen Salewa-Schuhen, die eigentlich für die Überschreitung von Viertausendern konstruiert sind, optimal bereift.

Es geht am Canal Grande entlang, die Scalzi leuchtet mir ins Gemüt. Eigentlich trägt die Kirche den schönen Namen Chiesa di Santa Maria di Nazareth. Bei einem anderen Besuch bin ich dort schon vorbeigekommen. Morgens triefen mir manchmal die Augen, mancher Tourist wähnt mich in Halbtrauer. Die verschwommene Silhouette der Kirche wirkt auf mich zauberhaft impressionistisch. Aber Achtung, hier wabert bereits touristischer Schwerverkehr. Der Zug hat sicherlich an die 200 deutsche Passagiere entladen. Ich befehle mir auf diesem Rollkoffer-Highway verschärfte Konzentration. Immer schön auf die Wasserlinie achten und mich nicht vom Mikado von Schienbeinen, Röhrenhosen oder Stachelbeerwaden in Bermudahosen verwirren lassen. Mit maßvoller Fortbewegung bleibe ich in der Herde, bis ich über die Brücke des Cannaregiokanals gelangt bin. Dann wende ich mich links bis zur Calle Ghetto Vecchio. Das ist der Eingang zum ehemaligen jüdischen Ghetto und man kann sich das gut merken, denn an dieser Ecke wird koscher gekocht. Das «Gam Gam Kosher Restaurant» hat einen guten Ruf.

Über 1000 Restaurants brutzeln in Venedig um die Gunst der Reisenden, deshalb möchte ich gastronomisch lieber keine Abgrenzungen weitergeben. Ich selbst kann auch nur den Empfehlungen im Internet folgen, da wir uns im Zeitalter der Handyfotos befinden und jeder Depp sein Essen fotografiert, um den lieben Freunden daheim zu zeigen, wie eine Made im Speck in Venedig über die Runden kommt. So erhalte ich durch die Knipswütigen gar keine schlechte Information. Mich interessieren allerdings nicht die offiziellen Werbefotos, sondern die Amateurbildchen. Egal, wie der Koch das Essen auf den Teller geschmissen hat: auch mit fettverschmierter Brille weiß ich dank der Fotos gleich, ob ein Essen vermurkst, verkocht, vermatscht, halb verkohlt oder mit Gemüse von vorgestern verhunzt wurde. Das Beruhigende an der venezianischen Gastronomie ist: Sie versorgt viele Touristen, und diese mampfen alles hurtig weg, sodass selten alter Krempel auf dem Teller vor sich hinstirbt.

Jedenfalls, die Fotos des «Gam Gam» sind okay. Mich hat koschere Küche schon immer interessiert, aber in früheren Jahren auch oft enttäuscht. Eine Küche, die unter dem Segen eines Rabbi und eines orthodox-gläubigen Kochs gefertigt wurde, ist, egal wie sie schmeckt, eine gesegnete Mahlzeit. Wo Segen über allem schwebt, kann der Koch offensichtlich zur Geschmacksverbesserung nicht mehr viel beitragen. Das fadeste Gericht der christlichen Menschheit, denn da verhält es sich genauso, ist die aus einem goldenen Kelch gereichte Oblate bei der heiligen Kommunion. Ich hab's oft probiert, der Leib Jesu sei gesegnet, aber fader geht es nicht. Trotzdem geraten beneidenswerte Gläubige darüber manchmal in Verzückung, die das beste Hummerragout nicht auslösen könnte. Aber Achtung, in den letzten Jahren hat sich insbesondere in der jüdischen Küche sehr viel getan. Die Restaurantszene in Tel Aviv dürfte zum Interessantesten gehören, was moderne Küche momentan überhaupt bieten kann. Man denke nur daran, was die Köchin Haya Molcho mit ihren Neni-Restaurants in Wien, Berlin oder München veranstaltet. Yotam Ottolenghi in London wäre auch noch zu nennen.

Mit diesen Gedanken schnüre ich den Calle Ghetto Vecchio entlang und komme über die Brücke Ponte del Ghetto Vecchio auf die Insel des Ghetto Nuovo. Es war seit dem 16. Jahrhundert das zugewiesene Wohngebiet der Juden, das seit der napoleonischen Besatzung 1796 nachts nicht mehr unter Verschluss sein musste. Der Markus-Campanile birgt fünf Glocken, die in ganz Venedig gehört werden. Eine, die Nona, wurde geläutet, wenn der Scharfrichter seines Amtes waltete. Die Marangonaglocke kündigte den Beginn des Arbeitstages an und bei Sonnenuntergang sein Ende. Morgens wie abends wurden zum Geläut die Tore des Ghettos geschlossen. Eine Wache sorgte dafür, dass allenfalls noch Ärzte passieren durften. Insgesamt genossen die Juden, auch durch diese Maßnahme, eine im Europa der damaligen Zeit einmalige Rechtssicherheit, Übergriffe wurden streng bestraft. Dennoch blieb dieser Ort natürlich immer auch ein Ort der Ausgrenzung.

Er war aber zugleich auch ein Ort der Zuflucht. Denn mit der «Reconquista», der endgültigen Wiedereroberung des arabischen Spaniens durch die Christen 1492, ging die Vertreibung der spanischen Juden einher. Mit dem Alhambra-Edikt kam es zur «Ausschaffung», wie die Schweizer sagen. Im Zuge dieser großen Migrationsbewegung kamen viele spanische Juden in andere europäische Länder, und einige von ihnen flüchteten auf die venezianische Ghettoinsel. Andere kamen aus allen Ecken der Welt, auch aus Deutschland. Die häufig anzutreffende Vielsprachigkeit vieler Juden konnten venezianische Kaufleute gut gebrauchen. Auch wenn sich die Serenissima nicht an Pogromen beteiligte, war die Errichtung des jüdischen Ghettos keineswegs ein leuchtendes Beispiel von Toleranz, sondern vielmehr Ausdruck des kaufmännischen Pragmatismus der Venezianer. Der Name «Ghetto» kommt übrigens aus Venedig, da die Siedlung in einer ehemaligen Eisengießerei angelegt wurde – der Gießprozess wurde auch «getto» genannt.

1938 veränderte das *Manifesto della razza* des Faschisten Benito Mussolini die Situation drastisch, jüdische Kinder wurden aus der Schule geworfen. 1943 besetzten deutsche Nazis die Stadt, und die Deportation der Venezianer jüdischer Herkunft begann. Man stelle sich das mal vor: Einer Stadt von mittlerer Größe und in kürzester Zeit fehlen 8000 Bürger. 1980 wurden an einer Wand des Platzes fünf Bronzereliefs angebracht, das Holocaust-Mahnmal des litauischen Künstlers Arbit Blatas. Am Campo del Ghetto Novo kann man das Museum besuchen, eine koschere Metzgerei gibt es, eine Bäckerei und drei Synagogen. Eine davon nennt sich Scola Grande Tedesca. Nicht zu vergessen ist der besondere Schutz des Quartiers durch eine Polizeistation.

Nachdem ich hier eine ganze Weile herumgelaufen bin, will ich nun die Kirche Chiesa Madonna dell'Orto aufsuchen, die an der Nordgrenze Cannaregios liegt. Noch ist es längst nicht Mittag, und mein Hotelzimmer im «La Calcina» an der Station «Zattere» ist sowieso noch nicht frei. Ich navigiere mich durch die Gassen in nördlicher Richtung und überquere den Rio della Misericordia, den Rio della Sensa und den Rio de Sant'Alvise, es geht also dreimal über kleine Brücken und drei Kanäle. Am Rio della Sensa könnte man entlanggehen und dann zum Wohnhaus von Tintoretto gelangen. Ein paar Meter davor, an der «Osteria l'Orto dei Mori» (gute Küche!), greife ich einer Skulptur an die Nase.

Das Holocaust-Mahnmal in Cannaregio von Arbit Blatas (1979)

Der Mann mit der eisernen Nase gilt als der Pasquino von Venedig. Im Grunde ist es ein Beschwerdebriefkasten, der immer wieder von Zetteln befreit werden muss, denn in Venedig ist der Brauch noch sehr lebendig. Dort kann man bis heute Spottgedichte auf die «bessere» Gesellschaft und die Politik anbringen. Die Figur steht an der Ecke der Osteria in der Nähe des Palazzo Mastelli del Cammello. Das Nasereiben soll Glück bringen. Solcherlei Orakel nehme ich gerne entgegen, denn wenn es wirkt, ist's gut, und wenn nicht, dann auch. Der Weg über den Campo dei Mori führt direkt zur Kirche Madonna dell'Orto, der zweiten Heimat des sehr gläubigen Malers Tintoretto. Keine fünf Minuten und ich stehe auf dem Platz, welcher der Kirche Raum gibt und eine respektable Betrachtung zulässt.

Die Kirche, für ihre Schönheit seit Jahrhunderten gerühmt, wurde 1365 vom Orden der Humiliaten, einer Armuts- und

Ein Muss für Tintoretto-Fans: Madonna dell'Orto

Bußgemeinde, erbaut. Nicht lange, und die dreischiffige Basilika geriet in «Schieflage» und musste bereits 1399 saniert werden. Dem Orden widerfuhr keine solche Zuwendung. 1462 wurden die Mönche wegen «Lotterlebens» der Stadt verwiesen. Die Kirche kam durch eine Marienstatue mit Jesuskind zu ihrem Namen und wird wegen Wundertaten heute noch verehrt.

Ich stehe vor der venezianischen Gotik irgendwie bedröppelt herum und verrenke mir schier den Hals, denn der Turm hat mit seiner Kugeldachkrone eine beachtliche Höhe. Der Platz ist verlassen, solche Art von Einsamkeit kann man nur im späten Herbst, im Winter oder im zeitigen Frühjahr erleben. Trotzdem, zwei Leute teilen sich den Platz an der Westfront. Der eine bin ich, und dann lässt sich noch eine ältere Dame von der Sonne bescheinen. Hochaufgerichtet, schlank und mit resolutem rotem Haar. Grad so, wie ich es gerne habe, keine langen Fransen, sondern die dichte Haarpracht streift nur beinahe die Schultern. Anstatt der Kirche fixiere ich vielleicht ein bisschen zu lange diese bemerkenswerte Frau. In einem dunklen Kostüm wirkt sie so, als sei sie die Kultusministerin Venetiens. Ich grüße artig, hebe etwas zögernd die Hand, die Schulter schmerzt, aber es knarzt nichts. Sie spricht mich auf Deutsch an. Das mopst mich ein wenig, sieht man mir also den Teutonen schon von Weitem an? Der Dame hätte ich die deutsche Herkunft jedoch nicht angesehen. Eine Touristin ohne Wadezeigebux, keine Rentnerin-Jersey-Wurstpelle mit «Mut zur Farbe», keine neonfarbenen Turnschuhe, dass ich das noch einmal erleben darf …

Das gibt mir Aufwind, die Frau erneut anzusprechen. «Eigentlich will ich rein, um mir das berühmte Gemälde über das Jüngste Gericht anzuschauen», sagt sie. Und ich antworte: «Das Bild, ich habe darüber gelesen, nach über 500 Jahren scheint es mir hochaktuell.» Eigentlich bin ich Frauen gegenüber ein bisschen schüchtern, wahrscheinlich ein posttraumatischer Schaden meiner Klosterschulerziehung. Sie aber übernimmt die Initiative. «Das trifft sich gut, ich bin eigens wegen dieses Gemäldes hier, beschäftige mich beruflich damit, denn, Sie werden gleich sehen, das Bild ist tatsächlich hochaktuell.»

Ich werte das als Einladung. Sie hat sich schon in Bewegung gesetzt, und mit einer Handbewegung lädt sie mich zur Gefolgschaft ein. Ich beeile mich, sie einzuholen, um ihr die schwere Türe aufzudrücken. Der Innenraum empfängt uns mit gedämpftem Licht. Links und rechts des Mittelschiffs reihen sich Bänke und die seitlichen Längsschiffe sind durch hohe Säulen begrenzt. Sie wirken mit ihrer weiß-grauen Musterung sehr elegant, sind mindestens acht Meter hoch und enden in Rundbögen, welche die Decke abfangen. Es ist unglaublich, was sich in Venedig, in den Kirchen allein, für Kunstschätze befinden. Nur die Ausstattung dieser einen Kirche würde anderenorts eine Aufnahme ins Weltkulturerbe ermöglichen. Rechts und links, in den Seitenschiffen, reihen sich kleine Kapellen. In der ersten schaut Johannes der Täufer auf uns, links und rechts die beiden Apostel Petrus und Paulus, und die beiden Löwenheiligen Markus und Hieronymus sind auch an Bord.

Die Frau verweilt nur kurz, wir haben schließlich ein anderes Ziel. An einem kleineren Gemälde des flämischen Malers Daniel van den Dyck (geb. 1610) kommen wir vorüber und verweilen dann kurz beim Künstler Jacopo Palma il Vecchio (1480–1528). Auf der Leinwand, hervorragend erhalten und mit feinem Pinselstrich gemalt, steht der heilige Stephanus in Begleitung fünf weiterer Schutzpatrone. Nun sind wir vorne am Chor, den man auch Presbyterium nennt. Rechts davon sehe ich die Grabplatte Tintorettos.

Mit diesem Meister verbindet mich, sie werden es nicht glauben, der österreichische Dichter Thomas Bernhard. Sein Roman *Alte Meister* (1985) handelt von einem misanthropischen Kunstkritiker, der nicht mehr alle Latten am Zaun hat und jeden Tag das Kunsthistorische Museum in Wien aufsucht, um sich vor Tintorettos Gemälde *Weißbär-*

tiger Mann (ca. 1570) hinzusetzen und daraus seine Inspirationen zu ziehen. Die Monologe des verrückten Reger veranlassten mich, ebenfalls dieses Bild aufzusuchen. In der riesigen Empfangshalle des Wiener Museums steuerte ich den Informationsschalter im hinteren rechten Eck an. «Dös Büid können'S net angucken. Dös hammer weg ins Depo. Es sand zu viele Verrückte komman, und der Bernhard war jo o deppert!»

Kurz und gut, so fing das mit mir und Tintoretto an. Am 29. September 1518 wurde er in Venedig als Jacopo Robusti geboren. Der Maler, Sohn eines Färbers und nicht gerade ein Riese, wurde deshalb «Färberlein» gerufen, auf Italienisch «Tintoretto». Er bewegte sich in zwei Welten, nämlich der Reformation und der Gegenreformation. Er selbst war Katholik, richtete aber sein Leben nach einer Bibelübersetzung von Santi Marmochino aus. Ein Dominikanermönch mit hervorragender altphilologischer Ausbildung. Seine Bibelübersetzung hielt sich ziemlich genau an den Urtext und geriet alsbald auf den Index des Vatikans. Viele seiner Bilder zeigen religiöse oder biblische Themen. Das Gemälde *Mariä Himmelfahrt* ist hier nicht zu sehen, denn es hängt, halten Sie sich fest, in Bamberg. Bamberg ist also nicht nur wegen des Rauchbiers und des Bamberger Reiters im Dom, sondern auch wegen Tintoretto ein Reiseziel. Sein Gemälde hängt in der Oberen Pfarre am Kaulberg, und rechts unten ist die Bibel deutlich zu lesen und somit ein Signal Tintorettos gegen die Orthodoxie des damaligen Vatikans. Man bedenke, für eine solche Randkritik wäre man zu dieser Zeit in Spanien von der Inquisition auf den Scheiterhaufen geworfen worden.

Tintoretto beschritt eine neue Zeit, nämlich die der protestantischen Klarheit und einer gewissen Befreiung vom

Klerikalen. Er lebte und arbeitete in dem Sinne als sehr moderner Mensch, da er nicht höfischen Aufträgen und Pfründen zustrebte, sondern seine Werkstatt bescheiden und vernünftig betrieb und sich so Unabhängigkeit und gewisse Freiheiten erlaubte. Die hatte er mit seinem Malstil auf alle Fälle eingeläutet. Kein feinpinseliges Ziselieren, sondern schneller und frischer Farbauftrag machte ihn zum Vorläufer der modernen Malerei des 19. Jahrhunderts. Er arbeitete mit rasanter Geschwindigkeit, was ihn Schmähungen der «akademischen» Zunft aussetzte. Er kam aus kleinen Verhältnissen, einer Welt ohne Dünkel, was ihn zu einem radikalen Maler formte, der seine Neider und Konkurrenten bald hinter sich ließ. Seine Bildkompositionen mit extravaganter Lichtführung prägten unter anderem den Begriff «Maniera», woraus der Stilbegriff Manierismus hervorging. Das bedeutete ursprünglich, und auf Michelangelo zurückgreifend, dass ein Künstler «ganz nach seiner eigenen Manier» arbeitete. Die Bedeutung von «manieriert» hat sich über die Jahrhunderte gewandelt, heutzutage bezeichnet es als Adjektiv einen Menschen oder eine Sache, die sich geziert, verkünstelt darstellt. Tintorettos Stil blieb immer in gewisser gestalterischer Bewegung, mal präzise, mal wurde ihm Schmiererei vorgeworfen. Letztlich hat er die französische Plein-Air-Malerei, die Freiluftmalerei, oder die Prima-Vista-Malerei, also zügiges Malen ohne viele Untermalung, vorweggenommen. Man sagte damals, dass er mit einem Gemälde fertig war, als andere noch ihre Entwürfe zeichneten.

Mittlerweile bin ich mit meiner Begleiterin in der Nähe des Altars angekommen, rechts führt sie mich in eine Seitenkapelle, und schon stehen wir vor dem riesigen Gemälde: *Das Jüngste Gericht.* Es ist wie im wirklichen Leben, die Sonne kommt von oben, dort ist es hell, dort lagert Jesus und ihm zugeneigt die Muttergottes und der untadelige heilige Johannes. Das Trio bittet den Himmel, also Gottvater, den Sündern zu verzeihen, die im unteren Teil, in der ziemlichen Finsternis, schlimme Qualen aushalten müssen. Das Jüngste Gericht naht, und da die Gläubigen nicht viel darüber wissen, müssen sie das glauben, was die Kirche prophezeit. Ob gläubig oder nicht, glauben heißt auf alle Fälle, es nicht zu wissen. So wurde das analphabetische Volk in Schach gehalten.

Die Menschen sind alle gleich, das hört sich gut an, stimmt aber leider nicht, umso mehr auf diesem Bild. Die sogenannte bessere Gesellschaft campiert oben im Licht, in der frisch fächelnden Luft und nicht im dunklen Pestsumpf. Von oben nach unten changiert das Bild von Helligkeit in die Finsternis. Es gibt aber Hoffnung: Aus den dunklen Erdfarben steigen die Toten auf. Leichenteile ragen aus dem Boden, werden sicherlich bald von höheren Mächten zusammengefügt, im Himmel Einlass finden und Hosianna singen. Es herrscht Schrecken und Chaos. Ich selbst schaue niemals Horrorfilme. Was ich aber am Rande so mitkriege, wenn ich mich beim Zappen zwischen Privatsendern verirre, widerspiegelt bis heute die Angst vor der Hölle, und welch ein Prickeln, wenn die Verderbnis die anderen trifft …

Mitten ins Ziel der Grausamkeit trifft auch Tintoretto, er beherrscht die Wiedergabe des Entsetzens, welches die Sünder in den dunklen Zonen in die Hölle stürzt. Tintoretto bediente sich gleich zweier Katastrophenszenarien: Sintflut und Höllenfahrt. Diese Sujets sind keineswegs metaphorisch überhöht, sondern hier geht es um die Schilderung der Realität, was in dieser Zeit selten auf die Leinwand kam: Die einen stürzen in die Tiefe, und die Engel, sozusagen der

ADAC höheren Orts, helfen so gut sie eben können. Am unteren Rand des Bildes wüten die Wassermassen, nur hier leuchtet es blau nach Lapislazuli. Tintoretto malte sich richtiggehend in Trance, wenn nicht gar in Wut. Er lebte und litt, und aus seinem Pinsel floss nicht der Blick aus höherer Perspektive, sondern von den Lichtgestalten angefangen, bis hinunter zu den Elenden.

Meine «Grand Dame» hat mittlerweile einen hochroten Kopf. Ich ahne, dass sie das Bild nicht einfach nur betrachtet, sondern ihm ausgeliefert ist. Sie erwähnt den französischen Philosophen Jean-Paul Sartre (1905–1980), der über ein Selbstporträt Tintorettos, das im Louvre hängt, sinngemäß gesagt hat: «Ein altes Gesicht als Testat von Todesnähe und Verzweiflung.» Im Internet kann man sich das Bildnis anschauen, und wirklich, Sartre sah es richtig. Im Gesicht Tintorettos spiegelt sich das Gemälde des Jüngsten Gerichts deutlich wider. Nun, im Alter summiert sich einiges. So mag es vielen ergehen, und ich bin auch nicht weit entfernt, als die Frau mit dem Vortrag endet, dass der Satz «nach uns die Sintflut» nicht blöder sein könnte. Wir verlassen schweigend die Kirche und gehen unserer Wege. Meterweit entfernt, dreht sie sich noch mal um und winkt.

Es ist nun halb zwei, und ich mache mich auf den Weg zum Bahnhof und hole meine Koffer von der Aufbewahrung. Ich nehme das Vaporetto Linie 6 in Richtung Giudecca-Kanal und steige beim Zattere aus. Gegenüber grüßt die Kirche Redentore, deren riesiger Garten an die Wasser der Lagune grenzt. Von der Haltestelle, an der Kirche Santa Maria del Rosario, sind es noch etwa hundert Meter zum Hotel. Im Freien sitzen bereits Gäste über den gekräuselten Wellen des Kanals. Der richtige Hoteleingang ist an der östlichen Hausseite bei der «Pensione Seguso». Dort habe ich auch mal übernachtet. Sehr preiswert, sehr einfach und altmodisch, aber heimelig und nostalgisch. Der Koffer ist schnell auf dem gemütlichen, mit konservativem Chic eingerichteten Zimmer. Unten im Salon nehme ich, um mir Appetit zu verschaffen, ein Glas Bier.

Genickstarre durch Deckengemälde und die Accademia

Die Fondamenta Zattere dienten in früheren Zeiten als Anlegestelle der Handelsschiffe. Vor zwei Jahren besuchte ich mal eine Videoinstallation über den Stararchitekten Renzo Piano in einem riesigen Salzstadel. In Begleitung einiger Bekannter und ausgewiesener Kunstfreunde irrte ich dort durchs Dunkle. Meine Freunde, alles notorische Biennale-Dauerkartenfreaks, bewegten sich mit schlafwandlerischer Sicherheit durchs blinkende und blitzende Biotop. Das Magazzino del Sale ist mittlerweile ein Kulturdenkmal ganz entgegen dem Vorhaben eines halbverrückten Stadtrats, der in den 1970er-Jahren alles abreißen wollte, um dort Schwimmbäder in die Beschaulichkeit zu drücken. Unter anderem ist es dem venezianischen Maler Emilio Vedova (1919–2006) und seiner befreundeten Kamarilla gelungen, dies zu verhindern. Vedova kam von einer Kubareise zurück und machte sich auf den Weg zum alten Salzmagazin, wo sich auch sein Atelier befand. Mit Schrecken sah er bereits Spitzhacken in Aktion und herausgerissene Mauerteile. Umgehend rief er eine Bürgerbewegung ins Leben, die in wenigen Tage einen Sturm entfachte. Der Stadtrat hatte den Abrissbeschluss einstimmig genehmigt und mit einer Enthaltung besiegelt, den Eifer der Bevölkerung aber völlig unterschätzt, denn von heute auf morgen knickten die Ratsherren ein und es kam zur Kehrtwendung.

Das Hotel «La Calcina», wenige Meter daneben, hat seinen Namen von einem anderen Lagerhaus, das auf den Kalkhandel zurückreicht. Die *calcineri*, die Kalkhändler, lagerten dort vor ungefähr dreihundert Jahren ihre Säcke und sonstiges Baumaterial. Vor zweihundert Jahren wurde dann ein Gasthaus daraus, anschließend eine Pension und schließlich dieses Hotel. Ich beziehe mein Zimmer im ersten Stock, die Sonne besprenkelt mein Bett und davon will ich auch etwas haben, also ziehe ich die Tagesdecke herunter und spüre gewaltigen Hunger, aber nicht für lange.

Ich muss mindestens eineinhalb Stunden geschlafen haben. Das Erwachen ist wie immer, eine Schwere lastet in mir, als sei ich mit Sand gefüllt. Dagegen habe ich mein Hausmittel. Ich stelle mich so lange unter die Dusche, bis sehr kaltes Wasser über meinen Denkerschädel läuft. Anfangs noch ziemlich warm, zwinge ich mich dann so lange unter den eisigen Regen, bis mir die Kopfhaut wehtut. Danach abtrocknen und Gliederdehnen in alle Richtungen, dann fühle ich mich wohl und kann meine Bleibe genießen.

Zimmer sind mir nicht so wichtig, denn dort bin ich nur zum Schlafen. Will ich mein Notizbuch füllen, findet das niemals auf dem Zimmer statt, auch wenn es einen schönen Schreibtisch bereithält. Mir ist, wie gesagt, der «Auslauf» im Hotel wichtiger, die Frage, ob es vielleicht noch eine Bibliothek hat, ob ich eine einigermaßen ruhige Ecke finde, wo ich meinen Laptop aufklappen kann, ob ab und an ein Servant vorbeikommt, um zu gucken, ob ich noch lebe, und mir dann womöglich einen Kaffee bringt. Die wenigsten Schriftsteller schreiben gerne im einsamen Kämmerlein. Ist irgendwo Gemurmel von anderen Gästen zu hören, klappert etwas Geschirr, kann ich ab und an den Blick erheben und mein Hirn am Blick auf irgendwelche Leute entspannen, das alles ist mir wichtig.

Dem berühmtesten Bewohner dieses Hotels, meinem verehrten John Ruskin, mag es genauso ergangen sein, als er hier im Frühling 1877 seine Zelte aufschlug. Der Engländer glänzte schon als Jugendlicher mit vielerlei Talenten. Er zeichnete phänomenal, aber er gelangte auch als Schriftsteller und Kunsttheoretiker zu Ruhm, und als Sozialphilosoph und Ökonom brachte er es ebenfalls zu großer Anerkennung. In den Jahren 1843 bis 1860 schrieb er eine mehrbändige Abhandlung über den Malstil der Präraffaeliten mit dem Titel *Modern Painters*. Die Künstlerbewegung der Präraffaeliten gründete im 19. Jahrhundert in England eine Gefolgschaft der Malerei Raffaels und widmete sich in meisterlicher Technik romantischen Inhalten. Die Maler dieser «Bruderschaft» arbeiteten mit großem Können im Rückgriff auf die Kunst des 14. Jahrhunderts, also alles andere als modern. Sie gerieten bald aus dem Blick der modernen Kunstkritik. Die Kunst der Präraffaeliten gab sich scharf gegenständlich mit ornamentalem Schmuck, wie er später im Jugendstil stark erblühen sollte. Von einem der berühmtesten Künstler dieser kurzen Epoche hängt in der Stuttgarter Staatsgalerie ein Bild, sein Name ist Edward Burne-Jones (1833–1898). In den letzten Jahren wurde er wiederentdeckt und gilt mittlerweile als wichtiger englischer Maler des 19. Jahrhunderts.

Venedig ist heute in wesentlich besserer Erhaltung als zu Zeiten Ruskins. Seine größte Sorge war, dass die einmalige

Mischung gotischer und arabischer Architektur verschwinden könnte. Deshalb zeichnete er sehr viel, um den Zustand der Stadt für spätere Zeiten festzuhalten. Beschäftigt man sich mit Ruskin, so ist dies eine Schule des Sehens. Im Nachhinein haben viele Restauratoren auf seine Zeichnungen zurückgegriffen. «Ich habe nicht über Wolken und Blumen geschrieben, weil ich sie für mich selbst liebte, sondern weil die ganze Energie meiner Mitmenschen auf das Ziel gerichtet ist, die Himmel zu verschmutzen und die Felder zu verwüsten.» Das brachte er vor nahezu 150 Jahren zu Papier. Und weiter: «Ich habe nicht über Bilder geschrieben, weil ich Bilder nun einmal liebte, sondern weil die Straßen von London über und über mit Plakaten und Karikaturen bedeckt waren, und zu jeder Seele, die mit sehenden Augen sie durchwanderte, nur von Greueln und Entstellungen sprachen.»

Ruskin hat geahnt, wie es heute um uns bestellt ist, auch um unsere momentane Schnäppchen-Verirrung: «Es gibt kaum etwas auf dieser Welt, das nicht irgendjemand ein wenig schlechter machen und etwas billiger verkaufen könnte.» Dieser wohlbekannte Satz ist von ihm, den er noch präzisiert hat: «Es ist unklug, viel zu bezahlen, aber es ist noch schlechter, zu wenig zu bezahlen. Wenn Sie zu viel bezahlen, verlieren Sie etwas Geld, das ist alles. Wenn Sie dagegen zu wenig bezahlen, verlieren Sie manchmal alles, da der gekaufte Gegenstand die ihm zugedachte Aufgabe nicht erfüllen kann. Das Gesetz der Wirtschaft verbietet es, für wenig Geld viel Wert zu erhalten.» Sein Optimismus zu Venedig hielt sich auch mit diesem Zitat in Grenzen. «Wie ein Stück Zucker im Tee, so schnell schmilzt Venedig dahin.» Glücklicherweise sollte er nicht ganz recht behalten.

Dabei belasse ich es, sitze auf dem Ponton des Hotels unter einem weißen Sonnenschirm, der zwar nicht die schräge

Sonne abhält, mir aber eine Illusion von Schutz liefert. In meinem Glas funkelt irgendein Wein aus Friaulisch Venetien und meine Gabel sticht in die knusprige Tentakel eines Pulpo. Wie kleine Satelliten kreisen ligurische Oliven um ihn. Im Sinne Ruskins habe ich gar nicht auf den Preis geschaut. Ist eh wurscht, denn ich bin nicht der alten schwäbischen Eigenart anhängig, dass der Schwabe gerne sehr gut, sehr viel, sehr billig und deshalb zu Hause isst. Mit anderen Worten, wer sparen will und nichts dazulernen möchte, sollte nicht verreisen. Was soll's? Ich bestelle mir noch einen Espresso und einen Sambuca dazu und erklimme dann die Treppe, um mich kurz aufs Bett zu legen und in meinem momentanen Lieblingsbuch zu lesen, ein Venedig-Buch von meinem geliebten Jürgen K. Hultenreich, mit dem mich seit Jahren einiges verbindet.

Ich rapple mich auf und unternehme noch einen kleinen Spaziergang auf den breiten, von flacher Sonne ausgeleuchteten Fondamente, die am Giudecca-Kanal von vorne an der Dogana, der ehemaligen Zollstation, bis hinauf zu den großen Hafenbecken führt. Weit komme ich nicht. Nach Norden gerade mal hundert Meter, wuchte ich mich sechs flache Treppen hoch und stehe vor der Chiesa Santa Maria del Rosario, im Volksmund *Gesuati* genannt. Die «Bruderschaft der Gottesmutter des Rosenkranzes» hatte sich die Erinnerung an die «Türkenkriege» des 18. Jahrhunderts auf ihre Fahnen geschrieben. Die einschiffige Kirche ist recht schmal, aber der Raum wird optimal genutzt. Die drei Deckengemälde Tiepolos ziehen mir den Kopf ins Genick, und es wirkt auf mich, als sei die Kirche extra dafür gebaut worden. Ein Seitenaltar zeigt eine sehr eindrucksvolle Kreuzigungsszene von Tintoretto. Nicht zu vergessen der grandiose Tizian mit seinem Werk über das *Martyrium des Heiligen Laurentius*, eine dämonisch schöne Nachtszene. Hier gingen, flapsig gesagt, drei Weltmeister an die weißen Wände. Schön sieht man den Übergang von der Renaissancemalerei zur barocken Freskomalerei eines Tiepolos. Laurentius liegt auf dem Rost und wird richtiggehend gegrillt. Den Laurentius ohne Grill, auf ihm liegend oder eine Art Hirtengrill in der Hand schwenkend, gibt es nicht; aus dieser Symbolik abgeleitet ist Laurentius der Schutzpatron der Köche.

Um auf das Deckenfresko zurückzukommen: Ich habe einen venezianischen Reiseführer von 1903, in dem Tiepolo eher abschätzig erwähnt wird. Zu Hause habe ich einen Katalog, auf dem die Versalien TIEPOLO prangen. Der Untertitel lautet «Der beste Maler Venedigs». Das Buch erschien als Begleitband einer umfangreichen Tiepolo-Ausstellung zu seinem 250. Todestag in Stuttgart, das war im Jahr 2020. So ändern sich die Zeiten, und oft wird dies auf dem Kunstmarkt geschickt gesteuert, es wird plötzlich ordentlich auf

Deckengemälde von Tiepolo, Chiesa Santa Maria del Rosario

die Pauke gehauen, dieser und jener Künstler forciert, und man darf das alles nicht so ernst nehmen, sich selbst nicht die Freude nehmen zu lassen, selbst wenn man für einen Künstler schwärmt, der womöglich in Vergessenheit geraten ist. Als schönes Beispiel dient Johann Sebastian Bach, der im 18. Jahrhundert so gut wie nie aufgeführt wurde und erst im 19. Jahrhundert wiederentdeckt wurde. Nun, in unseren Tagen, gilt Tiepolo als größter Maler Venedigs. Mittlerweile haben wir allerdings schon viele «größte Maler» Venedigs kennengelernt. Mit den Vergleichen und der heutigen Sucht, alles in Rankings zu pressen, bin ich gar nicht einverstanden, denn vieles auf der Welt ist unvergleichlich.

Vor Jahren machte ich mich spontan auf den Weg nach Würzburg, ein bisschen wegen des guten Weins dort, ein bisschen wegen eines guten Gasthauses namens «Stachel», aber in erster Linie juckte mich das riesige Treppenfresko Giovanni Battista Tiepolos in der Würzburger Residenz. Mir ist es ein Rätsel, wie ein Maler auf tennisplatzgroßem Malgrund die Übersicht behält. Die Decke des Treppenaufgangs in Würzburg ist ein Wunder, es ist das größte zusammenhängende Treppenfresko der Welt, aber hier in der Kirche Santa Maria del Rosario kann man auch nicht meckern. Die Kirche gehörte einst zu einem Dominikanerkloster, das nicht mehr kirchlich genutzt wird, aber immer noch einen schönen Kreuzgang mit Garten bereithält. Und dann wären da eben die Deckenfresken: Auf dem mittleren, großen Fresko reicht Maria dem heiligen Dominikus einen Rosenkranz. Auf dem kleineren Fresko, mehr zum Altar hin, hat der heilige Dominikus eine Marienerscheinung und guckt dementsprechend beseelt. Der Eingangspforte zu wird der heilige Dominikus verherrlicht.

Nur einen Steinwurf entfernt steht die schmale Kirche

Santa Maria della Visitazione, welche den Mönchen irgendwann zu klein war. An der Fassade, wie ein marmorner Briefkasten, lädt wiederum eine *Bocca de Leone* die Bürger zur Denunziation ein. Es durchfährt mich, dass ich dort eigentlich auch eine Beschwerde einwerfen könnte. Ich setze mich auf die Stufen und schreibe auf die Rückseite einer Eintrittskarte: «Trennt endlich die Verwaltung Venedigs vom Festland. Es braucht einen venezianischen Bürgermeister und keinen, der seine zigtausende Wählerstimmen in Mestre und Maghera holt. Verdammt noch mal!»

Anderntags, frisch ausgeruht und gestärkt vom Frühstück im angenehmen Salon des Hotels, mache ich mich auf den Weg zur Accademia. Mit Raffaels *Sixtina* und Giorgiones *Schlummernder Venus* befindet man sich dort in einem Olymp der Malerei. Alle Welt beschäftigt sich ja nun mit abstrakter Kunst. Mich als ausgewiesenen Romantiker, immer gerne auf der Lustreise, zog es jedoch schon immer zur alten Malerei. Das ist vielleicht nicht jedermanns Sache, aber vielleicht kann ich so manchen verführen?

Ich werde es also kurz machen und gehe quer durch Dorsoduro in Richtung Canal Grande. Keine Viertelstunde und ich bin an der Accademia-Brücke und an dem Ort, den Goethe noch «Carità» nannte. Der kleine Platz davor, vor dem Gebäude der Accademia, nennt sich Campo del Carità. Links befindet sich die große ehemalige Kirche, welche der Gottesmutter geweiht war. Sie barg die Scuola Grande della Carità. Von diesen *Scuole* gibt es in Venedig ziemlich viele. Man sollte sich darunter keine Schule vorstellen, sondern eher einen gemeinnützigen Verein, der sich gute Taten auf die Fahnen geschrieben hat. Es gibt kleine Scuole, beispielsweise von Handwerkszünften, oder eben auch große, die sich dann Scuole Grande nennen. Eine der berühmtesten ist die des heiligen Rochus, die Scuola Grande di San Rocco, mit einer sehr bedeutenden Gemäldesammlung.

So weit, so gut. Heute ist das Gebäude keine Kirche mehr, sondern randvoll mit Ölgemälden. Daran rechts angebaut sehe ich eine klassizistische Fassade von Andrea Palladio. Die staatlichen Sammlungen der venezianischen Kunst, angefangen beim Mittelalter bis hin zum Rokoko des späten 17. Jahrhunderts, sind in diesen Gebäuden untergebracht und haben Weltruhm.

Ebenerdig gerate ich unter eine hohe, goldgeschmückte Decke in einen Schrein der Wunder. Die gotische Malerei empfängt mich. Das Figürliche der Bilder wirkt noch etwas steif, und im nächsten Raum breitet sich die frühe Renaissance aus. Es empfiehlt sich, alles nacheinander abzuwandern. Manchmal werden die Bilder wegen Restaurierungsarbeiten oder Reparaturen umgehängt, aber wenn man sich einen Flyer schnappt, kommt man auf einfache Weise durch die Entwicklungsgeschichte der Malerei an Beispielen venezianischer Künstler. Nach zwei Stunden bin ich mit allem einigermaßen durch und mir ist ganz schwindlig. Bis ich wieder im Freien wäre, hätte ich die Namen der Künstler allesamt durcheinandergebracht.

Wie immer stelle ich mich aber nun vor mein Lieblingsbild, und da verharre ich: Giorgione, *Das Gewitter* (*La Tempesta*), um 1508 vollendet. Es ist ein wegweisendes Bild. In der Mitte sehen wir eine arkadische Landschaft, eine Stadt mit Türmen und darüber ein dunkelwolkiges Gewitter mit Blitzen. Auf der rechten Seite der Gemäuer sitzt ein Storch, das einzige Tier auf diesem Bild. Darunter eine fast nackte Frau, die ihr Kind stillt. Sie schaut auf uns Betrachter und nicht auf ihr Gegenüber im linken Vordergrund, einen jungen Mann, der nach der Mode seiner Zeit in einer Art Lands-

Giorgione, La Tempesta (1508)

knechtshose steckt und einen Wanderstab hält. Mann und Frau sind von einem Bach getrennt. Links und rechts ist das Bild von Bäumen gerahmt. Wenn auch im Hintergrund, so ist die Stadt letztlich doch der Mittelpunkt des Gemäldes. Nicht nur die Figuren, sondern besonders die dramatischen

Wolken mit dem Blitzschlag hatten mich schon immer fasziniert.

Schade, dass es nicht in Stuttgart hängt, wir Schwaben kämen damit ins Weltkulturerbe. Der volle Name des Künstlers, der es gemalt hat, lautete Giorgio da Castelfranco (1478–1510). Er nannte sich nach seiner Heimatstadt Castelfranco, wir erinnern uns, von dort kommt der berühmte gelb-violett gesprenkelte Radicchio. Er war ein Zeitgenosse Leonardo da Vincis, den ich übrigens verehre, der mir vielleicht aber trotzdem mit seiner Weichzeichnerei etwas überschätzt dünkt. Giorgione wurde nicht sehr alt. Er starb bereits 1510 an den Folgen der Pest.

Das Gemälde in der Accademia beschäftigt nach wie vor die Kunstwissenschaftler. Der berühmte Schweizer Kunsthistoriker des 19. Jahrhunderts, Jacob Burckhardt, erwähnte das Bild in seinem *Cicerone* und hob es dadurch in den wissenschaftlichen Adelsstand. Burckhardt war offenbar auch ein Fan des Malers, nannte ihn sogar den «eigentlichen Begründer der neuen Entwicklung der venezianischen Malerei». Verschiedene Interpretationen des Werks besagen, es wolle die «vier Elemente» zeigen oder, eine profane Auslegung, das Gemälde stelle die «Flucht nach Ägypten» nach, oder eine Szene von Petrarca, oder eine des römischen Dichters Ovid, oder des mittelalterlichen Humanisten Boccaccio. Neueste Forschungen bringen das Bild mit der Stadt Padua in Zusammenhang. Es könnte sich um die Legende einer Liebschaft einer Prinzessin zu einem Soldaten handeln.

Eigentlich kann es uns egal sein, die Wissenschaft wird sicher noch Jahrzehnte darüber grübeln, während wir besser über das nächste Gasthaus nachdenken. Zuvor will ich aber noch einen Hinweis auf den Schriftsteller Alfred Andersch (1914–1980) loswerden, einen der wichtigsten Literaten nach dem Zweiten Weltkrieg. Für ernsthafte Venedigreisende ist sein Buch *Die Rote* eine spannende und exzellent geschriebene Pflichtlektüre. Hier ein kleiner Auszug, wie Andersch das Gewitter von Giorgione interpretierte: «Für ihn war es die Darstellung der ewigen Trennung zwischen Mann und Frau. Auf dem einen Ufer saß die Frau nackt und innig in ihrem kleinen Fruchtbarkeits-Ritus hell erleuchtet, eine klare biologische Formel, während auf dem anderen Ufer der Mann stand, dunkel, schön, lässig genießerisch, verliebt, er hat ein Kind gezeugt, und das Glied spannte sich schon wieder im Lederbeutel der Tracht des Jahres 1500; jung und getrieben, geistig und rätselhaft, hatte er sich noch einmal umgewendet, aber das Wasser – er könnte ganz leicht hinübergehen – lag unüberschreitbar dunkel und tief zwischen ihm und der Mutter mit dem Kind, indes der Wolkenhimmel aller Jahrhunderte von einem großen Blitz durchzuckt wurde; er illuminierte eine Stadt, einen Fluss und Bäume, wie es sie im Veneto gab, im Hintergrund von Mestre und Dona di Piave …»

Ich suche den Weg ins Freie und setze mich zur Erholung auf eine der Stufen. Die Sammlung hat mich begeistert. Nun erfreue ich mich am Anblick der hüpfenden Kinder. Ganz große Kunst ist überall, wenn man einen offenen Blick für die Schöpfung hat. Wie ich da so hocke, denke ich mir, dass ich von einer Kulturparanoia nicht weit weg bin. Ich fühle mich im Moment wie die Kugel im Flipperautomaten oder wie ein Schmetterling, der von Blüte zu Blüte fliegt. Ganz klar, als Koch ist man ein Kind der Hektik, das kriegt man nicht mehr los. Was kann man aber bei solcher Erkenntnis als Soforthilfe unternehmen? Ich mache es wie die erfolgreiche Politik: «aussitzen», einfach hocken bleiben und dem Treiben zuschauen. So sitze ich auf dem istrischen Kalkstein und lasse hinterrücks durchs Gemäuer das künstlerische Weltkulturerbe in mich einsickern. Manchmal bin ich nahe an der Esoterik, dies aber nie lange.

Irgendwann, nach einer gefühlten halben Stunde, raffe ich mich auf und spaziere quer durch Dorsoduro zum Giudecca-Kanal. An meinem Hotel angekommen, setze ich mich dort auf die Terrasse. Mir ist nach Nudeln. Wenn ich es mir so überlege, dann ist mir eigentlich dauernd nach Nudeln. Und wenn man schon mal in Venedig ist, dann soll der Koch noch einige Vongole dazuwerfen. Das organisiert der Ober, und danach mache ich mich über einen geschmorten Pulpo mit geschmolzenen Tomaten her … so geht der Nachmittag dahin.

Die italienischen Köchinnen und Köche haben ein großes Repertoire und sind gottlob nicht so innovationsfreudig wie deutsche Köche. Wir deutschen Smutjes müssen ja dauernd etwas Neues erfinden und wenn wir es einigermaßen gut können, kommt eine frische Innovation daher, die man noch nicht beherrscht. Neues wird leider oft automatisch mit gut verwechselt. So geht's dahin, aber alle Arten von Grübelei verlassen mich beim Mittagsschlaf. Danach komme ich langsam wieder in die Gänge, hole meinen Koffer hervor. Morgen geht es wieder heim. Ich gefalle mir oft, den Leuten zu erklären, dass ein schwäbischer Schaffer nie mehr als vier Tage in den Urlaub fährt. Die Leute glauben mir das, aber in Wahrheit halte ich es nie länger aus – nicht mal in Venedig.

Fischvöllerei auf Giudecca

Mit Venedig wird man als Schreiber niemals fertig, diese Stadt macht demütig. Egal, wo man endet, oder man meint, man wäre am Ende. Egal, ob man glaubt, das Wichtigste gesagt zu haben, ich könnte jederzeit ausrufen: Lasst uns neu beginnen!

Wird ein Buch verlegt, braucht es einen Umschlag. Unzählige Fotos von Venedig hatte sich meine Kamera eingesogen, mindestens fünfhundert. Aber auf keinem einzigen war ich selbst drauf. Ganz klar, ein Porträt musste her. Eigentlich wollte ich nicht mehr fliegen, aber nun war es eilig, denn ein Buch braucht eine Vorankündigung und dafür will der Verlag meinen Kopf, zumindest auf dem Buchtitel.

Mitte Juli 2021 sitze ich im Flugzeug, die Landung verläuft glatt. Bis zur Fähre vom Flugplatz nach San Marco merke ich bereits, dass ich aus Eitelkeit das falsche Schuhwerk gewählt habe. Trotzdem, mein Gedanke war, mit meinem Gesicht kann ich nicht glänzen, die Schuhe müssen es rausreißen. Es ist eine alte gastronomische Weisheit, dass erfahrene Kellner ihre Gäste nach dem Schuhwerk beurteilen. Vor dem Fotografen will ich auch nicht als Provinzpomeranze erscheinen, und so hatte ich wieder meine alten handgenähten Stiefeletten herausgeholt. Mir war schon klar, dass ich damit keine Wanderung bestreiten sollte, aber es ging ja nur um ein verdammtes Foto … Mir war ebenfalls bewusst, dass man in der Julihitze nicht nach Venedig reisen sollte, zumal dann nicht, wenn man wie ich von einem feisten Robbenspeck gedeckelt ist. Das Thermometer zeigt 34 Grad, aber was sein muss, muss sein.

Von der Anlegestelle «San Marco» schleppe ich mich die zwanzig Meter zum «Hotel Monaco Grand Canal» und schwitze bereits wie ein Ringkämpfer. Mir ist nun auch klar, warum es treue Gast-Venezianer gibt, die nur im Winter die Stadt besuchen. In dieser Viren-Dekade, in der Venedig die Überseetouristen abhandengekommen, in der die Kreuzfahrtschiffe auf Grund gelaufen sind, die Bustouristen sich ihre Illusionen in der heimatlichen Wohnung holen müssen, in diesem Ritardando des Weltgeschehens dümpeln auch die Luxushotels auf Ebbe. So war und ist es, vieles ist im Keller, die Hotelpreise eben auch.

Vor Jahren war ich schon mal im Hotel Monaco Grand Canal, damals umgeben von Antiquitäten und venezianischer Verspieltheit. Nun glänzt die Empfangshalle kristallin-gestylt und zeitgeistlich mit popfarbenen Hockern und Geglitzer. Gerald von Foris liegt schon auf der Lauer. Er sieht aus wie ein Künstler, hat ein schlankes, feines Gesicht, wie man das vom Adel gewohnt ist. Ein gescheites Wesen, das offensichtlich auch Bertrand Russell gelesen hat, der einst sagte: «Wer sich und seinen Beruf zu ernst nimmt, gehört in ein Sanatorium.» Er nimmt seinen Beruf allerdings verdammt ernst, arbeitet aber im Schweiße seines Angesichts fest daran, dass alle glauben sollen, er sei ein völlig harmloser Hobbyfotograf.

Wenig später sitzen wir auf der Terrasse des Hotels mit direkter Sicht auf Santa Maria della Salute. Was uns in Venedig übrigens die ganze Zeit zu Exoten macht: Wir trinken keinen Aperol Spritz. Ich kippe ganz *old school* einen Campari Soda nach dem anderen in mich hinein, um mir von innen Kühlung zuzufächeln. Gerald, der eine ähnliche Frisur wie Richard David Precht über die Ohren fließen lässt, mit diesem sicherlich auf Augenhöhe philosophieren könnte, wollte eigentlich nie mehr Alkohol trinken. Der fadendünne Fotograf, der sich hinter mir mindestens dreimal verstecken könnte, ergibt sich dann aber schließlich doch seiner Harmoniesüchtigkeit und passt sich meiner Camparischlagzahl freundschaftlich an. Der Fotograf sieht sich in der ordnenden Pflicht und besteht auf eine Art Terminplan. Dazu gehört baldiges Zubettgehen, um sich beim ersten Hahnenschrei wieder in den venezianischen Morgen zu stürzen. «Vincent, lass uns früh zu Abend essen und jetzt gleich in die Kneipe wackeln. Morgen um sechs werden wir nämlich mutterseelenalleine auf dem Markusplatz stehen. Ich stelle mir vor, dass du dann als *Lonely Cowboy* zwischen den Prokuratien als Ersatzdoge brillierst.»

Am anderen Morgen, in aller Herrgottsfrühe, stehe ich schläfrig mitten auf dem Markusplatz und fühle mich wie bestellt und nicht abgeholt. Die Atmosphäre lässt in mir Seuchenszenarien vorbeiziehen. Die ganze Welt ist ausgestorben, und ich bin der einzige Überlebende, der Ausschau nach einem Raketengefährt hält, um zu einem anderen Stern zu düsen. Gerald zitiert mich von einer Ecke des Platzes in die andere und drückt immer nur zweimal auf den Auslöser. Seitdem weiß ich, dass das Verschlussgeknatter von Hochgeschwindigkeitsfotografen in die Stümperfraktion gehört. Der Friede auf dem Platz hält nicht lange an. Nach zwanzig

Ein seltener Anblick:
frühmorgendliche Leere auf dem Markusplatz

Minuten sickern irgendwelche Aliens mit Fotoapparaten und Smartphones in die friedvolle Szene. Alle wollen den schönsten Platz der Welt in entleerter Vakuumsituation auf ihre Microchips bannen. Es wird Zeit, dass wir hier die Platte putzen.

Nun schmerzen mir die Füße. Im Vergleich mit diesem Auf und Ab über Brücken und antikes Holperpflaster, das jeden Damenschuh ruiniert, empfinde ich eine Dreitausenderbesteigung in den Alpen als ähnlich kräftezehrend. Deshalb an dieser Stelle abermals der Hinweis, dass Wanderschuhe zum Einsatz kommen sollten. Da ist man um eine Schiffsreise dankbar. Wenig später rumpelt das Vaporetto an die Anlegestelle «Rialto / Mercato». Ich wanke vom Schiff und ziehe mich auf den Ponton. Fotograf Gerald, sehr fürsorglich, erlaubt mir, dass ich bequem in der Routine versacken und einfach hinterherdackeln darf, denn er bewährt sich als orientierungssicherer Blindenhund.

Nach wenigen Metern öffnet sich der Campo Cesare Battisti, so steht es groß an einer erdrotfarbenen Mauer. In der Mitte jede Menge Bistrotische und modernes Gestühl. Mit schlafwandlerischem Kompass steuere ich diese «Oase» an und pflanze mich in die nächstgelegene Sitzgelegenheit. Hinter mir geht irgendwelcher Wirbel los, und dann zieht mich Gerald am Hemd wieder aus dem Stuhl.

«Vincenzo, der Herr da sagt, wir sollen uns nicht dort hinsetzen, das seien alles aus China importierte Fertiggerichte, alles Mist.»

Nun ja, mein Verlangen zeigt eigentlich auf einen Campari Soda, denn ich leide unter Frühstücksdurst. Das ist nicht weiter verwunderlich, wenn man bei 35 Grad Hitze aus einem überfüllten Vaporetto kommt. Als ich mich wieder in der Senkrechten umschaue, tritt mir ein Hüne vors Auge, der mich in herzhaftem Bayerisch erneut vor dem Kunstfutter nebenan warnt. Direkt am Torbogen, durch den man vom Vaporetto kommend den Platz betritt, drückt sich links eine kleine Bank ins Eck. Gleich daneben ist eine Türe zu sehen, aus welcher der Bajuware gefüllte Biergläser in die Freiheit entlässt. Augustinerbräu, frisch und perlend aus dem Fass.

Für jeden ein «Schaumiges», sagt er, also nur halbvoll und richtig kalt. Funkelnde Kondenswasserperlen laufen das Glas hinab. Ein Bier wie aus einem Werbefilm. Ich kann gar nicht sagen, wie sehr mich das belebt. Beppe aus Bayern hat mich gleich erkannt, er ist nämlich Kollege und arbeitet als Koch schon seit 20 Jahren in Venedig. Das geschäftige Gebiet des Rialto Mercato ist letztlich sein Wohnzimmer. Hier geht es ums Essen, um Gemüse, Fische, Fleisch und alles, was den Koch erfreut. Jeder kennt ihn, er muss ständig nach allen Seiten hin grüßen. Gerald und ich folgen dem Bayern auf den Fischmarkt. Er erklärt uns die Welt, kennt jeden Händler, wir probieren rohe Scampi, bestaunen Meerschnecken und sonstiges Meeresgetier, das so frisch ist, dass die Gegend hier unter den Arkaden nicht nach Fisch riecht, sondern regelrecht duftet. Es mischt sich auch noch das Parfüm von reifen Melonen, Basilikum, Minze und sonstigen Früchten in die wehende Luft, die vom Canal Grande her uns befächelt.

Wir ziehen weiter, denn Beppe will uns zu einer Ombra einladen. Die Uhr arbeitet auf die Elf zu, und da hat Beppe einen festen Termin, nämlich in der Bar «All'Arco» im Calle Arco. Draußen vor der Türe kommt Weißwein auf den Tisch, und Beppe organisiert kleine Brötchen mit reichlich Mortadella darauf. «Bei der Mortadella gibt es gewaltige Unterschiede, und dann schneidet man sie hier nicht so dünn, sondern immer mit dem großen Messer, damit man auch etwas zwischen den Zähnen hat.» Gerald fotografiert

Gemüsestand in Rialto Mercato

derweilen, hat sich eine alte Türe und eine bröselige Mauer auserkoren, vor die wir uns hinstellen, und wir kommen so zu einem Porträt, das uns schöner abbildet, als wir jemals erahnen konnten. Beppe hat danach noch einiges zu organisieren, und so marschiert Gerald in Richtung Zattere und ich hinterher.

Auf der anderen Seite des Kanals, auf der Insel Giudecca, spazieren wir in Richtung Mulino Stucky, eine ehemalige Getreidemühle, in dem sich heute das Hilton Hotel befindet. Kurz davor stehen wir dann vor der Stoffdruckerei Fortuny. Um die Jahrhundertwende arbeitete Mariano Fortuny (1871–1949) als Modeschöpfer. In den Dreißigerjahren sorgte er dafür, dass Stars wie Isadora Duncan oder Sarah Bernhardt angemessen gekleidet waren. Ich rüttle an der Tür, aber sie ist geschlossen, letztes Jahr war ich mit einer Gruppe dort. Eine Signora Carla gab sich die größte Mühe, uns die Herstellungsweise zu erklären. Ganz kapiert habe ich es nicht. Der Druck des Stoffs basiert auf der Technologie der Xerografie, dem Kopieren und in diesem Fall auf Papier. Der Stoff wird elektrostatisch aufgeladen und die Pigmente bleiben deshalb am Stoff haften. Irgendwie ist alles ein Geheimnis, und so richtig rückte damals die Dame nicht heraus damit. Alle Stoffe wurden uns gezeigt, wir bekamen eine Führung durch den Garten, der hinter dem Fabrikgebäude liegt. Ich konnte nicht widerstehen und kaufte zwei Meter Stoff in venezianischem Rot mit Goldmuster. Das kostete fast 800 Euro. Ich hatte ein schlechtes Gewissen, aber mittlerweile ist der Preis vergessen, denn der Stoff ist ein Kunstwerk und einmalig auf der Welt. Eine Samtdecke wurde damit bezogen und meine Freude darüber anhaltend groß, und die meiner Erben hoffentlich auch.

Das alles erkläre ich Gerald, während wir wieder zurückmarschieren. Weit vorne erblicke ich Palladios Kirche Redentore und erzähle meinem Reisebegleiter, wie mir dort im letzten Jahr ein Mönch den riesigen Park dahinter zeigte, der bis zum offenen Wasser reicht. Schöne alte Bäume, aber etwas verwildert. Ein Wahnsinnsgrundstück. Früher gab es auf Giudecca viele Gärten, es war letztlich eine Arbeiterinsel mit dementsprechendem Selbstversorgergrün.

Immer noch die Kirche im Blick, überqueren wir die Brücke über den Rio del Ponte Lungo. An der untersten Stufe schlagen wir einen rechten Haken und ziehen an den vertäuten Booten entlang. Gegenüber, auf der anderen Seite des Wassers, grüßt die Terrasse des «Ristorante Altanella», ein sehr gutes Restaurant. Wir gehen eng zwischen Wasser und Hauswand, bis es nicht mehr weitergeht, und finden dort die Türe zum Ruderclub, der *Associazione Canottieri di Giudecca*. Hier bin ich Mitglied, und obwohl ich den schönen Platz auf der Rückseite der Giudecca schon lange nicht mehr aufgesucht hatte, befinden wir uns unversehens in einer unbeschwerten und liebenswerten Gesellschaft. Die Frauentruppe des Clubs legt gerade an, sie hatten das Morgentraining hinter sich und auch die letzte Redentore-Regatta gewonnen. Mit dieser freudigen Nachricht kommen wir ins Gespräch.

Anschließend folgt eine Ombra, eine kleine Vesper mit Bier, Brot und Salami. Wir sitzen am Wasser. Die Chefin der Frauentruppe stammt aus dem Bayerischen und ist vor über zwanzig Jahren an einem schlanken Venezianer hängengeblieben. Sie hätte es nicht besser treffen können. Wir tauschen Adressen aus und ich verspreche, bald wiederzukommen. Vor Jahren bekam ich einmal eine Unterrichtsstunde im Gondelrudern. Ich tat mich wirklich schwer, und wer das lernen will, sollte sich einen Wohnsitz in Venedig besorgen. Der kleine Imbiss war mir hochwillkommen, aber ein ordentliches Mittagessen muss trotzdem sein. Die Canottiere bestanden darauf, dass wir das Ristorante «La Palanca» an der gleichnamigen Anlegestelle aufsuchen sollten. Mit großem Hallo verabschieden wir uns.

Also wieder zurück zur Brücke, rechts an der Trattoria «Ai Cacciatori» vorbei, übrigens auch ein empfehlenswerter Ort. Dann noch einmal die Treppe hoch und wieder runter, und schon sehen wir noch einen freien Tisch am Wasser. Nachmittags liegt das ganze Embankment im Schatten und das Wasser fächelt kühle Luft. Wunderbar. Gerald ist schon wieder am Fotografieren. Er setzt sich überhaupt nicht in Szene und bleibt nahezu unsichtbar. Ich denke mal, das ist eine der wichtigsten Eigenschaften eines guten Fotografen. Eine Karte verlangen wir nicht, wenn die Canottiere sagen, dass hier alles sehr gut ist, glaube ich ihnen das und glaube auch dem Wirt, der uns *bucatini alle vongole* empfiehlt. Er fragt nach Wein, weiß oder rot. Gerald möchte gern Weißwein, und ich denke, zu Fisch und bei der Hitze passt das ideal. Wir nehmen eine ganze Flasche, irgendwas aus dem Friulischen. Vor den Vongole bestellen wir eine Antipastiplatte mit *baccalà* (mariniertem Schwertfisch), Sepia in Streifen, *sarde in saòr* und Thunfischtatar. Mit Gerald ist es die ganze Zeit ein Vergnügen. Wir reden über Gott und die Welt, und er liefert mir über Venedig ein beträchtliches Wissen. Wir genießen das erhabene Panorama vom Arsenale bis hinauf nach Mestre.

Dann klopft mir jemand auf die Schulter. Am Nebentisch sind gerade zwei Typen am Stühlerücken, wobei mich der eine am Kragen packt und freudig schüttelt. Sein Komplize, ein löwenmähniger Oldtimer, ist offensichtlich Künstler, wir grüßen uns artig. Ich erhebe mich aus meinem Gestühl, um einen alten Bekannten zu herzen.

Der Wahlvenezianer Thomas kümmerte sich letztes Jahr bei meinem Besuch um mich und meinen Freundeskreis. Egal, wo man sich Zugang wünscht, Thomas macht es möglich. Der gebürtige Bayer hatte sich bereits vor zwanzig Jahren auf Giudecca niedergelassen. Er ist nach wie vor im Kunstgeschäft und bei der Biennale tätig. Nicht lange, und Gerald gerät mit Thomas innerhalb von fünf Minuten in angeregte Gespräche über Fotografie. Thomas besteht auf

Analogfotografie und hat auch schon Bücher veröffentlicht. So stelle ich meine Ohren auf und höre begeistert zu. Was das Essen betrifft, geraten wir in eine Schwelgerei, die vollkommen ausufert. Was letztlich alles aufgetischt wurde, weiß ich nicht mehr ganz genau, das ging irgendwie mit dem Weißwein unter. Irgendwo in der Ecke meines Hirnkastens schwebt aber noch nach den Vorspeisen ein Schemen von Moscardini-Ragout umher, kleinen Kraken mit Polenta. Gegen fünf Uhr nachmittags, nach fünf Stunden heißköpfigen Austauschs, rette ich mich in zwei doppelte Espressi. Thomas erinnert mich daran, dass man dazu in der «heure bleu» einen Sambuca zu trinken hat.

Venezianische Küche ist Fischküche: Festessen im «La Palanca»

Vongole
Für 2–3 Personen

Vorbereitungszeit: 20 Minuten Garzeit: 15 Minuten

500 g	*sehr frische kleine Muscheln*
2	*Schalotten in Würfeln*
3 EL	*Olivenöl extra*
2	*Knoblauchzehen, geschält und leicht zerdrückt*
1/4 ℓ	*trockener Weißwein*
2 EL	*fein gehackte frische Petersilie*
	frisch gemahlener schwarzer Pfeffer

Vongole gehören zur Familie der Venusmuscheln. Noch beliebter sind die «caparossoli» aus derselben Familie. Für dieses Rezept kann jede Art von kleinen Muscheln verwendet werden. Zuvor müssen sie jedoch einige Stunden in reichlich sehr kaltem gesalzenem Wasser gewässert werden. Das Wasser 2–3-mal erneuern, damit der Sand ganz ausgewaschen wird.

Wichtig: Man braucht einen Topf mit dicht schließendem Deckel.

Der Topf kommt auf den Herd, Öl, Zwiebeln und Knoblauch dazu. Volle Hitze. Bevor die Zwiebeln braun werden, die Muscheln hineinwerfen. Die Petersilie kommt ganz zum Schluss. Sofort den Deckel darauf. Nach einer Minute die Hitze zurückdrehen und mal in den Topf schauen. Unten sollte ein klein wenig Muschelbrühe sein. Nun mindestens 10 Minuten bei geschlossenem Deckel weiterkochen. Dazu folgt jetzt ein sehr wichtiger Hinweis: Muscheln lieben die Mündungsgebiete der Flüsse, beispielsweise das Podelta. Kolibakterien sind dort keine Seltenheit. Wenn es bei Muscheln aller Art später zu Magenverstimmung kommt, liegt es daran, dass sie nicht durchgekocht wurden. Auch Miesmuscheln können so zubereitet werden. Ist das Muschelgericht fertig, werden Spaghetti untergemischt. Es ist ein richtiges Familiengericht. Kommen mehr Esser als erwartet, kommen mehr Spaghetti, die man extra kocht, in den Topf.

Baccalà Mantecato

Für 4 Personen

Beim Einkauf darauf achten, kein steinaltes Holzbrett zu kaufen: Der Stockfisch sollte möglichst weißes Fleisch haben.

600 g	*Stockfischfilet*
1/4 l	*Olivenöl*
	Milch, je nach Pfannengröße
1	*Lorbeerblatt*
1	*Knoblauchzehe (oder mehr)*
1	*klein gehackter Peperoncino*
1 EL	*Sambuca*
2 MS	*abgeriebene Zitronenschale*
	Pfeffer

Der Schwanz kommt weg und auch der Bauchlappen (der Verhungernde verwendet auch die Bauchlappen).

Getrockneten Stockfisch so schneiden, dass er in einen großen Topf oder in eine große Pfanne passt.

48 Stunden im Kühlschrank in kaltem Wasser einweichen. Das Wasser zweimal pro Tag wechseln.

Den Fisch nun in handgroße Stücke schneiden. Diese in einer großen Pfanne mit Wasser bedecken und 10 Minuten sanft kochen, danach 10 Minuten stehen lassen. Das Wasser probieren, es darf nur mild salzig schmecken.

Wasser abschütten und die Fischhaut abziehen. Dem Fisch die Gräten einigermaßen entfernen und die groben Stücke wieder in die Pfanne geben und mit Milch bedecken. Ein

Lorbeerblatt und eine Knoblauchzehe dazu. 30 Minuten sanft kochen.

Fischstücke herausnehmen, unter kaltem Wasser abspülen und anschließend kleinzupfen und dabei die Gräten entfernen. Den gezupften (zerfaserten) Fisch in eine Rührschüssel geben. Peperoncino oder Cayenne nach Belieben dazu. Kochmilch und Olivenöl dazuträufeln, so lange mit dem Knethaken rühren, bis eine fest-sämige Masse entsteht. Nicht original, aber es empfiehlt sich, noch eine halbe Tasse Sahne zuzugeben. Nach Belieben abschmecken, Pfeffer und Cayennepfeffer. Zitronenschale reinreiben. Ich gebe gerne noch einen Esslöffel Sambuca dazu.

Trotz den nahen Fischgründen ist der «baccalà» in Venedig ein Dauerlutscher. Venezianer, die mit dem Norden Handel trieben, brachten ihn mit, und er war im Nu sehr beliebt. «Baccalà» ist sozusagen der Oberbegriff. Wird er «stoccafisso» (Stockfisch) genannt, ist der Kabeljau getrocknet. Wird er «bertagnin» genannt, dann wurde er durch Salzen haltbar gemacht. Ein Rezept hat in der Lagune Kultstatus: «baccalà mantecato».

Die frohe Runde löst sich auf und der trotz allem stocknüchterne Gerald verfügt mich aufs Vaporetto zur Ca' d'Oro, dort müsse man, um den Arbeitstag zu retten, noch ein Foto schießen. «Gerald, du bist der Chef», krähe ich ihn an und füge hinzu, «da müsste doch irgendwo in den Hinterhöfen der Palazzo Fortuny zu finden sein.» Vorne am Wasser wird «der goldene Palazzo» fotografiert, dessen Gold das Wetter längst abgewaschen hat. Das Gebäude von der Sonne in gleißendes Licht gesetzt bietet ideale Beleuchtung. Der Fotograf ist zufrieden und ich wieder einigermaßen von den Giudecca-Exzessen erholt.

Wir queren Kanäle und zu allem Elend verlaufen wir uns auch noch, aber irgendwann sind wir beim Palazzo Fortuny angelangt. Das architektonische Prachtstück ist nicht geschlossen, aber es wüten dort Handwerker und Schubkarren quietschen über die Laufbohlen, die aus dem Portal führen. Es staubt, dass mich das Szenario an ein Wüstenscharmützel erinnert. Verdammt, denke ich, gibt es in unseren Zeiten denn keine Ecke mehr, in der nicht irgendwo ein Presslufthammer oder Bagger ein Inferno veranstaltet? Wie es im ersten Stock des Palasts aussieht, der der Stadt gehört und Ausstellungsraum für zeitgenössische Künstler bereithält, können wir leider nicht erforschen. Vor dem wunderbaren Gebäude stehen wir auf einem schönen Platz, dem Campo San Beneto. Der Fotograf tut sich schwer, denn überall dort, wo es besonders schön ist, steht momentan immer ein Baucontainer herum. Egal, so viel kann ich trotzdem sagen: Mariano Fortuny kaufte vor der Wende ins 20. Jahrhundert das Gemäuer und richtete sich dort sein Mal- und Fotoatelier ein. Eine Kunstschreinerei, eine Schneiderei und eine Färberei kamen dazu und Fortuny arbeitete in diesen Ateliers bis zu seinem Tod 1949. Seine Witwe vermachte in den Fünfzigerjahren alles der Stadt Venedig, und so kam es zu diesem Museum. Ich glaube gerade erst erwähnt zu haben, dass die Stoffdruckerei eines schönen Tages nach Giudecca verlagert wurde, wo sie heute noch in Betrieb ist.

Gerald fotografiert, ich lehne mich an die Wasserstelle, die dem Campo beträchtliche Würde verleiht, und versuche, in einer Zen-Übung mein Hitzeschwächeln zu vergessen. Vorbeikommende gucken mit sanftem Erschrecken, denn sie vermuten, man hätte eine Leiche über den Brunnen gehängt. «Vincent, also gut, wir machen Feierabend!» Er bietet sogar

Trotz Baustelle sehenswert: Palazzo Fortuny

an, mich bis zur Anlegestelle zu tragen, aber so weit kommt es infolge mangelnder Kondition dann doch nicht.

Eine Fahrt durch den Canal Grande ist immer ein Erlebnis. Alle Passagiere recken die Hälse und selbst altgediente Angehörige der Serenissima bleiben hier nicht gleichgültig. Nicht ohne Grund leitet sich der Begriff vom lateinischen «serenus» her, das Heiterkeit und Gelassenheit bedeutet und zu Ende gedacht für die «allerdurchlauchteste Republik» steht. Zu beachten wäre noch, dass das «Durchlaucht» der Fürsten nichts mit der beim Adel so beliebten Lauchsuppe zu tun hat, sondern von «durchleuchtet», also erhaben, kommt.

Etwas maulfaul hocken wir nun auf der Terrasse des Hotels herum, und ich widme mich wieder einem Campari Soda. Gerald flößt sich diesmal einen Aperol Spritz ein, was ich ihm verzeihe, denn die Jugend hat nun mal einen anderen Geschmack als der Oldtimer. Kanalaufwärts ist die Terrasse des Hotel Monaco als Restaurant ausgewiesen, wir müssen auf einen Tisch vorne im Aperitifbereich warten. Wein wird bestellt, und nach zwanzig Minuten topfen uns die livrierten Kellner an einen Tisch in der Gourmetabteilung um. Es hat sich so weit abgekühlt, dass wir uns mit einem Bardolino-Rotwein anfreunden können. Als Vorspeise wird ein Tintenfischsalat bestellt, und ich habe anschließend Lust auf eine gebratene Ente. Auf der Karte steht irgendetwas mit *anatra Inglese*. Es weckt meine Neugierde, auf welche Ideen die Engländer kommen, wenn sie eine Ente in den Ofen schieben. Das Ergebnis hätte ich mir denken können: Die Ente war schon gestern aus dem Ofen befreit worden und hatte bis zu meiner Bestellung im Kühlschank ausgeharrt. Na ja, ich erwähnte es bereits, ich esse ungern in Hotels und mache diesen auch gar keinen Vorwurf. Internationales Publikum, das hört sich weltoffen und zeitgemäß an, es bedeutet aber, dass in solchen Etablissements die Köche ziemlich frustriert sind. Der eine will zum Fisch Ketchup, der nächste mag nur Hühnchen mit den Aromen einer Fertigsauce, und der Rest der Kundschaft hat das Geld, den ganzen Laden zu kaufen, wenn man ihm nicht genau die schlechte Küche vorsetzt, die er von zu Hause gewohnt ist. Erodierendes Berufsethos beim Personal in der Küche, aber auch im Service sind die Folge. Familientische im Alter zwischen sieben und siebzig, mit einigen Pubertierenden, die vegan, vegetarisch, glutenfrei, hefefrei, mit lauwarmem Kräutertee oder zuckerfreien Desserts den Laden lahmlegen, sind weltweit gefürchtet.

Da haben es die Ober mit dem Dicken und dem Dünnen an diesem Abend recht leicht. Das Essen wird ohne Murren vertilgt, und bevor der Blues der Ausgepowerten uns übermannt, bestellen wir noch eine Flasche Bardolino und lassen den Abend sanft ausklingen. Wir sind aber noch so gut strukturiert, dass wir für morgen, den letzten Tag unseres Aufenthalts, einen Plan zurechtlegen. Wir werden mit dem Vaporetto vom Hotel bis zum Arsenal tuckern. Ich will unbedingt noch den Löwen dort anschauen, der ist nämlich etwas ganz Besonderes. Je nachdem wie es mir gelingen wird, meine Zehen ordentlich zu bepflastern, werden wir uns von dort zu den Fondamente Nove durcharbeiten, um dann zu meinem Lieblingsort Torcello zu schippern und in der «Locanda Cipriani» unser Abschiedsessen zu feiern.

Die Löwen des Arsenale und Torcello

Gleich wie man in Venedigs Arsenal
Das Pech im Winter sieht aufsiedend wogen,
Womit das lecke Schiff, das manches Mal
Bereits bei Sturmgetos das Meer durchzogen,
Kalfatert wird – da stopft nun der in Eil'
Mit Werg die Löcher aus am Seitenbogen.

DANTE ALIGHIERI, *Die Göttliche Komödie*

Am nächsten Morgen mache ich es wie Gerald, der schon seit zwei Stunden fotografierend durch die Stadt gepirscht ist. Eine Tasse schwarzer Kaffee wird getrunken und los geht's. Die wunden Füße sind bepflastert, doch ich bestehe darauf, dass wir nicht zum Arsenal laufen, sondern wenigstens von der Haltestelle nach Westen mit dem Vaporetto die früheren Werften ansteuern. Als der Handel in Venedig noch blühte, befanden sich dort die Schiffswerkstätten und jede Menge Fertigung, die sich mit der Seefahrt beschäftigt.

Von der Anlegestelle geht es rechts über die Brücke des Rio Arsenale, dann links in den schmalen Kanal am Schifffahrtsmuseum vorbei. Den Löwen haben wir längst im Blick.

Er ist wirklich riesig. Drei kleinere Löwen reihen sich wie die Orgelpfeifen in Richtung Wasser auf. Links neben dem Eingang des Arsenal-Hauptgebäudes, gleich beim liegenden Löwen, wacht eine Büste des Nationaldichters Dante Alighieri (1265–1321). Als Johann Wolfgang von Goethe am 5. Oktober 1786 das Arsenal aufsuchte, überkam ihn beim Anblick des Drei-Meter-Löwen eine andächtige Stimmung:

Ruhig am Arsenal stehn zwei altgriechische Löwen;
Klein wird neben dem Paar Pforte wie Turm und Kanal.
Käme die Mutter der Götter herab, es schmiegten sich beide
Vor den Wagen, und sie freute sich ihres Gespanns.
Aber nun ruhen sie traurig; der neue geflügelte Kater
Schnurrt überall, und ihn nennet Venedig Patron.

Der hoch aufgerichtete Löwe nennt sich Leone del Pireo (Löwe von Piräus). Die Venezianer siegten 1688 bei Piräus, dem heutigen Hafen von Athen, über die Osmanen. Bei dieser Gelegenheit nahmen sie die Skulptur als Beute mit in ihre Lagunenstadt. Weit später entdeckte man an den Seiten des Löwen Runeninschriften. Um 1797 konnte der schwedische Orientalist und Wissenschaftler Johan Åkerblad (1763–1819) das Geritzte genauer bestimmen. Die Inschriften stammen aus dem 11. bis 12. Jahrhundert, als das skandinavische Volk der Waräger bis in die Mittelmeerregion Handel trieb. Es ist ja heute noch so, dass man sich als identitätsstiftende Maßnahme gerne irgendwo einritzt oder als Street-Art-Künstler in geradezu pathologischer Zwangsneurose seine Existenzberechtigung auf alle Hauswände und Straßenbahnen sprüht. Die Street-Art-Künstler des frühen Mittelalters hatten sicher eine interessante Botschaft, aber Regen und Wind haben in all den Jahrhunderten dem Marmorstein

Majestätische Wächter: die Löwen des Arsenale

schwer zugesetzt. Zahlreiche Skandinavisten versuchten sich mit Deutungen der erodierten Schrift. Letztlich ist sie kaum noch leserlich, und die Übersetzungen gehen ziemlich auseinander.

Gleich beim Riesenlöwen auf dem Campo Arsenale setzt sich Gerald in den Schatten einer Cafeteria, und ich folge ihm mehr als willig. Ein kleines Cornetto wird bestellt und mit einem Cappuccino begossen. «Wie gehts jetzt weiter?», frage ich und weiß schon, was kommt. «Ha, wir geh'n einfach in der gleichen Richtung weiter und schaun, dass mir zu den Fondamente Nove gelangen. Dann nehmen wir das Schiff nach Torcello. Dort willst du doch unbedingt hin, oder?» Ich antworte: «Es ist nie schlecht, wenn man ein Ziel hat, man muss nur darauf achten, dass man sich diesem mit maximaler Vernunft nähert. Ich wäre dafür, dass wir die zweihundert Meter zur Riva degli Schiavoni zurückwackeln, von dort direkt die Linie 4.1 nach Murano nehmen und dann auf die 12 umsteigen.» Inwieweit das nach Imperativ klang, weiß ich gar nicht mehr, aber Gerald hatte daraufhin keine bessere Idee.

In der Mittagshitze, High Noon. Der Fahrtwind des Schiffs bläst mir genügend Frische um den Kopf. Das Schiff schiebt sich auf die Glasbläserinsel Murano zu, und ich erzähle, dass es auf der Insel eine Manufaktur gibt, die sich Venini-Glas nennt, gegründet von einem stilsicheren Glasmann namens Paolo Venini (1895–1959). Ich habe dazu etwas gemischte Gefühle, denn schon vor dreißig Jahren pflegte meine Frau Elisabeth ein Faible für Venini-Vasen. Wir hatten viele davon, aber wenn man damit die Restauranttische dekoriert und die Leute ständig zittern müssen, dass sie durch eine versehentliche Armbewegung ihre Hausratversicherung überstrapazieren müssen, lässt es sich auch nicht entspannt essen. Einige Veninis haben wir noch, im Restaurant sind wir aber zum zerbeulten Silber zurückgekehrt.

Gerald wackelt mit dem Kopf, vielleicht hört er mir gar nicht zu. Ich hebe die Stimme: «He, aber ganz wichtig und was nicht viele wissen: Die venezianische Malerei wurde neben Giotto und Mantegna auch durch den aus Murano stammenden Antonio Vivarini (1415–1480) beeinflusst. Letzterer begründete im 14. Jahrhundert die Schule von Murano. Er und seine Söhne läuteten eine neue Epoche ein. Es ging um größere Lebendigkeit, lebhaftere Farben, es kam zu freieren Gruppierungen. Das Personal in den Bildern stand nicht mehr herum wie die Holzmichel.»

Gerald meint: «Jetzt hör mal mit deinen Malern auf, mir raucht ja scho der Kopf!», und ich erwidere: «Ich hör ja schon auf. Wenn es uns heute aber noch reicht, sollten wir auf der Rückfahrt Station in Murano machen. Die Kathedrale der Bischöfe von Torcello und Murano besichtigen, Santi Maria e Donato. Anhand des Fußbodens der Kirche ließ sich das Datum der Gründung gut nachweisen, das Mosaik wurde 1140 verlegt.» Der breit und herrschaftlich von doppelstöckigen Säulen gesäumte Chor bis über die Dachschrägen der Seitenschiffe zeigt die ursprüngliche venezianische Backsteinbauweise, deren orientalische Einflüsse deutlich zu ahnen sind. Interessant ist auch die Kirche San Pietro Martire, in der zwei Gemälde von Giovanni Bellini hängen und die Taufe Christi, welche die meisten Kunsthistoriker Tintoretto zuschreiben. Jedenfalls, in Murano kann man sich gut und gerne einen ganzen Tag aufhalten.

Eigentlich führe ich gerade Selbstgespräche, aber als ich auf eine Kneipe zu sprechen komme, spitzt Gerald doch die Ohren. «Es gibt dort einen schönen Platz, den Campo San Bernardo, baumbeschattet, was in der Lagune eher selten ist. Ich erinnere mich an ein gutes Gasthaus mit Namen ‹Ostaria La Perla Ai Bisatei›, not really bad.»

Das Schiff fährt eine Viertelstunde später an Burano und Mazzorbo vorbei. Auf letzterer Insel wird in einem kleinen Hotel gut gekocht und sogar Wein angebaut. Das Ganze nennt sich «Tenuta Venissa» und wird von modern-ländlicher Architektur zusammengehalten. Ich war noch nicht dort, aber bekam diese verlässliche Auskunft für gutes Essen und schöne Zimmer. Die Fahrt geht weiter und wir gehen in Torcello an Land. Kaum auf diesem uralten Kulturboden, benebelt mich eine Pizzaofenhitze, als wäre die Insel nicht nur die Keimzelle Venedigs, sondern auch die der Sonne.

Oder soll ich gleich sagen, Torcello ist die Sonne der Lagune? Das ist nicht weit hergeholt, denn alles, was nämlich in Venedig entstand und heute noch ist, begann hier im 7. Jahrhundert. Das Zentrum der «Stadt», die nach Auskunft gegenwärtig 30 Einheimische zählt, beherbergte im 10. Jahrhundert zwischen 10 000 und 20 000 Seelen. Der Ort ist heute noch ein Bistum.

Wir schnüren an einem schmalen Kanal entlang. Der Weg ist kunstvoll mit aufrecht gesetzten Ziegelsteinen im Fischgrätmuster verlegt. Der «Gewaltmarsch» (man erinnert sich an meine wunden Quanten) ist nach starken zehn Minuten bewältigt. Wir kommen an der Bogenbrücke, Ponte del Diavolo, vorbei. Der Übergang wurde im 15. Jahrhundert gebaut und hat kein Geländer. Von den über 400 Brücken in Venedig haben nur zwei kein Geländer, diese hier und der Ponte Chiodo in Cannaregio. Woher der Name Teufelsbrücke kommt, will ich jetzt nicht lange erzählen. Natürlich handelt es sich um eine Liebesgeschichte: ein unglückliches Mädchen, ein ermordeter Liebhaber, eine Hexe und ein Deal mit dem Teufel. Das ist natürlich alles großer Schmarrn. Trotzdem besagt die Legende, dass um Mitternacht des 24. Dezember das verliebte Mägdelein von der Brücke ins Wasser schaut. Ein Beweisfoto konnte ich bislang nicht auftreiben.

Ein Foto an der Brücke ist natürlich obligat. Wir sind nicht die Einzigen und müssen kurz anstehen, weil eine Omi mit dem Handy nicht klarkommt. Anschließend treibt mich Gerald die flachen Stufen der Brücke hinauf. Bei der Gelegenheit sei erwähnt, dass Gerald immer wieder über das grelle Licht der im Zenit stehenden Sonne lamentiert, dies letztlich zu allen Tageszeiten. Ich bin das nun schon gewohnt, entweder es ist zu hell, oder es ist zu dunkel, oder die Schatten zu steil, zu flach oder gar nicht erst da. Gerald ist

Das gehört zu Venedig: Über viele Brücken musst du gehn …

mit der Lichtsituation selten zufrieden. Bei der Brücke riecht es nach gebratenem Knoblauch, unweit der ersten Stufe hält die «Osteria Al Ponte del Diavolo» gutes Essen und Trinken bereit. Mein Tunnelblick geht aber fünfzig Meter weiter. Man glaubt, der Kanal endet an einer Säule, an der ein Wasserhahn mich gleich tränken wird. Der Kanal verzweigt sich und auf der linken Seite sind einige Tischchen und oben am Haus steht «Locanda Cipriani». Wir sind an dem bereits in Harry's Bar erwähnten Ort, wo Hemingway kurz nach dem Krieg mit dem alten Cipriani zur Entenjagd ging und als Logiergast in der damaligen Einsamkeit seine Schreibhemmung mit Whisky bekriegte.

Noch ist nicht Essenszeit. So sehr mich die alte Kultur interessiert, nach der Fütterung geht es mir wie jedem vernünftigen Menschlein. Man kann es auch den Tieren abschauen, nach der Äsung geht das Leben erst mal in der Horizontalen weiter.

Also rasch los, neben der Rundkuppelkirche Santa Fosca kaufe ich noch eine kühle Limo, die ich gleich hinunterstürze. Neben der «Rotonda» am Eingang der Hauptkirche, der Basilica Santa Maria Assunta, zahlen wir zusammen zehn Euro und sind nun legal unterwegs, um Santa Fosca zu erkunden. Im Jahr 1011 wurden die Reliquien der heiligen Fosca von Libyen nach Torcello verlegt und die Kirche mit Reliquien versehen, was für eine Bistumskirche unerlässlich ist. Andere Überlieferungen berichten, das Mädchen Fosca sei ihrem christlichen Glauben standhaft geblieben und in Ravenna enthauptet worden.

Die Kirche hat einen achteckigen Grundriss, nämlich den eines Kreuzes, das von einer großen Kuppel gedeckelt wird. Es handelt sich um eine eindeutig byzantinische, sprich oströmische Konstruktion, die von einem vorderen Arkadengang gesäumt ist. Innen ist die Kirche ziemlich leer, was ich sehr liebe. Leere Räume wirken auf mich beruhigend. Als ordnungsliebender Spießer bin ich letztlich von Erleichterung angehoben, wenn man nichts bewegen oder aufräumen muss. Santa Fosca ist durch einen Säulengang mit der großen Kirche Santa Maria Assunta verbunden. Als ich letztes Mal den riesigen Innenraum der großen Kirche besichtigte, war fast nichts zu sehen, der goldglänzende Chor und die gegenüberliegenden Goldmosaiken hatten Restauratoren mit Plastik abgehängt. Nun präsentiert sich uns eine unglaubliche Pracht, die der berühmten Mosaikkirche San Vitale in Ravenna in nichts nachsteht. Die Kirche geht ungefähr aufs Jahr 700 zurück. Einige Meter vor dem Altar quert eine Säulenreihe, eine Chorschranke, und trennt den Raum der Betenden von dem Altarraum, so wie man das heute noch in orthodoxen Kirchen sehen kann. Das entnehme ich einem Venedigführer von Max Semrau aus dem Jahr 1890. Heute sind nur noch links und rechts je eine Säule zu sehen, und der Fries mit Gemälden ist auch verschwunden. Abschließend führen Steinstufen auf zwei Meter Höhe, dort thronte der Bischof. An der Westwand glänzt eine der ältesten erhaltenen und umfangreichsten Darstellungen des Weltgerichts. Das Werk steht noch ganz unter byzantinischem Einfluss. Die Wand ist horizontal durch fünf Mosaikzyklen geteilt. Es geht um die Höllenfahrt Christi, die auf Berichte von Ignatius von Antiochia, Bischof von Antiochia, zurückgeht, einem Märtyrer unter dem römischen Kaiser Trajan, ungefähr im Jahr 100 nach Chr.

In der Nacht am Kreuze stieg Jesus in die Unterwelt hinab, um die guten Seelen nach der Erbsünde von Schuld zu befreien. Das unterste Querband zeigt uns Menschlein im Fegefeuer, darüber zeigt das zweite Querband von unten links die Erwählten, wahrscheinlich Ordensritter, rechts irgendwelche «Pfeffersäcke», also die «bessere Gesellschaft», auf die Engel einstechen. Es könnte an dem Stab auch ein wassergetränkter Schwamm sein. Ich habe davon gelesen, dass daran die Schale des Verderbens befestigt sei. So deute ich das als Laie.

Im dritten Stockwerk rumort links der gehörnte Teufel, in der Mitte auf dem Thron mit schwarzem Tuch das Buch des Lebens, in dem alle Aufrichtigen verzeichnet sind. Es wird links und rechts von Cherubim und Seraphim bewacht. Darüber Jesus mit den Wundmalen. Ganz oben unter der Balkendecke dann der gloriose Christus, von Maria und Johannes gesäumt. Diese «Höllenfahrt» ist nicht ohne Grund auf der Westseite, am Hauptportal der Basilika. Den Gläubigen sollte am Ausgang zur Welt draußen noch einmal richtig Angst eingejagt werden. Damals wie heute, es gibt kein besseres Machtmittel als die Verbreitung von Angst.

Die dreischiffige Kirche strahlt eine magische Kraft aus, jedenfalls auf mich. An den wenigen anderen Besuchern stelle ich aber auch eine gewisse Ehrfurcht fest. Alle sind mucksmäuschenstill. Wir treten hinaus ins Freie und ich gehe auf das schlichte gotische Haus zu, welches das Museum mit Fundstücken bis in die Römerzeit bereithält. Santa Maria Assunta ist wie alle christlichen Kirchen nicht nach Mekka, sondern nach Osten zur aufgehenden Sonne ausgerichtet. Vor der westlichen Apsis, dem ursprünglichen Haupteingang, befand sich ein römischer Tempel, dessen Grundmauern in den letzten Jahren ausgegraben wurden. Er ähnelt, wenn auch kleiner, der heute danebenstehenden Rundkirche Santa Fosca. Unweit davon, buchstäblich in die Wiese gerammt, steht eine unglaublich stabile Sitzgelegenheit, der sogenannte Thron des Hunnenkönigs Attila. Ein

Knorriger Schattenspender auf Torcello

dicker, fetter Clubsessel aus tonnenschwerem Kalkstein. Ganz klar, dass ich mich nicht zum ersten Mal auf dieses Ungetüm setze, das seit der Völkerwanderung hier stehen mag. Es ist natürlich nicht der Thron von Attila, sondern von irgendeinem maßgeblichen Zampano dieser Zeit.

Schräg gegenüber befindet sich ein Baum mit dickem und verbogenem Geäst und dickfleischigen sternartigen Blättern, ähnlich dem Rhododendron. In diesen Baum hänge ich mich rein wie ein Faultier und Gerald fotografiert. Anschließend posiere ich in den Apsiden der beiden Kirchen, und Gerald kann gar nicht genug kriegen. Doch alles hat mal ein Ende. Ich empfinde den Ort für so bedeutend, dass ich mich über die Fotos selbst dann erfreuen werde, wenn sie vielleicht auch gar nie im Buch veröffentlicht werden sollten.

Nun aber wird es Zeit, dass wir die wenigen Meter zurück zur Locanda gehen. Mittlerweile ist auf der Insel alles wie ausgestorben, wahrscheinlich, weil nur Verrückte in der Mittagssonne sich verstrahlen lassen. Wir treten ein und warten brav in einem verlassenen Halbdunkel. Es geziemt sich nicht, in Gasthäuser einzubrechen, als wolle man sie kaufen, sondern auch wenn man später zahlen muss, ist man erst einmal zu Gast. Wenig später kommt auch schon ein gestandener Herr mit gestärktem weißem Hemd und schwarzer Hose auf uns zu. Gerald nennt unsre Namen, und wir werden durch die Innenräume nach hinten in den sonnendurchfluteten Laubengarten geführt. Unter dem Blätterdach ist es angenehm kühl, und die Frage nach einem Aperitif ist eher rhetorischer Art, denn wenn man ein Cipriani-Etablissement betritt, wird zuerst ein Bellini getrunken.

Ein Kellner naht, der Kies knirscht, er rückt die Vase mit Rosen und gelben Rudbeckien etwas zur Seite. Er stellt uns Brot, Öl und eine Kleinigkeit zur Begrüßung auf das akkurat gebügelte Leinen und ich beobachte, wie der Blick meines Rosé-Sozialisten Gerald ins Paradiesische abwandert. Das Leben muss nicht immer frugal gebüßt werden. Ich lasse den Blick in den weiträumigen Garten schweifen, der sehr schön gestaltet ist. Eine Vielfalt an Blumen mit Artischockenpflanzen dazwischen macht deutlich, warum dieses Restaurant so berühmt ist und Weltstars entzückt. Es ist wie in der bildenden Kunst, das Halbgute muss sich immer aufpumpen und wertet sich am Überflüssigen auf. Die wirkliche Kunst ist das Weglassen.

Capesante werden serviert, eine etwas kleinere Jakobsmuschelart aus der Lagune. Das Mittelmeer ist längst nicht so leer gefischt, wie man glaubt. Jedenfalls dort, wo keine japanischen Trawler die Gewässer abräumen. Die *capesante* sind, wie es die Saison ermöglicht, in frisches Erbspüree, fast eine Soße, gebettet. Geröstetes Kartoffelstroh ist obenauf, ich räume es ab und frage mich, warum immer irgendein «Knusperle» dazu muss. Egal, aber ich nehme mir für die Zukunft vor, dass ich mir zu jedem Gericht noch einen kleinen leeren Teller dazubestelle und dort die Applikationen parke, um sie dem Herdkünstler zurückzugeben. Der braucht ja sicherlich auch etwas zum Leben, und die ganze Arbeit an der Teller-Verschönerung sollte ja nicht völlig für die Katz sein. Wenn es so weitergeht, gibt es Jakobsmuscheln in Deutschland bald an jedem Kiosk. Diese schönen großen «Scallops» werden in einer haltbarmachenden Lake eingeschweißt und haben nichts damit zu tun, was hier in der Locanda auf den Tisch kommt, ich sage nur: wunderbar.

Drei Stück sind es, und der orangerote Rogen ist mitgebraten. Er schmeckt herrlich, ist aber leicht verderblich, lässt sich nicht in Lake und Plastik verewiglichen und ist deshalb in Deutschland selten. Anschließend geht es richtig zur Sache, jeder von uns bekommt eine große Fischplatte mit Seeteufelkotelett, einem Stück Wolfsbarsch, Dentice, etwas Hummer, gegrilltem Fenchel, und dazu gibt es nichts. Olivenöl nehmen wir vom Tisch und das Brot Venetiens, grundsätzlich und immer irgendwie keksartig, gibt es auch dazu. Keine Soße oder sonst etwas, das den Duft des Fischs irritiert. So kann man nur servieren, wenn der Fisch absolut frisch ist, und das ist in Deutschland eine Seltenheit. Frischer Fisch aus dem Handel kommt meist von Trawlern, die mindestens eine Woche auf dem Meer unterwegs gewesen sind. Kleinteilige Tagesfischerei gibt es, jedoch kaum für Laien. Unzählige kleine Schiffe und alle haben es sehr schwer, denn die Fischerei funktioniert nur noch über Selbstausbeutung.

Lassen wir das, denn ein dunkler Anzug schwebt heran. Das muss man den italienischen Obern lassen, egal ob in

Gemischte Fischplatte ohne Schnickschnack

Restaurants oder Cafeterien, sie sind in der Regel leichtfüßiger als ein Schrumpfgermane nördlich der Alpen. Es kommt nun mein Lieblingsdessert, ein Klassiker. Mit Klassik meine ich etwas, das seit Generationen die feinen Zungen begeistert und den sensiblen Gourmet nicht als Versuchskaninchen missbraucht. Es ist etwa so wie mit dem teuren Marmorbad, das vor zweitausend Jahren die Häuslebauer erfreute und heute noch begeistert. Man soll auch nicht glauben, dass man in früheren Zeiten nichts von asiatischen Spezereien, beispielsweise der Tonkabohne, wusste. Man wusste wohl! Es herrscht aber Einigkeit, dass es kaum etwas Besseres gab als eine gute Vanilleschote.

Vor mir präsentiert sich stolz eine *millefeuille* mit vanillierter Creme Patisserie dazwischen. *Millefeuille* könnte man mit «Tausend-Folien-Schichten» übersetzen. Butterblätterteig wird in handgroße Vierecke geschnitten und gebacken. Auf halber Backzeit legt man ein Blech darauf, so ist alles aufgegangen, wird aber flach gehalten. Final werden die einzelnen Teigplatten wie ein dreistöckiges Supersandwich dick mit Creme bestrichen, die das jeweilige Geheimnis des Patissiers ist. Abschließend erkundigt sich der Ober nach dem obligaten Espresso und wir nehmen gleich «doppio». Die Rechnung wird in einer Art kleinen Unterschriftenmappe gereicht. Es geht die Mär um, dass daran schon Gäste kollabiert seien. Dazu muss ich sagen, egal welche Nachrichtenflut uns überrollt, man tut gut daran, sie erst einmal in Zweifel zu ziehen. Ich schaue mir die Rechnung an, und da steht: Coperto, Acqua Minerale, Vino Bottiglia, also eine ganze Flasche, Capesante als Vorspeise, Pesce alla Griglia, Millefeuille, Caffè, macht zuzüglich 18 Euro Steuer zusammen 207 Euro. Für den hervorragenden Ort, die erfahrenen Mitarbeiter und das gute Essen empfinde ich das als preiswert. Mag sein, dass alles teurer wird, wenn die Corona-Abwehr von Überseetouristen nicht mehr greift. Was für ein wunderbarer Abschluss. Es wäre nun absoluter Trübsinn, im Schweiße des Angesichts zur Anlegestelle zu latschen. Mittlerweile ist es spätnachmittags und der Tag ist ohne Qual und Mühe verlaufen. So soll es auch bleiben, und deshalb wird ein Wassertaxi bestellt.

Venedig im Sommer bleibt nicht ohne Spuren

Abgesang, oder: zurück unter die Abzugshaube

Wir verbringen die blaue Stunde auf der Terrasse des Hotels und träumen mit Blick auf die Dogana und Santa Maria della Salute vor uns hin. Die Terrasse leert sich langsam und wir machen uns auf den Weg zum Aufzug, in unsere Zimmer. Zum Abschied spielt im Zimmer keine Blasmusik, aber das Gesurre der Stechmücken macht sich bemerkbar. Wo waren die Viecher die ganze Zeit? Mit dem Kissen hole ich sie von der Decke und es gelingt mir, dort keinen Blutfleck zu hinterlassen. Dann herrscht Ruhe, und am nächsten Morgen bin ich frisch und freue mich auf daheim.

Wir frühstücken und der wackere Gerald übernimmt die Führung, lotst mich in die Linie 2, die nach Santa Croce hochfährt. Diesen Stadtteil habe ich noch nie besucht, er wird hauptsächlich von Einheimischen und Studenten bevölkert. Ein anderes Mal, denke ich, denn ich komme bald wieder. Gleich danach kommt die künstlich aufgeschüttete Insel Tronchetto mit den vielen Parkhäusern. Geralds Auto ist schnell gefunden. Er hat jetzt wie ich auch Stalldrang und will direkt nach München fahren. Der Flughafen liegt auf dem Weg. Der Abschied ist kurz, für mich jedoch denkwürdig. Ich verrate es, mit zunehmendem Alter kommt mir die Sehnsucht nach dem Mitmenschen und auch die Geselligkeit immer mehr abhanden. Und dann tritt dieser Münchner in mein Leben und mir fällt der Abschied von ihm ziemlich schwer.

Ich bin viel zu früh dran, werfe mich in eine Cafeteria, um in meinem kleinen Büchlein zu lesen, in das ich gerade ganz vernarrt bin. Es sieht aus wie ein kleines Gebetbüchlein, wurde 1860 gedruckt und stammt von meinem Lieblingsdichter August Graf von Platen (1796–1835), der für mich die schönsten Gedichte über Venedig geschrieben hat. Es sind auch bittere Töne darunter, die mir den Abschied erleichtern.

Venedig liegt nur noch im Land der Träume,
Und wirft nur Schatten her aus alten Tagen,
Es liegt der Leu der Republik erschlagen,
Und öde feiern seines Kerkers Räume.
(…)

Mit Leu ist Löwe gemeint. Venedig ist nicht nur die Insel der Glückseligkeit. Schönheit und Entzücken gibt es, aber das Strahlende birgt immer auch eine dunkle Grundierung. Einem Normaltouristen kann es letztlich egal sein, wie die Stadt die Müllprobleme, das Abwasser, das Hochwasser, die Immobilienspekulationen und die schlechte Luft der Kreuzfahrtschiffe verkraftet. Mir ist das aber ganz und gar nicht egal. Die Stadt stirbt seit Hunderten von Jahren, die Lage war aber noch nie so ernst wie heute. Die Hochwasser werden immer öfter kommen. Ich sah einen kleinen Film mit der

Besitzerin des wunderbaren Hotels «Gabrielli Sandwirth». Das Erdgeschoss dieses Palazzos wurde vom letzten Hochwasser komplett zerstört. Es ist zum Weinen, und aus diesem Blickwinkel muss ich sagen, die Venezianer sind sehr tapfere Leute. Ich würde das nicht lange aushalten. Es gibt eine Deutsche, die ich ohne Abstriche zur Jeanne d'Arc Venedigs erheben möchte. Petra Reski lebt seit vielen Jahren in der Stadt und ist mit dem Restaurateur verheiratet, der das vorzügliche «Ristorante Antico Martini» gleich beim Teatro La Fenice betreibt. Sie schreibt an die Adresse des italienischen Staats, aber auch an uns Touristen: «Es ist ein Tourismus, von dem vor allen Dingen große internationale Konzerne leben, wie zum Beispiel Airbnb. Airbnb hat dazu beigetragen, dass es inzwischen fast unmöglich ist, für normale Familien in Venedig eine Wohnung zu finden, weil jeder, der eine Wohnung hat oder vielleicht von seinen Eltern geerbt hat und irgendwo auf dem Festland wohnt, sich natürlich sagt, warum sollte ich die an Venezianer vermieten, die ich am Ende nicht mehr rauskriegen könnte. Sondern ich werde sie als Airbnb vermieten, wo ich pro Wohnung 1000 Euro pro Tag einnehmen kann.»

Wer in Venedig nicht als Tagestourist nur seinen Müll hinterlässt oder in stille Ecken pinkelt oder mit dem Schnäppchen-Ticket sich an den Interessen der Stadt vorbeimogelt, sondern ein Hotel aufsucht, der tut ein gutes Werk. Venedig braucht die Touristen ganz dringend, aber eben solche, denen die Stadt auch am Herzen liegt. Es ist wie mit meiner Wirtschaft, die ich mit meiner Familie in vierzig Jahren in eine Richtung lenkte, dass wir genau die Gäste haben, die wir uns wünschen. Es war ein langer Weg, und Venedig wird auch auf diesen Weg gehen müssen, wenn es überleben will.

Allerdings, was in fünfzig Jahren weiter fortschreitenden Klimawandels der Stadt Venedig noch angetan werden wird, das wage ich mir gar nicht auszumalen.

Mit solch finsteren Gedanken sitze ich im Flugzeug, gerate anschließend in den Terminal des Frankfurter Flughafens und kommentiere den Anblick der kilometerlangen Shoppingmall mit Dantes Ausruf: «Die ihr eintretet, lasst alle Hoffnung fahren!» Hier werden in den Lumpenläden die gleichen Lügen verkauft wie in den Souvenirläden Venedigs.

Ich muss mich beeilen, der Zug wird nicht auf mich warten, und ich latsche mit meinen blutenden Zehen sicherlich sechs Kilometer an Konsumkrempel vorbei. Im Sturmschritt geht es auf die Haltestelle der Deutschen Bahn zu. Mir hängt die Zunge heraus, aber am Ziel und nahe am Kollabieren kommt die Durchsage, dass der Zug 70 Minuten Verspätung hat. Meine Sehnsucht nach Gondeln, Vaporetti und sons-

Dramatischer Abschied

tigem Wassergefährt wächst augenblicklich ins Ungeheuerliche. Venedig passt nicht in ein Buch, auch nicht in zwei oder drei. Beschriebe man eng eine Schriftrolle, und wände sie zweimal um die ganze Erde, es wäre immer noch kein Ende in Sicht. Und so bleibt mir nur noch, einen Gruß der Wehmut zurückzusenden: «Venezia, ich komme wieder!»

Anhang

Einige Gedanken zur Cucina Veneziana

Schon früh gelangten orientalische Einflüsse nach Italien. Das war schon so, als die Griechen sich lange vor Christus in Sizilien festsetzten. Diese schlugen sich auch in der Kochkunst nieder und ganz besonders in Venedig, das später zum Zentrum des Handels nach Nordafrika und ins Osmanische Reich werden sollte. Der Reis kam ins Land, und wer auf der Autostrada nach Süden die Poebene kreuzt, wundert sich über die saftig grünen Getreidefelder, die keine sind: Hier wächst der Reis.

Weiter südlich wachsen die Artischocken, die mit trockenem Boden gut zurande kommen. Ich erinnere mich noch gut, als ich das erste Mal Artischocken anbot und so mancher Gast die Disteln mit Haut und Haar in den Mund stopfte. Es wurde gekaut, dass sich sogar die Kühe gewundert hätten. Ein witziger Gast glaubte die Ideallösung des Verzehrs gefunden zu haben, indem er anmerkte, die Dinger ließen sich bestimmt ganz gut mosten. Wie er dann sein «Gewölle» ausspuckte, gab allerdings keine ästhetische Performance ab.

Zuerst einmal ging es für die Ernährung des Volkes weniger um die Verfeinerung als um Kalorienzufuhr. Mit der

Entdeckung Amerikas kam auch der Mais ins Land, *turco* nannte sich das «welsche Korn». Mittlerweile heißt es *granturco* und ist in Venedig oft als fade Beilage zu allem Fleischlichen hoch im Kurs – im gekochten Zustand nennt man es Polenta. Diese lässt sich leicht in den kulinarischen Himmel heben, wenn man den für mich wichtigsten Käse der Welt, den Parmesan, dazu reibt und alles vielleicht mit etwas gehacktem Rosmarin oder Thymian zum Leben erweckt. *Granturco*, das sei noch gesagt, gibt es in verschiedenen Sorten: die normale gelbe Polenta, die meist sehr fade weiße Sorte und die kräftigere Variante vom roten Mais, die in Richtung des Schweizer Tessins grob gemahlen als Bramata in den Handel kommt. Letztere bevorzuge ich.

Viele reden von der italienischen Küche, aber in Italien gibt es viele Italien. Das Land ist erst seit ungefähr 150 Jahren ein geschlossenes Staatsgebilde. Der Süden wurde von Pizza und Spaghetti beherrscht, und ich kenne aus meiner Jugend viele Italiener aus dem Mezzogiorno, denn sie wohnten nicht selten in den Gassen Schwäbisch Gmünds. Sie verwendeten kaum Parmesan, selbst dann nicht, wenn sie ihn sich leisten konnten. Der Parmesan kommt aus dem Norden, aus dem Umfeld von Bologna und aus der Gegend um Parma, von den saftigen Wiesen der Region Emilia-Romagna. Dort gab es riesige Gutshöfe, *Cacine*, die auf Feudalherrschaft hinweisen, die sich in Venetien und der ganzen Poebene verteilten.

Wenn man ans Meer kommt, wird das Fleisch weniger und die Fische mehr. Erstaunlicherweise wird dort, wo die Fischer ihre Netze an Land ziehen, auch viel Stockfisch (*baccalà*) gegessen. Dieser getrocknete und gesalzene Kabeljau kam über den Seehandel von den Lofoten von Island und Norwegen. Ich liebe ihn sehr, aber noch nicht lange.

Vor Jahren paddelte ich mit meinem Kanu nach Malamocco. Auf dem Weg nach Chioggia rastete ich in der «Trattoria al Ponte di Borgo» in der Nähe von Pellestrina, am Ende des Lido. Es gab Meeresfrüchte bis zum Abwinken: Als Vorspeise *sarde in saòr*, anschließend Meerspinne mit Mayonnaise angemacht, Bärenkrebse, Moscardini, Seppioline, Capesante, kleine Jakobsmuscheln, auch Pilgermuscheln genannt; dann Pfahlmuscheln, große Sepia und Pulpo. Frische Austern waren auch dabei, und ich aß sie todesmutig, da ich die Gewässer um Venedig für nicht besonders sauber hielt und von Mestre sicherlich auch einige Industrieabwässer sich den Weg ins offene Meer suchten. Egal, ein Koch hält viel aus, und in der Tat passierte gar nichts, und alles schmeckte wunderbar. So mancher hat nach dem Verzehr von Pfahlmuscheln mit Magenschmerzen zu kämpfen. Das Problem sind Kolibakterien, die nahezu überall im Wasser sind. Dazu kommt es nicht, wenn man Muscheln mindestens 15 Minuten kocht.

Die venezianische Küche, die der Einheimischen, ist eine unglaublich artenreiche Fischküche. Dazu gehören auch große Fische wie Thunfisch, Schwertfisch, Goldbrasse, Wolfsbarsch, Seezungen, Meeräschen, Steinbeißer oder der Meeraal, *Congrio* genannt. Sind die Fische zu klein, landen sie oft in der Fischsuppe *brodeto*.

Die venezianische Küche hat eine große Tradition, und das *Libro per Cuoco* des Anonimo Veneziano aus dem 15. Jahrhundert zeigt dies deutlich. Da kamen in Mandelmilch geschmorte Hühner auf den Tisch, und durch den Fernhandel wurde viel mit Gewürzen und exotischen Zutaten hantiert: Zimt, Nelken, Kardamom, Rosinen, Datteln, Pinienkerne, Safran und Mandeln sowieso. Man säuerte nicht nur mit Zitronen, sondern auch mit Agrest, der Säure unreifer Weintrauben. Der unbekannte Autor aus Venetien orientierte sich stark an einem noch älteren Kochbuch: dem *Liber de Coquina* aus dem frühen 14. Jahrhundert, zu dem auch der Hohenstauferkaiser Friedrich II. (1194–1250) ein Originalrezept beitrug. Es gilt als ältestes Rezeptbuch des italienischen Mittelalters. In der Zeit der Staufer kam es zu bedeutenden Kulturschüben, darunter fiel auch die Tafelkultur, die auf ganz Italien übergriff, jedenfalls in den Landstrichen des Wohlstands, und da standen Florenz, Mailand und vor allem Venedig in der vordersten Reihe.

Aber zurück zum Stauferkaiser: *I ricettari di Federico II* – eines Tages hielt ich einen wissenschaftlich fundierten Nachdruck dieses Buches in der Hand. Es bezieht sich auf das *Liber de Coquina* und enthält zwei Teile, das «Liber» selbst sowie den «Tractatus». Beide Handschriften werden in der Nationalbibliothek von Paris aufbewahrt. Forschungen der Universität Bari, unter der Ägide der Professorin Anna Martellotti, brachten erstaunliche Erkenntnisse. Es wird die Ansicht vertreten, dass es sich beim *Liber de Coquina* nicht um ein Werk handelt, das im Lauf von Jahrhunderten entstanden ist, sondern innerhalb weniger Jahre oder Jahrzehnte Gestalt annahm. Der Verfasser entstammte einer höheren Bildungsschicht, denn selbst wenn die Rezepte in Umgangssprache verfasst waren, wurden sie gleichzeitig von jemandem mit guten Arabisch- und Französischkenntnissen ins Lateinische übersetzt. Für Anna Martellotti steht fest, dass der damalige Autor sich der Mithilfe von Berufsköchen bediente. Die Mitwirkung eines Arztes, der sich mit arabischer Ernährungsweise auskannte, gilt ebenfalls als gesichert. Martellotti unterstreicht, dass solch ein Werk auf jeden Fall eines Förderers und Unterstützers bedurfte, der das einfache, in Umgangssprache abgefasste Kochbuch in ein lateinisches Werk über die Kochkunst übersetzen konnte. Aufgrund detaillierter Untersuchungen der einzelnen Manuskripte konnte die Wissenschaftlerin nachweisen, dass solch ein Werk nur im Sizilien Friedrichs II. entstanden und der begeisterte Förderer nur der Kaiser selbst gewesen sein kann. In ihrem Buch erklärt sie den Bezug zu Friedrich II. Es geht dabei um die Zubereitung von Kohl: «... ad caulles virides secundum usum imperatoris». Hier steht nicht wie sonst bei Rezepten gebräuchlich «ad usum», sondern «secundum usum» (also «nach dem Rezept von»), und dann folgt das entscheidende Wort, «imperatoris», «des Kaisers». Der Stauferkaiser selbst muss also dieses Rezept entwickelt haben.

Die traditionelle Küche im Europa der damaligen Zeit war mehr als einfach, ja geradezu asketisch. Eine der wenigen Ausnahmen bildete die Umgebung Friedrichs II. und seines Sohnes Manfred. So werden in einem Kochbuch in venezianischem Dialekt Rezepte folgender Speisen aufgeführt: *torta Manfreda bona e vantagiata* (mit Leber), *torta di re Manfredi da fava frescha* (mit grünen Flageoletbohnen) sowie *fritelle da imperadore magnifici* (eine Scheibe Käse wird zuerst in Eiweiß gewendet, dann mit Pinienkernen bestreut und schließlich kurz frittiert).

Martellotti führt weitere Quellen an, auch Beschreibungen Friedrichs durch Zeitzeugen: «Nach der Ankunft in Foggia fordert er mehr Wein und befiehlt dem Koch Berardo, er soll mit den Fischen aus dem Lago di Lesina ‹askipeciam et gelatinam›, ein Fischgericht in Gelée zubereiten.» Friedrich kümmerte sich auch um die Vorratshaltung seines Hofes, er ließ Hammel und Kühe aus Kalabrien hertransportieren, bestellte einmal für ein Fest höchstpersönlich 600 Stück Käse aus Sizilien. Anhand verschiedener Beispiele zeigt er, wie er sich um die Land- und Viehwirtschaft bemühte.

1200 Jahre lang, seit dem Römer Apicius bis zur Regentschaft der Hohenstaufer, wurde kein nennenswertes Kochbuch verfasst. Also gab Friedrich II. die erste Ausgabe eines europäischen Werkes über Kochkunst in Auftrag. Er bevorzugte offensichtlich die italienische Küche, und wenn unter den erwähnten Regionen Sizilien fehlt, dann nur, weil dieser Landstrich ohnehin die Grundlage des Werks darstellt und griechische, arabische, aber auch normannische Einflüsse aufweist.

So wurde aus dem *Liber de Coquina* nicht nur ein Kochbuch, sondern auch eine kulinarisch-wissenschaftliche Abhandlung, weshalb es in lateinischer Sprache geschrieben ist. Das Buch enthält auch eine Einführung in Warenkunde, sowie auf medizinischen Quellen beruhende Rezepte für Kranke. Es ist nicht nach Zubereitungsarten (beispielsweise Brühen, Gebackenes, Saucen) gegliedert, sondern nach jeweiligen Nahrungsmitteln geordnet. Nachdem die letzten Staufer, Manfred und sein Halbbruder Konrad IV., dahingegangen und der Sohn des letztgenannten Konradin in Neapel geköpft worden war, ging die Herrschaft Süditaliens an den Franzosen Karl I. von Anjou (1227–1285) über. Aus diesem Grund liegen die beiden Teile des *Liber* heute in der französischen Nationalbibliothek. Der Grundstein der französischen Küche wird allenthalben Katharina von Medici (1519–1589), der Gattin Heinrichs II., angerechnet. Die italienische Küche wurde aber bereits ungefähr 300 Jahre zuvor schon nach Frankreich exportiert, indem das *Liber de Coquina* nach Paris gelangte. Den Grundstein der französischen Hochküche legten also die Hohenstaufer.

Auf all diesen Erkenntnissen verfasste der berühmteste Koch der Renaissance, Anonimo Veneziano, sein Kochbuch.

Essen war bei den Kaufleuten der Lagune immer auch ein Ritual, um Fallhöhe zu demonstrieren. Es ging nicht nur ums Sattwerden, sondern auch um Raffinesse und Pracht. Das Gelée ist beim Anonimo als Fleisch- und Fischrezept notiert. Die *gelatina de zaschuna carne* (Sülze) wurde aus dem bereitet, was die Jagd gerade hergab. Wildschwein, Rebhühner, Drosseln, Hasen, Rehe und Fasanen, die ganze Fauna der Natur, aber auch Haustiere wurden nicht verschont, Kaninchen, Kapaune, Hühner usw. Alles wurde verwendet, was heute unter dem Schlagwort «From Nose to Tail» Furore macht. Vor der Versulzung und Versuppung der Fische wurde auch nicht haltgemacht.

Für die Fischgelatine *gelatina commina e bona de pesse* empfiehlt der Meisterkoch Anonimo Veneziano alles, was das Gewürzsortiment jener Zeit hergab. Gewürze konnten sich nur die Reichen leisten, und so dienten sie auch der Demonstration des Wohlstandes. Beispielsweise waren Muskatnüsse sehr teuer. Karl der Große rieb sie sich sackweise in die tägliche Hausmannskost.

Fleisch, mit Ausnahme der venezianischen Leber mit Zwiebeln, fand bei Einheimischen wenig statt. Letztlich fehlten auch die Rinderweiden, für die man übers Wasser musste. Das hat sich bis heute so gehalten. Allenfalls gibt es *coda di bue*, den Ochsenschwanz, das römische Nationalgericht, auch wird *ossobuco* serviert, mit Safranrisotto, der Erkennungsmelodie der lombardischen Küche, zu der auch das panierte Kalbskotelett gehört. Überdies gibt es in Venedig jede Menge Gemüse. San Erasmo, die größte Insel der Lagune, ist mit dem Vaporetto der Linie 13 von den Fondamente Nove immer stündlich (Murano–Le Vignole) zu erreichen. Sie ist ein Gemüse- und Salatparadies. Die kleinen Artischocken «Carciofi Violette» sind legendär. Roh, dünn in den Salat geschnitten, gekocht und mit Zitrone oder aber auch frittiert «à la giuda», sind sie fast das ganze Jahr verfügbar.

Italienische kleine Artischocken

Von den kleinen Carciofini jeweils 4 Stück pro Person

Man muss sie völlig anders zubereiten als die großen Artischocken der Bretagne. Das obere Drittel der spitzen Blätter wird abgeschnitten, dann müssen die Hüllblätter nach unten abgerissen werden, alles, was grün ist, muss weg. Wir sehen an der Schnittstelle den hellen weichen Kern und die dunkelgrüne äußere Schicht. Die muss weg.

Das äußere Dunkelgrüne des Stiels wird vom Stielende zur Knospe hin abgeschält, ähnlich wie beim Spargel. Diese Arbeit ist etwas zeitraubend, und es empfiehlt sich, die geschälten Früchte in kaltes Wasser einzulegen, das mit etwas Ascorbinsäure vermischt ist. Ascorbinsäure (Zitronensäure) ist reines Vitamin C und für billiges Geld in jeder Apotheke zu kaufen.

Die Artischocken werden ungefähr zwanzig Minuten in leicht gesalzenem Wasser gekocht. Nicht zu weich, nicht zu hart. Sie sind ein Allroundgemüse, das aber auch roh fein gehobelt in den Salat gemengt wird, mit Olivenöl in der Pfanne zu Chips gebraten oder gekocht und in Vinaigrette eingelegt, jede Mahlzeit veredelt. In frischem Öl frittiert nennt man das Gericht *carciofi alla giudia* oder *ebraica*, «auf jüdische Art». Zur Vinaigrette gäbe es noch etwas zu sagen. Die Verfeinerung wie in Frankreich ist letztlich in Italien ziemlich rudimentär. Zitrone, Pfeffer Salz, Olivenöl, und die oft affensauer.

Hier noch ein ausgedehnter Nachsatz:

Beim Sortieren meiner Kochkunstbibliothek fiel mir ein interessantes Buch in die Hände: *Nicht nur Makkaroni!*, geschrieben von einem Dr. B. Agnetti. Das Buch ist 1916 bei Orell-Füssli in Zürich erschienen, also mitten im Ersten Weltkrieg. Dieser Krieg ist lange her und die Erinnerungen an ihn verwaschen immer mehr, auch die Tatsache, dass Venedig nicht ungeschoren davonkam.

Zwischen 1915 und 1918 flog die Österreichisch-Ungarischen Luftwaffe mehr als 40 Einsätze über Venedig. Jede der Bomben wog 20 Pfund, und die Wirkung war beträchtlich. Ihre Ziele galten vor allem dem Bahnhof und der Brücke zum Festland sowie dem Gebiet um das Arsenale, die historische Werft, um die herum sich die damals noch zahlreichen Industriebetriebe angesiedelt hatten. Die Bomben gingen im ganzen Stadtgebiet nieder, am Rialto, wie auf Santa Maria Formosa, am Palazzo Ducale wie auch auf der Friedhofsinsel San Michele. Etlichen Kirchen flog das Dach weg. Die in der Nähe des Bahnhofs liegende Kirche Chiesa degli Scalzi wurde schwer getroffen, wobei das Deckengemälde Tiepolos nahezu völlig zerstört wurde.

Auf unserer Reise nach Venedig kamen meine Tochter und ich auch durch die Kriegsgebiete an der Piave. Es gab damals so viele Tote, dass der Fluss sich aufstaute. In dem Kochbuch von 1916 findet sich außer *baccalà* kein einziges Fischrezept. Ich kann das nur so deuten, dass die Männer, die Fischer, an der Front oder schon unter der Erde weilten. Italien knapste in dieser Zeit am Rand einer Hungersnot, in Deutschland ließ es sich aber keineswegs besser leben. Hier nun einige Rezepte für den historisch Interessierten. Sehr interessant hört sich die Katzensuppe an:

Zuppa di Gatto

Setze Wasser zum Kochen auf, schneide Brot in feine Scheiben und lege diese auf den Grund einer Suppenschüssel. Auf diese Scheiben gib reichlich geriebenen Parmesankäse und zuletzt ein ganzes Ei sowie eine Prise Pfeffer. Darüber gieße das kochende Wasser und bringe die Suppe auf den Tisch. Von Salz ist keine Rede, aber so etwas wurde damals an Kochwissen vorausgesetzt. Man kann davon ausgehen, dass die Kriegszeiten ziemlich ironiefrei waren. Die aufmerksamen Leserinnen und Leser haben sicher gemerkt, dass keine wirkliche Katze in dem Topf das Essen heimsucht. Ob man das aus Pietät verschweigt oder ob das bereits eine seltene Luxuszutat war, darüber kann man nur spekulieren.

Für mich sind solche alten Bücher insofern interessant, da die Rezepte unverfälschte Originale sind. Küche verändert sich ständig, so ist das beispielsweise beim Rostbraten festzustellen, der heute ganz anders aussieht als vor fünfzig Jahren.

Noch ein berühmtes Gericht mit Namen *risi e bisi*. Mengenangaben gab es damals selten. Die Köchinnen hatten alle bei ihren Müttern das Kochen gelernt und benötigten letztlich nur Hinweise.

Der ursprüngliche Text lautet: «Diese Suppe ist so einfach, dass sie eigentlich keiner besonderen Beschreibung bedürfte. Wir setzen sie jedoch an diese Stelle, weil sie bei den Venezianern derart gebräuchlich ist, dass ihre Küche nicht als vollständig gelten würde, wenn dieser Suppe nicht in erster Linie Erwähnung geschähe.

Sobald die Fleischbrühe ins Kochen gerät, schütte den Reis gleichzeitig mit vielen Erbsen hinein, füge frische, durchs

Sieb gestrichene Tomaten oder auch Tomatenkonserven bei und, sobald Reis und Erbsen gar sind, bringe die Suppe auf den Tisch. Geriebenen Parmesankäse dazu reichen.»

Als Anmerkung: Es muss sich hierbei um getrocknete Erbsen handeln, denn ein modernes *risi e bisi* ist nichts anderes als ein guter Risotto, dem 8 Minuten vor dem Anrichten die Erbsen zugegeben werden. *Risi e bisi*, also Reis mit Erbsen, hat eine königliche Historie. Mit der ersten Erbsenernte am 25. April wurde zur Ehre des Dogen das Markusfest mit *risi e bisi* gegeben.

Noch ein Wort zu den frühen Konserven: Sie wurden speziell für den Krieg erfunden. Zu bedenken wäre, dass Robert Falcon Scott auf seiner Südpolexpedition 1911 seine sechzehn Männer vorwiegend durch Konserven ernährte. Die totale Erschöpfung und der Tod erfolgten auch deshalb, weil die Konserven mit Blei verlötet waren oder es sich um komplette Bleidosen handelte. Letztlich verstarben sie auch an Bleivergiftung.

Zum Wein noch ein Wort. Was bei uns das Bier, ist in Italien schon immer der Wein gewesen. Da hat sich mittlerweile viel getan, und italienische Winzer konnten sich in die erste Liga einreihen. Traditionell galt Wein aber als Durstlöscher. Den ausgebufften Weinfreaks, die der Wielandshöhen-Sommelier hinter sich schart, reicht venetischer Tropfen in der Finesse selten aus. Ich trinke in Venetien aber durchaus auch mal gerne den weißen, billigen Lugana oder den Soave. Bei den Roten darf es ein guter Valpolicella sein oder als Schlafmittel ein Amarone, der den pfeilgraden Start zum Bett lanciert. «Very well, und schnell zum Bettgestell!» Diesen dicken Saft trinke ich immer nur dort, wo die Heia nicht weit ist.

Kirchen und Kunst – eine Auswahl

Schaue ich mir die Basilica San Marco an, so glaube ich gerne, dass mancher Historiker sie als Staatsheiligtum Italiens bewertet. Im Laufe der Jahrhunderte wurde manches daran verändert, begonnen wurde das überdekorierte Bauwerk im Jahr 829 unter dem Dogen Giovanni Particiaco. Keine Frage, selbst wer noch nie freiwillig eine Kirche betreten hat, wird durch ihren Zauber, auch des Inneren, respektvoll vereinnahmt werden. Mir wichtiger sind aber andere Kirchen. Ihr Besuch kann durchaus als Kunstwanderung ohne Eintrittsgebühren gesehen werden, und einige davon möchte ich Ihnen nun kurz vorstellen.

San Marco

San Giorgio Maggiore

Eine kleine Insel im Bacino San Marco gegenüber dem Dogenpalast. Die Benediktiner-Abtei und Kirche (von 982) führen den gleichen Namen. Im Inneren hängen Gemälde von Tintoretto und Vittore Carpaccio, der unter anderem für seine besondere rote Farbgebung gerühmt wird.

Santa Maria Zobenigo
(Santa Maria del Giglio)

Campo Santa Maria Zobenigo, auch als Chiesa di Santa Maria del Giglio bekannt. Die Fassade in ihrer heutigen Gestalt wurde 1680–83 von Giuseppe Sardi errichtet.

Gemälde von Tintoretto und Rubens.

San Moisè

Benannt nach Moses und im 8. Jahrhundert zum ersten Mal erwähnt. Gemälde: *Die Fußwaschung* von Tintoretto. In der Mitte der Kirche liegt das Grabmal des schottischen Adligen John Law (1671–1729), Nationalökonom und Bankier. Karl Marx bezeichnete ihn als «eine Mischung aus Schwindler und Prophet». Jedenfalls war er an der Erfindung des Papiergeldes beteiligt.

San Samuele

Eine der wenigen Kirche Venedigs mit direktem Zugang zum Canal Grande. An den beiden anderen Seiten des gleichnamigen Campo liegen der Palazzo Grassi und der Palazzo Malipiero sowie die Vaporetto-Station «San Samuele». Am 19. März 1741 hielt Casanova ziemlich beschickert in dieser Kirche eine Predigt und fiel dabei betrunken von der Kanzel. Drei Jahre später, offensichtlich inzwischen des Unterschieds von Männlein und Weiblein kundig, quittierte er die Laufbahn des Priesters.

San Salvador

Gelegen am gleichnamigen Campo in San Marco. Silberne Altartafel aus dem 17. Jahrhundert. Gemälde: Tizians *Verklärung*, links vorm Hochaltar Vittore Carpaccio, *Das Abendmahl bei Emmaus*. Die Restaurierung des Werks hat neue Beweise erbracht, dass das Werk eindeutig Carpaccio zuzuschreiben ist.

Santa Croce

San Staè (Sant'Eustachio)

Unweit der Vaporetto-Station «San Stae» beherbergt diese Kirche eine ganze Ausstellung: Giovanni Battista Piazzetta: *Der Heilige Jakobus auf dem Weg zum Martyrium*; Giambattista Tiepolo: *Das Martyrium des Heiligen Bartholomäus*; Sebastiano Ricci: *Die Befreiung des Heiligen Petrus*; Bartolomeo Litterini: *Der Heilige Eustachius im Gefängnis*; Giovanni Battista Pittoni: *Der Heilige Eustachius verweigert die Anbetung Jupiters* (Sakristei).

San Polo

Santa Maria Gloriosa dei Frari

Einer der bedeutendsten gotischen Sakralbauten Venedigs. Über die Vaporetto-Haltestelle «San Tomà» gut zu erreichen. Die Kirche wird auch Frarikirche oder kurz «Frari» (Bruder) genannt. Zwei Hauptwerke Tizians sowie sein Grab sind dort zu finden, ebenso das Grab des Komponisten Claudio Monteverdi. Das Triptychon von Giovanni Bellini und Arbeiten der Familie Vivarini (aus Murano) sind auch sehr sehenswert. Nicht weit davon entfernt die Scuola San Rocco.

Scuoli könnte man auch Zunfthäuser nennen. Manche von ihnen sind mit wertvolleren Gemälden ausgestattet als ein Museum.

Dorsoduro

Santa Maria della Salute

Eine der Votivkirchen Venedigs, nach der Pestepidemie 1630 zum Dank errichtet. Enthält Gemälde Tintorettos und sechs Bilder Tizians. Zudem Werke von Francesco Salviati. Er brachte von Florenz kommend den Stil Michelangelos und Raffaels nach Venedig. Der Begriff «manieriert» kommt von: «Nach Manier (Stil, Art) von Michelangelo», ist also keineswegs abwertend zu verstehen.

Santa Maria della Visitazione

Der Name steht für «Heimsuchung», die Kirche liegt unweit von Santa Maria del Rosario (I Gesuati). Schlichte barocke Innenausstattung. Hinter dem Altar das *Pfingstwunder* von Alessandro Varotari, einem Maler, der 1588 in Padua geboren wurde und sich in jungen Jahren an Tizian orientierte. Ein Gemälde von ihm befindet sich auch im Schloss Ludwigsburg.

Santa Maria del Rosario (am Giudecca-Kanal)

Dreiteiliges Deckenfresko von Giovanni Battista Tiepolo; Gemälde von Sebastiano Ricci und *Kreuzigung* von Tintoretto.

San Pantalon
(Chiesa di San Pantaleone Martire)

Liegt am Campo San Pantalon. Das Deckengemälde von Gian Antonio Fumiani: kein Fresko, ist auf Leinwand gemalt und eines der größten Deckengemälde der Welt. Der Künstler malte 24 Jahre daran. Nach Vollendung fiel er vom Gerüst. Das entspricht vielleicht nicht der Wahrheit, ist aber auf alle Fälle eine gute Geschichte.

San Trovaso (San Gervasio e Protasio)

San Trovaso ist eine Kirche am gleichnamigen Campo (Campo San Trovaso) im Sestiere Dorsoduro. Geweiht ist die Kirche den beiden frühchristlichen Heiligen Gervasius und Protasius, deren Namen in für Venedig typischer Weise zu Trovaso zusammengezogen wurde. Das Tintoretto-*Abendmahl* ist sehr sehenswert.

Gegenüber gibt es sehr gute Cicchetti.

Giudecca
Il Redentore

Ebenso wie Santa Maria della Salute eine Votivkirche, einem Gelübde folgend der Rettung vor der Pest gestiftet. Aus diesem Anlass findet heute noch jährlich am dritten Sonntag im Juli das Redentorefest statt. Dafür wird jedes Mal eine Fußgänger-Pontonbrücke über den Canal Giudecca gebaut.

Le Zitelle

Offiziell «Santa Maria della Presentazione», gerüchteweise von Palladio erbaut, liegt am östlichen Ende der Giudecca. Gleich daneben, im ehemaligen Klostergebäude, das Hotel «Bauer Palladio», mit dem Vaporetto gut zu erreichen und mit reichlich Grün hinter dem Gebäude. Natürlich nicht ganz billig.

Cannaregio

Chiesa Luterana, (Chiesa Evangelica Alemanna)

Evangelisch-deutsche Kirche am Campo Santi Apostoli, fünfzehn Minuten östlich der Vaporettostation «Ca' d'Oro». In der Zeit der Gegenreformation mussten Protestanten aus der Stadt fliehen. Einige der «Ketzer» wurden in der Lagune ertränkt. Klassizistisch im Stil, sieht sie von außen kaum aus wie eine Kirche und geht bis in die Reformationszeit zurück. Vor Jahren zeigte mir ein Gemeindemitglied den für venezianische Verhältnisse nüchternen Innenraum.

Altarbild von Sebastiano Ricci: *Der Heilige Schutzengel*; Tizian: *Der segnende Welterlöser*. Es stammt aus dem Fondaco dei Tedeschi, der deutschen Handelsniederlassung bei der Rialtobrücke, welche heute ein Luxuskaufhaus beinhaltet. Dann ein Gemälde aus der Werkstatt von Lucas Cranach, *Martin Luther*.

Sant'Alvise

Am Campo Sant'Alvise im nördlichsten Bereich des Stadtviertels Cannaregio.

Gemälde von Giambattista Tiepolo: *Dornenkrönung, Geißelung* und ein *Aufstieg zum Kalvarienberg*; Angelo Trevisani: *Das Gebet Christi.*

Santa Maria Assunta / volkstümlich Gesuiti (Mariä Himmelfahrt)

Südlich der Vaporetto-Haltestelle «Fondamenta Nuove». Im Volksmund heißt die Kirche heute «Gesuiti». Eine Kirche gleichen Namens findet sich noch auf Torcello.

In der ersten nördlichen Seitenkapelle ist das *Martyrium des Heiligen Laurentius* von Tizian zu sehen und gegenüber *Himmelfahrt der Jungfrau Maria* von Tintoretto.

Madonna dell'Orto

Einflussreiche Werke von Tintoretto und Cima da Conegliano. Tintoretto ist hinlänglich vorgestellt worden, Cima (1460–1518) stammte aus Conegliano bei Treviso. Er bezog verstärkt die Natur in lebendigen Farben in seine Bilder ein. Albrecht Dürer hielt sich zu seiner Zeit in Venedig auf, regte seine venezianischen Kollegen an, und dies geschah auch umgekehrt.

Santa Maria dei Miracoli

Durch napoleonische Verordnung wurde die Kirche und das Kloster Santa Maria della Misericordia anfangs des 19. Jahrhunderts geschlossen. Heute dient die Kirche für Veranstaltungen und Events.

Castello

Santa Maria della Pietà

Liegt an der Riva degli Schiavoni. Antonio Vivaldi komponierte und dirigierte von 1703 bis 1716 im Vorgängerbau die Mädchen des dortigen Waisenhauses. Es stand an der Stelle, an der heute das Hotel Metropole die Gäste empfängt.

Tiepolo: Deckengemälde des Saales, Allegorien von Stärke und Frieden über dem Eingang, der *Triumph des Glaubens* im Hauptfeld der Wölbung und die *Aufnahme Mariens in den Himmel.*

Scuola di San Giorgio degli Schiavoni

Zweistöckige Fassade von der Architektur Jacopo Sansovinos beeinflusst. Das Bruderschaftsgebäude der Dalmatiner (Ruderer), die Scuola San Giorgio kam in den Besitz einer Reliquie des heiligen Georg und beauftragte den Maler Vittore Carpaccio, einen Zyklus über das Leben des heiligen Georg zu malen. Das Gebäude beinhaltet einen Altar, ist aber keine Kirche. Die Bilder sind absolut sehenswert und eine Besichtigung des Orts ist mir bei fast jedem Besuch in Venedig eine angenehme Pflicht.

Santa Maria Formosa

Am Campo Santa Maria Formosa. Viele Altäre unterschiedlicher Handwerkszünfte, Bruderschaften (*Scuole*) sind zu besichtigen. Im Ersten Weltkrieg kam es zu beträchtlichen Schäden durch Bombenabwurf österreichischer Flugzeuge.

Gemälde: Bartolomeo Vivarini, *Triptychon der Barmherzigkeit*; Palma il Vecchio: *Polyptychon Heilige Barbara mit Pietà und Heiligen*; Tiepolo, *Madonna mit Kind und dem heiligen Dominikus*.

Basilica Santi Giovanni e Paolo

Auch «Zanipolo» genannt. Es ist eine riesige Kirche im Stil der Gotik und nordöstlich des Markusplatzes in Castello gelegen. Die Künstler Gentile und Giovanni Bellini, Lorenzo Lotto und Jacopo Palma sind hier beigesetzt. Der barocke Hauptaltar ist sehenswert. Nicht zu vergessen das vor der Kirche aufragende Reiterstandbild des Bartolomeo Colleoni von 1435, dem wichtigsten Feldherrn der italienischen Renaissance. Er sprach sinngemäß auf dem Sterbebett zu den Venezianern, dass sie sich hüten sollten, in Zukunft einem Einzelnen so viel Macht zu verleihen wie ihm.

Kunst: *Polyptychon des Heiligen Vinzenz Ferrer* von Giovanni Bellini; *Die Almosen des Heiligen Antonius* von Lorenzo Lotto.

San Zaccaria

Die Kirche des ehemaligen Nonnenklosters. Zwischen dem 9. und 11. Jahrhundert wurden hier acht Dogen beigesetzt. Giovanni Bellini gilt als einer der großen Meister der venezianischen Renaissance. Eines der bedeutendsten Gemälde dieser Zeit dürfte Bellinis *Sacra Conversazione* sein (Madonna mit dem Jesusknaben umgeben von Heiligen). Es zeigt sich in unglaublicher Frische und mit leuchtenden Farben.

Murano
Basilica di Santi Maria e Donato

Die Ursprünge gehen auf das 7. Jahrhundert zurück. Byzantinischer Mosaikboden mit Blumenmustern und wunderschönem Pfauenbildnis. Die Apsis ist auch im oströmischen Stil, das Goldmosaik enthält eine mittige Marienfigur. Hinter dem Altar hängt ein großer Knochen, vermutlich der eines Walfisches. Die Legende besteht aber darauf, dass das Gerippe zu einem Drachen gehörte, den der heilige Donatus erschlagen hat. Die Knöchlein des Heiligen sind in einem prächtigen Marmorsarkophag bewahrt.

Torcello
Santa Maria Assunta

Wie bei byzantinischen Kirchen häufig, ist die Kirche durch eine Vorhalle mit Santa Fosca verbunden. Dreischiffig, auf jeder Seite durch acht große Säulen getrennt. Vor dem Altar gibt es eine Altarschranke, die die Priester vom betenden Volk trennt, wie man das heute noch bei orthodoxen Kirchen kennt. Die Mosaiken sind frisch restauriert und absolut sehenswert. In der Apsis der rechten Seitenkapelle glänzt das älteste Mosaik der Basilika, es wurde bereits im 7. Jahrhundert aufgebracht.

Santa Fosca

Innen alles sehr schlicht, aber von großer formaler Kraft. Sie hat eine ganz besondere Magie.

San Lazzaro degli Armeni

San Lazzaro degli Armeni (armenisch-katholisch) liegt auf einer Insel, knapp vor dem Lido gelegen. Sie beherbergt das Mutterhaus des Mechitaristenordens und ist weltweit bedeutender Mittelpunkt der armenischen Kultur. Mechitar von Sebasteia und siebzehn weitere Mönche gründeten nach dem achten osmanisch-venezianischen Krieg 1717 hier ihr Zentrum.

Das Kloster unterhält eine Bibliothek von 200 000 Bänden, insbesondere viele Handschriften. Eine Gedenktafel erinnert an Lord Byron, der auf dieser kleinen Insel Armenisch lernte. Einen Besuch des Orts, auch wegen des schönen Kreuzgangs, will ich unbedingt anraten.

Quellen und Literatur

Andersch, Alfred: Die Rote, Zürich 2006.
Aretino, Pietro: Dichtungen und Gespräche des göttlichen Aretino, Privatdruck (Wien) 1904.
Ariost, Ludovico: Der rasende Roland, München 1980.
Baumstark, Kathrin / Kaiser, Franz Wilhelm: Venedig. Stadt der Künstler, München 2017.
Begley, Louis / Muhlstein, Anka: Venedig unter vier Augen, Frankfurt am Main 2005.
Brauchitsch, Boris von: Caravaggio. Leben Werk Wirkung, Frankfurt am Main 2007.
Burckhardt, Jacob: Der Cicerone. Eine Anleitung zum Genuss der Kunstwerke Italiens, Basel 1855 (vollständig digitalisiert von der Universitätsbibliothek Heidelberg, https://digi.ub.uni-heidelberg.de/diglit/burckhardt1855).
Casanova, Giacomo: Geschichte meines Lebens. Herausgegeben und eingeleitet von Erich Loos (12 Bände), Berlin 1964.
Geiger, Friedrich / Jahnke, Andreas (Hg.): Venedig – Luigi Nono und die komponierte Stadt, Münster 2015.

Goethe, Johann Wolfgang: Italienische Reise. In Zusammenarbeit mit Christof Thoenes herausgegeben von Andreas Beyer und Norbert Miller, München 1992.
Haustedt, Birgit: Mit Rilke durch Venedig. Literarische Spaziergänge, Frankfurt am Main 2006.
Heidenreich, Elke: Die Schöne Stille. Venedig, Stadt der Musik, Wiesbaden 2020.
Heinse, Wilhelm: Ardinghello und die glückseligen Inseln, Stuttgart 1992.
Hemingway, Ernest: Über den Fluss und in die Wälder, Berlin 1957.
Huch, Ricarda: Das Risorgimento, Leipzig 1908.
Hultenreich, Jürgen K.: Venedig. Eine literarische Zeitreise, Berlin 2015.
Keller, Harald: Die Kunstlandschaften Italiens, Frankfurt am Main 1983.
Krischel, Roland: Tintoretto, Reinbek bei Hamburg 1994.
Monnier, Philippe: Venedig im achtzehnten Jahrhundert, Berlin 2021.
Montaigne, Michel de: Tagebuch der Reise nach Italien über die Schweiz und Deutschland von 1580 bis 1581, Berlin 2018.
Nooteboom, Cees: Venedig. Der Löwe, die Stadt und das Wasser, Berlin 2019.
Ortheil, Hanns-Josef: Venedig. Eine Verführung, München 2004.
Pawliczak, Lothar W.: Was man so alles nicht von Venedig weiß: alte Geschichten – neue Mythen, Print on Demand 2021.
Peter, Peter: Italienische Küche. Geschichten und Rezepte, München 2011.

Platen, August von: Sonette aus Venedig. Herausgegeben von Ulrich Klappstein, Hannover 2012.
Reski, Petra: Als ich einmal in den Canal Grande fiel. Vom Leben in Venedig, München 2021.
Richter, Dieter: Fontane in Italien, Berlin 2019.
Rosendörfer, Herbert: Kirchenführer Venedig, Leipzig 2008.
Ruskin, John: Die Steine von Venedig. Drei Bände, Dortmund 1994.
Schwarz, Michael Viktor: Giotto, München 2009.
Semrau, Max: Venedig, Berlin / Leipzig 1890.
Seume, Johann Gottfried: Spaziergang durch Syrakus im Jahre 1802, Berlin 1987.
Waechter, F. K.: Venedig. Ein Skizzenbuch, Zürich 2011.
Werfel, Franz: Verdi. Roman der Oper, Berlin / Wien/ Leipzig 1925.
Wünsche-Werdehausen, Elisabeth: Venedig. Architektur und Kunst. Reclams Städteführer, Stuttgart 2016.
Zacher, Albert: Die Kunst. Venedig als Kunststätte, Berlin 1903.
Zorzi, Alvise: Die schönsten Paläste in Venedig, München 1995.
Zorzi, Alvise: Venedig. Die Geschichte der Löwenrepublik, Frankfurt am Main 1987.
Zorzi, Alvise: Venedig. Eine Stadt, eine Republik, ein Weltreich, 697–1797, München 1981.
Zweig, Stefan: Drei Dichter ihres Lebens. Casanova – Stendhal – Tolstoi, Leipzig 1928.

Dank

Es spricht heutzutage einiges dafür, dass man, anstatt zu verreisen, sich in ein Buch vertieft und mit ihm auf die Reise geht. Der sehr gescheite und immer wieder von mir zitierte John Ruskin sagte dazu: «Eine Fahrt mit der Eisenbahn kann ich beim besten Willen nicht als Reise bezeichnen. Man wird ja lediglich von einem Ort zum anderen befördert und unterscheidet sich damit nur sehr wenig von einem Paket.» Hätte es zu seiner Zeit schon das Auto oder Flugzeug gegeben, wäre sein Argument nicht anders ausgefallen.

Dank an meine Mitarbeiter, die sehr rücksichtsvoll akzeptierten, dass ich manchmal venedigverträumt um den Herd schlich. Das, was ich schleifen ließ, zurrten meine fleißigen Damen und Herren unversehens wieder fest.

Dank auch an meine Frau und meine Tochter, die schmerzlich erfahren mussten, dass Schreiben ein einsames Geschäft ist und keine Geselligkeit aufkommen lässt.

Dank auch an die hilfreiche, frohe Art und die überaus sanften Korrekturen meiner Lektorin Clara Polley.

Dank auch an meine Gäste, die es mit Großmut quittierten, dass ich ihnen oft schon mittags «Guten Abend» wünschte.

Bildnachweis

Gerald von Foris: Seite 74, 149, 168, 171, 199, 201, 250, 253, 257, 262, 271, 275, 278, 280
Vincent Klink: Seite 21, 22, 27, 32, 33, 49, 52, 76, 92, 97, 100, 128, 139, 144, 159, 191, 284
Alamy Stock Foto: Seite 29 (CTK / Roman Krompolc), 35 (PippiLongstocking), 38 (RealyEasyStar / Maurizio Sartoretto), 45 (Arcaid Images / Fabio Zoratti), 63 (robertharding / Christian Kober), 136 (Matthias Scholz), 166 (Universal Images Group North America LLC / DeAgostini / G. Dagli Orti), 211 (Hundven-Clements-VIEW), 225 (Classic Image), 239 (jozef sedmak)
akg-images: Seite 55 (Cameraphoto), 131 (Erich Lessing), 188 (MPortfolio / Electa)
iStock / ChiccoDodiFC: Seite 58
bpk: Seite 60 (DeAgostini / New Picture Library), 80 (Alinari Archives / Mauro Magliani), 83 (Scala), 243 (Scala – courtesy of the Ministero Beni e Att. Culturali)
de.m.wikipedia.org / Didier Descouens / CC BY-SA 4.0 International: Seite 68
commons.wikimedia.org / Didier Descouens / CC BY-SA 4.0 International: Seite 111, 226, 267
Daniel Sauthoff: 116

commons.wikimedia.org / Photo by Wolfgang Moroder / Multi-license with GFDL and CC BY 2.5: Seite 121

de.m.wikipedia.org / Photo by Wolfgang Moroder / Multi-license with GFDL and CC BY 2.5: Seite 175

commons.wikimedia.org / Kasa Fue / CC BY-SA 4.0 International: Seite 209

Vincent Klink

Ein Bauch spaziert durch Paris

288 Seiten

«Dies Buch sorgte für zehn Kilo Gewichtszunahme. Hätte ich zuvor nicht bereits eine desaströse Hosenweite mit mir herumgetragen, könnte ich sagen: Für dieses Buch habe ich meine Schönheit drangegeben.»
Meisterkoch Vincent Klink geht gern auf kulinarische Entdeckungsreise. Nun durchstreift er mit uns die Welthauptstadt guten Essens – Paris. In dem char-manten Plauderton, den seine Leser so lieben, flaniert Klink durch Gegenwart und Vergangenheit, sucht nach den Spuren von Malern, Dichtern, dem Savoir-vivre und der Grande Cuisine. Eine sinnenfrohe Bildungsreise für alle, die der Zauber der französischen Hauptstadt in den Bann schlägt.

Weitere Informationen finden Sie unter **rowohlt.de**

Vincent Klink
Voll ins Gemüse

120 essentielle Rezepte und 40 Storys

256 Seiten

Jemand sagte einmal, Gemüse schmecke am besten, wenn man es kurz vor dem Verzehr durch ein Schnitzel ersetzt. Der Satz mag bisher vielleicht wahr gewesen sein – nach der Lektüre dieses Buches jedoch nicht mehr. In über hundert Rezepten zelebriert Vincent Klink die Zubereitung von Spargel und Tomate, Rettich und Sauerkraut, Spinat und Kartoffel auf eine Art und Weise, die dem Leser das Wasser im Mund zusammenlaufen lässt. Dazwischen streut er wie eine Prise Salz Geschichten von, über und mit Gemüse.

Weitere Informationen finden Sie unter **rowohlt.de**

VENEDIG

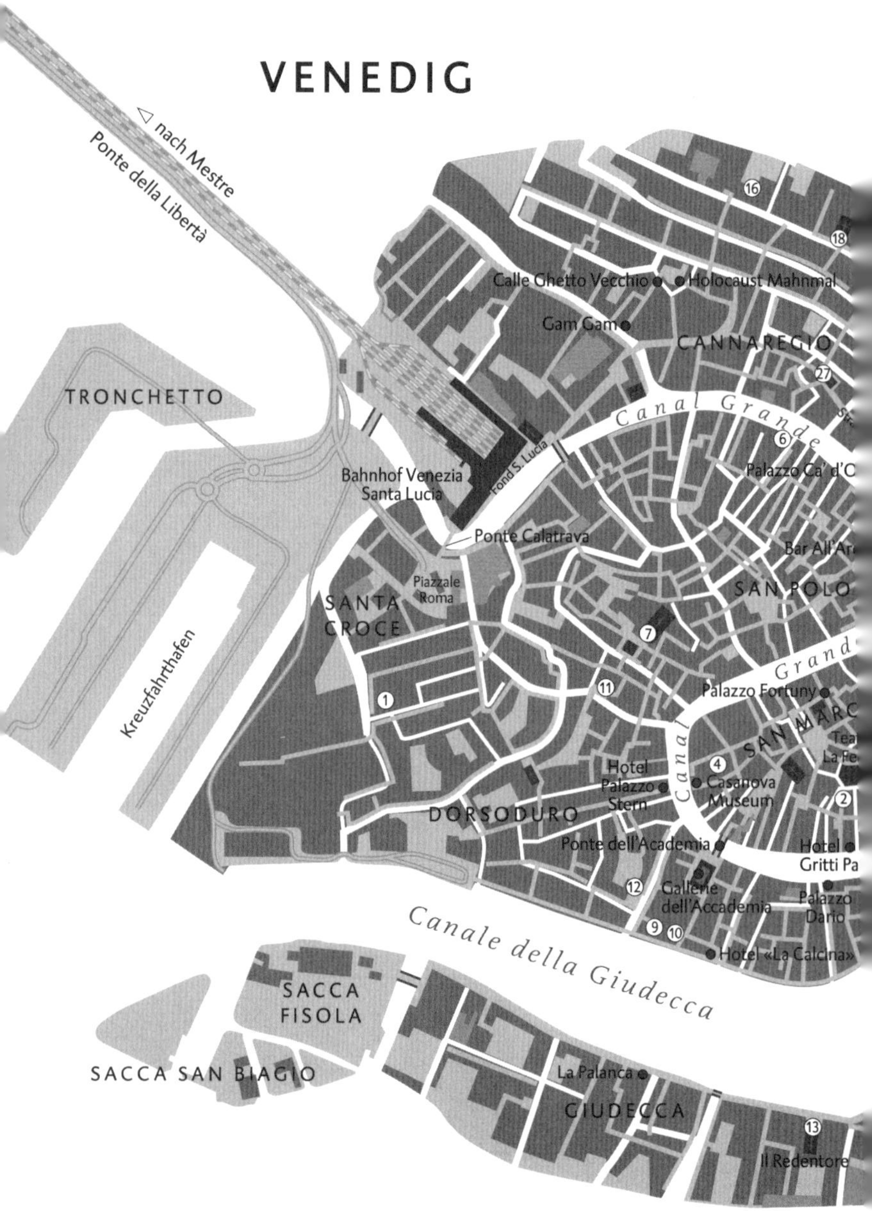

1 San Giorgio Maggiore
2 Santa Maria Zobenigo (Santa Maria del Giglio)
3 San Moisè
4 San Samuele
5 San Salvador
6 San Staè
7 Santa Maria Gloriosa dei Frari
8 Santa Maria della Salute
9 Santa Maria della Visitazione
10 Santa Maria del Rosario
11 San Pantalon
12 San Trovaso
13 Il Redentore
14 Le Zitelle
15 Chiesa Evangelica Luterana di Venezia
16 Sant'Alvise
17 Santa Maria Assunta
18 Madonna dell'Orto
19 Santa Maria dei Miracoli
20 Santa Maria della Pietà
21 San Giorgio degli Schiavoni
22 Scuola di San Giorgio degli Schiavoni
23 Santa Maria Formosa
24 Basilica Santi Giovanni e Paolo
25 San Zaccaria
26 Santa Maria Assunta (Torcello)
27 Santa Fosca
28 San Lazzaro degli Armeni